•课程思政研究丛书•

"大思政课"
理论与实践 进路研究

谭军华　张子睿　著

中国农业科学技术出版社

图书在版编目（CIP）数据

"大思政课"理论与实践进路研究／谭军华，张子睿著．－－北京：中国农业科学技术出版社，2024.6．
ISBN 978-7-5116-6873-8

Ⅰ．G641

中国国家版本馆 CIP 数据核字第 20241AU892 号

责任编辑	史咏竹
责任校对	马广洋
责任印制	姜义伟　王思文

出 版 者	中国农业科学技术出版社
	北京市中关村南大街 12 号　邮编：100081
电　　话	（010）82105169（编辑室）　（010）82106624（发行部）
	（010）82109709（读者服务部）
网　　址	https://castp.caas.cn
经 销 者	各地新华书店
印 刷 者	北京建宏印刷有限公司
开　　本	170 mm×240 mm　1/16
印　　张	12.5
字　　数	225 千字
版　　次	2024 年 6 月第 1 版　2024 年 6 月第 1 次印刷
定　　价	62.00 元

◀◀◀ 版权所有·翻印必究 ▶▶▶

前　言

全面提高综合素质，培养德智体美劳全面发展的中国特色社会主义合格建设者和可靠接班人，培养担当民族复兴大任的时代新人，首要工作就是帮助学生牢固树立"四个意识"，坚定"四个自信"。

当代中国的大学是中国共产党领导下的高校，是中国特色社会主义高校。培养政治立场坚定的大学生是高校的第一要务。中国高校必须坚持以马克思主义为指导，全面贯彻党的教育方针。要坚持不懈传播马克思主义科学理论，抓好马克思主义理论教育，为学生一生的成长奠定科学的思想基础。要坚持不懈培育和弘扬社会主义核心价值观，引导广大师生做社会主义核心价值观的坚定信仰者、积极传播者、模范践行者。

加强大学生的思想政治教育工作十分必要，必须引起高度重视，高校思想政治工作必须围绕学生、关照学生、服务学生，不断提高学生思想水平、政治觉悟、道德品质、文化素养，让学生成为德才兼备、全面发展的人才。

要实现上述目标，坚持正确的政治方向，强化思想政治教育工作是关键。思想政治理论课在思想政治教育工作中的地位十分重要，思想政治理论课课前、课中、课后各环节都是不能忽视的，同时还要处理好思想政治理论课与其他课程之间的关系。

2012年11月29日，习近平总书记在参观"复兴之路"展览时指出"实现中华民族伟大复兴，就是中华民族近代以来最伟大的梦想"，首次提出中国梦。在此后约半年的时间里（截至2013年6月11日神舟十号发射讲话），习近平总书记有15篇讲话系统阐述中国梦。

在对中国梦及相关重要论述学习的基础上，笔者感觉到，需要用更通俗、更容易理解的方式开展思想政治教育工作，作为思想政治课教师，应在公共选修课上探索将思想政治教育内容融入教学实践中。

2018年4月12日教育部印发了《新时代高校思想政治理论课教学工作基本要求》的通知，文件中指出："从本科思想政治理论课现有学分中划出2个学分、从专科思想政治理论课现有学分中划出1个学分，开展本专科思想政治理论课实践教学。学生既可通过参加教师统一组织的实践教学获得相应学分，也可通过提交与思想政治理论课学习相关的实践成果申请获得相应学分。"

从文件中关于思想政治理论课实践教学的要求看，首先，思想政治理论课实践教学要考虑系统性，实践活动要把本科生四门思政课，专科生两门思政课作为一个整体，每一门课的工作都要围绕这个系统目标开展；其次，要保证规范性，不能把思想政治理论课实践教学和课堂教学混为一谈；最后，允许适度的灵活性，学生可以参加统一活动，也可以自主开展实践活动。

必须清醒地认识到：在国家高度重视高校思想政治教育工作的背景下，思想政治理论课实践教学活动取得了很多成果，但也面临很多亟须解决的问题。在统一开展思想政治理论课实践活动难以实现的情况下，如何保证学生自主开展实践活动的效果就成为思想政治理论课必须解决的问题。以思想政治教育领域实践育人工作政策为指导，在思想政治理论课领域以外做好实践育人工作不仅可以拓展思想政治教育工作空间，而且可以形成对思想政治理论课实践教学的支撑，还是提高学生就业竞争力的重要环节，这是时代赋予高校思想政治教育领域实践育人工作的使命。

2018年起，笔者结合多年来对于综合实践活动的思考以及参与指导和评审综合实践活动项目的心得体会，深入研究了中小学阶段开展综合实践活动课程的经验，同时，对大学阶段开展综合实践活动的现状也进行了全面的调研，提出《综合实践引论》的写作提纲，并于2019年完成初稿。经过对初稿的两次修改，在2021年即将提交出版社之际，之前已经出版的《课程思政实践研究》成为北京高校"三全育人"优秀成果中专著类三本获奖作品之一，该书获奖也鼓励作者继续完成"课程思政研究丛书"的第三部作品，为最初的写作计划画上一个句号。

2021年3月6日习近平总书记看望参加全国政协会议的医药卫生界、教育界委员时指出:"思政课不仅应该在课堂上讲,也应该在社会生活中来讲。"接着又强调:"'大思政课'我们要善用之,一定要跟现实结合起来。"

"大思政课"比以往"课程思政"涉及的内容更广,这也是笔者一直收集资料而不敢下笔的重要原因之一。直到笔者 KAB(创业教育项目)培训师班的同学谭军华老师提出合作撰写本书时,笔者才鼓起勇气撰写了写作提纲,确定了分工,两人共同完成了这部专著。本书总体上可以分为两部分,第一部分主要讨论"大思政课"基本问题、"大思政课"的主客体及矛盾、"大思政课"建设的动力和环境、"大思政课"的教师素养等四方面的理论问题;第二部分围绕创新创业"大思政课"建设、体美劳教育与"大思政课"建设、素质教育"大思政课"建设三个领域的工作,结合在工作实践中的探索,分析"大思政课"建设的具体措施。

由于水平有限,书中不当之处亦在所难免。恳请领导、专家、教师同行以及阅读本书的朋友们批评指正!

张子睿

目 录

第一章 "大思政课"基本问题概述 …………………………………（1）
第一节 "大思政课"的基本问题 …………………………………（1）
第二节 "大思政课"育人体系的系统结构和工作方向 …………（7）

第二章 "大思政课"育人工作的主客体及矛盾 …………………（15）
第一节 "大思政课"育人工作的主体 ……………………………（15）
第二节 "大思政课"育人工作的客体 ……………………………（27）
第三节 "大思政课"育人工作主客体的矛盾展现 ………………（36）

第三章 "大思政课"建设的动力和环境建设 ……………………（43）
第一节 "大思政课"建设工作的动力分析 ………………………（43）
第二节 "大思政课"工作的社会思想文化环境建设 ……………（49）

第四章 "大思政课"的教师素养 …………………………………（64）
第一节 提高德育工作素质 做合格的"大思政课"教师 ………（64）
第二节 "大思政课"教师需要掌握的逻辑方法 …………………（73）
第二节 "大思政课"教师需要掌握的创新及教学方法 …………（84）

第五章 创新创业"大思政课"建设探索 ………………………（110）
第一节 创新创业课程中融入马克思主义哲学内容 ……………（110）
第二节 创新创业课程中融入社会责任和传统文化内容 ………（127）

第六章 体育、艺术、劳动教育与"大思政课"建设 …………（132）
第一节 体育和艺术教育"大思政课"探索 ……………………（132）
第二节 理解劳动教育内涵，建设劳动"大思政课" ……………（144）

第七章 素质教育"大思政课"建设探索 ………………………（159）
第一节 中国传统文化类"大思政课"建设探索 ………………（159）
第二节 口头表达能力训练类"大思政课"建设探索 …………（175）

参考文献 …………………………………………………………（187）

第一章 "大思政课"基本问题概述

在新中国的教育历史中,党和国家一直十分重视学生思想政治教育工作。党的十八大以来,国家高度重视思想政治教育工作,习近平总书记多次对思想政治理论课的改革创新和"大思政课"建设问题发表重要讲话,作出一系列重要论述。为了全面理解"大思政课"的基本问题,就需要首先理解"大思政课"理念的提出与国家政策的缘起,了解"大思政课"育人体系的系统结构和工作方向。

第一节 "大思政课"的基本问题

一、"大思政课"理念的提出脉络回顾

2021年3月6日,习近平总书记在看望参加全国政协会议的医药卫生界、教育界委员时,林忠钦委员在发言中建议,向广大青年学子讲好抗疫这堂"大思政课",将新冠疫情中抗疫的鲜活案例融入教材。

习近平总书记指出:"思政课不仅应该在课堂上讲,也应该在社会生活中来讲。这次总的背景是世界百年未有之大变局,'两个一百年'的历史交汇期,突如其来的疫情加剧了这两个方面给人们的影响。"

"这不仅是一时之运,还有我们的道路自信、理论自信、制度自信、文化自信。现在这一代年轻人,也在变化之中,他们的心态、思想也在改变。"

习近平总书记接着指出:"'大思政课'我们要善用之,一定要跟现实结合起来。上思政课不能拿着文件宣读,没有生命、干巴巴的。"

习近平总书记关于"大思政课"的重要论述是在思想政治教育工作深入推进质量提升和内涵式发展的时代背景下提出的重要论述,这一概念的提出为高等院校思想政治教育工作守正创新指明了工作方向,也为高等院校思想政治教育工作持续创新提出了新要求。

因此,要深刻理解"大思政课"的概念就要对思想政治教育工作历史和习近平总书记系列重要论述进行全面系统的学习,进行全面的、多维度的理

解和分析。

"大思政课"理念包含历史、时代和现实等多重内涵，理论与实践相结合是"大思政课"的典型特征，推进"大思政课"建设是落实立德树人根本任务的重要举措。

习近平总书记有许多与"大思政课"理念密切相关的重要论述。习近平总书记在全国高校思想政治工作会议上强调："做好高校思想政治工作，要因事而化、因时而进、因势而新。要遵循思想政治工作规律，遵循教书育人规律，遵循学生成长规律，不断提高工作能力和水平。要用好课堂教学这个主渠道，思想政治理论课要坚持在改进中加强，提升思想政治教育亲和力和针对性，满足学生成长发展需求和期待，其他各门课都要守好一段渠、种好责任田，使各类课程与思想政治理论课同向同行，形成协同效应。""高校思想政治工作关系高校培养什么样的人、如何培养人以及为谁培养人这个根本问题。要坚持把立德树人作为中心环节，把思想政治工作贯穿教育教学全过程，实现全程育人、全方位育人，努力开创我国高等教育事业发展新局面。"

2019年3月18日，习近平总书记在主持召开学校思想政治理论课教师座谈会上强调："推动思想政治理论课改革创新，要不断增强思政课的思想性、理论性和亲和力、针对性。"

要实现全程育人的工作目标，就需要关注学生在学校期间的全过程，尤其是以一种合理的方式融入学生的课余生活，十分必要。这就是"大思政课"需要完成的工作任务。

2022年教育部等十部门印发《全面推进"大思政课"建设的工作方案》的通知，为开展"大思政课"教育活动指明了方向。文件明确提出"善用社会大课堂"。

自此，"大思政课"的工作方向和目标基本明确。

二、"大思政课"的工作内容

"大思政课"是一项全面系统的工作。上好"大思政课"需要从如下几个方面入手开展工作。

（一）做好课堂教学工作

全国各高校全面开设"习近平新时代中国特色社会主义思想概论"课之后，该课程与"中国近代史纲要""思想道德与法治""马克思主义基本原理""毛泽东思想和中国特色社会主义理论体系概论""形势与政策"五门课形成本科生思想政治理论课完整的必修课教学体系。因此，上好必修课是教学工作的第一要务。

为进一步加强高校思想政治理论课的宏观指导，规范组织管理、教学管理、队伍管理和学科建设，教育部在2011年印发了《高等学校思想政治理论课建设标准（暂行）》。根据执行情况，教育部又进行了修订，并于2015年9月印发了修订后的《高等学校思想政治理论课建设标准》。在两版的文件中，教学管理一级指标和课程设置二级指标中第二条均有如下表述："积极创造条件开设本科生和研究生层次思想政治理论课选修课。"

2020年，中共中央宣传部、教育部关于印发《新时代学校思想政治理论课改革创新实施方案》的通知，通知中提出大学阶段开设"思想政治理论课"选择性必修课程的新要求："结合本校实际，统筹校内通识类课程，围绕马克思主义经典著作，党史、新中国史、改革开放史、社会主义发展史，中华优秀传统文化、革命文化、社会主义先进文化，宪法法律等，开设本科及高等职业学校专科选择性必修课程。"

《全面推进"大思政课"建设的工作方案》中提出思想政治教育选择性必修课程的最新要求：高校要统筹全校力量，结合自身实际，重点围绕习近平强军思想、习近平经济思想、习近平生态文明思想、习近平外交思想、习近平法治思想、习近平文化思想以及"四史"、宪法法律、中华优秀传统文化等设定课程模块，开设选择性必修课程。

公共选修是必修课和专业选修课的有益补充，如何开设思想政治理论课选修课，如何在公共选修课课堂上开展思想政治教育、传播"正能量"是高校面临的现实问题。

开发"思想政治理论课"选择性必修课是拓宽青年理想信念教育渠道的有效途径，为了实现拓展青年理想信念教育常态化、制度化空间的目标，需要做好如下几项工作：首先，要找准"思想政治理论课"选择性必修课的定位；其次，要努力开发"行走课堂"，实现理论与实践结合；最后，引导学生结合课程开发"理想信念"宣传作品，践行真正的马克思主义必须是能解决问题的理念。

（二）用好社会资源助力"大思政课"工作

21世纪全球竞争的关键是人才的竞争，人才竞争的基础保障在于教育。高校是全面实施素质教育、培养学生职业能力的关键场所，是国家创新体系的重要组成部分，在加强基础知识和基本理论教学的同时，高度重视学生实践能力的培养，造就适应21世纪知识经济要求的创造型人才，已成为高校的重大历史使命。

现代社会化大生产，越来越要求人的全面发展，适应社会主义现代化建设需要的人才，是理想、道德、知识、智力与技能，以及体质、心理素质等诸多因素全面发展、相互协调的人才。青年学生参加社会实践活动，是培养德智体美全面发展的人才不可缺少的重要环节。

组织青年学生参加社会实践是中国特色社会主义高等教育的重要组成部分，是全面贯彻党的教育方针，推进学生素质教育的重大措施和不可缺少的环节，是促进教育与科技、经济结合的重要形式和途径。

《中共中央　国务院关于深化教育改革　全面推进素质教育的决定》站在国家兴衰、民族存亡、科教兴国的高度，提出实施素质教育的紧迫性、重要性和战略性，要求"学校教育不仅要抓好智育，重视德育，还要加强体育、美育、劳动技术教育社会实践，使诸方面教育相互渗透、协调发展，促进学生的全面发展和健康成长"，这一要求明确了社会实践在素质教育中的地位，即社会实践是实施素质教育的重要教育环节。要更好地理解思想政治教育实践的内涵和外延，就需要界定思想政治教育实践的概念。

马克思主义哲学辩证地分析了实践的矛盾本性，认为必须从主观与客观、人与世界的对立统一关系中去把握实践。从历史上看，是劳动实践使人类从自然界中分化出来，并使统一的物质世界分化为物质和精神两个对立的方面。同时，又是由于人的实践活动才使人们的主观意识能够反映客观物质世界，并改造客观物质世界。因此，实践既是主观与客观、人与世界对立的基础，又是使对立双方达到统一的基础。马克思认为"环境的改变和人的活动的一致，只能被看作并合理地理解为变革的实践"。列宁认为主体和客体、主观和客观的"交错点＝人的和人类历史的实践"。毛泽东则进一步把实践简要地规定为"主观见之于客观的东西"。这些都是从实践的矛盾本性出发对实践概念作出的科学规定。

教育部对思想政治理论课实践教学学时学分作出明确规定：本科2个学分、专科1个学分用于思想政治理论课实践教学。严格执行教育部文件，让实践教学落到实处是"大思政课"的必然要求。不仅如此，还要善于结合其他课程或活动开展多样化的实践教学。将思想政治理论课以外的课程融入育人内容，同时，结合专业实习、中国国际"互联网+"大学生创新创业大赛青年红色筑梦之旅、大学生寒暑假社会实践开展"大思政课"工作。努力建设实践基地，形成保障体系，提高"大思政课"工作质量。

(三) 用好网络教育资源开展"大思政课"

随着互联网飞速发展，自媒体已成为大学生主要信息获取渠道，思想政治教育工作者需要不断创新工作方法适应新时代思想政治教育工作。对国内部分高校关于自媒体问题的调查问卷统计结果显示：21%的受访学生使用自媒体的时间为每天1~3小时；44%的受访学生使用自媒体的时间为每天3~5小时；35%的受访学生使用自媒体的时间为每天多于5小时。而且观看过慢直播的学生比例高达90%以上。因此，使用网络开展"大思政课"工作意义重大。

2016年4月19日，习近平总书记在网络安全和信息化工作座谈会上的讲话中指出："'得人者兴，失人者崩。'网络空间的竞争，归根结底是人才竞争。建设网络强国，没有一支优秀的人才队伍，没有人才创造力迸发、活力涌流，是难以成功的。念好了人才经，才能事半功倍。"

做强网上正面宣传，旗帜鲜明坚持正确政治方向、舆论导向、价值取向，用习近平新时代中国特色社会主义思想团结、凝聚亿万网民，推进网上宣传理念、内容、形式、方法、手段等创新，把握好时度效，构建网上网下同心圆，更好凝聚社会共识。

要在习近平总书记重要讲话精神指导下，结合"大思政课"的要求开展工作，就要了解学生关心的媒介，开展有针对性的教育。自媒体是指普通大众通过网络等途径向外发布其自身事实和新闻的传播方式。"自媒体"是普通大众经由数字科技与全球知识体系相连之后，一种提供与分享其自身事实和新闻的途径，是私人化、平民化、普泛化、自主化的传播者，以现代化、电子化的手段，向不特定的大多数或者特定的单个人传递规范性及非规范性信息的新媒体。自媒体既带来了信息化快速传播的革命性变化，又带来了互联网消极内容的复杂性、夹带性输入，使得高校思想政治教育工作面临着挑战，只有知难而上，才有可能用好自媒体做好思想政治教育工作。

自媒体直播作为学生关注较高的自媒体传播手段之一，需要引起思想政治教育工作高度重视，要做好相关工作，就要认真学习相关文件，理解依托自媒体直播开展隐性思想政治教育的理论基础。

第一，实现全程育人的工作目标，为自媒体直播融入思想政治教育提供了机遇。在一个受众关注可视化传播作品的时代，学校制作经费和视频制作团队的专业性是无法和社会上很多团队相比的；同时，在网络平台上短视频信息海量的背景下，学校如果仅仅制作少量短视频可能无法实现对学生的引导。因此，由教师联合有关团队，开发成本相对较低的自媒体直播节目是相对合理的一种选择。

第二，互动参与性，使自媒体直播成为吸引学生开展隐性思想政治教育的重要渠道。习近平总书记在学校思想政治理论课教师座谈会上提出了"八个相统一"的科学论断，其中"坚持显性教育与隐性教育相统一"的表述充分揭示出新时期在我国思想政治理论课教学改革中实施隐性教育的重要性。在思想政治教育工作中，坚持显性教育与隐性教育相统一。因为，如果隐性教育手段缺失，显性教育就会显得单一枯燥，这样就很难实现教育内容内化于学生之心的目标，而如果不坚持显性教育的主体地位，隐性教育也会失去依托，教育力度也会大打折扣。只有将二者紧密、有机结合起来，思想政治工作才能充分发挥作用。因此，建立合理的隐性教育手段十分必要。在自媒体直播中，观看者可以发"弹幕"发表自己的观点，直播团队的部分成员可以用普通观众的身份参与直播，发表有利于学生成长的观点，引导观点相近的学生发表看法，形成一个良好的氛围，在讨论中不知不觉地完成思想政治工作任务，把隐性教育植入直播节目之中。

第三，"大思政课"的概念提出，让依托自媒体直播开展隐性思想政治教育的工作定位更加清晰。"大思政课"理念涉及历史、时代和现实等多重内涵，"大思政课"的灵魂在于理论与实践相结合，因此，"大思政课"是拓宽理论视野的思想大课。2022年4月25日，习近平总书记在人民大学考察调研时强调"思政课的本质是讲道理"。"大思政课"的本质也是要讲道理，而且讲的道理会更加深刻，更加能够走进学生的头脑和心灵，使学生开阔眼界，认识和了解国家和社会，培养独立思考和解决问题的能力，让学生自觉认识到新时代新征程要继续砥砺奋斗。开好"大思政课"就要具备正交设计思维，从横向和纵向两个角度去实现教育目标；从横向视角设计教育内容，需要在全球视野下认识中国和世界；从纵向视角设计教育内容，就要在历史潮流中理解中国与世界。

自媒体直播具备从多视角看待问题的先天优势，依托自媒体直播开展隐性思想政治教育刚好符合"大思政课"的基本理念。

（四）建设专兼职、校内外结合的师资队伍

"大思政课"的师资队伍应该是专职与兼职教师相结合、校内与校外互相补充的。因此，既要有高校专职思想政治理论课教师、辅导员乃至其他课程专任教师参与，也要积极聘请校外党政领导、科学家、老同志、先进模范等担任本校兼职教师。这样，才能给学生更多的学习资源，用"大思政课"的师资队伍保证课程质量，让大学生更好地提高思想政治理论水平。

第二节 "大思政课"育人体系的系统结构和工作方向

一、"大思政课"育人体系的系统结构

系统是趋向某个共同目标而一起工作的一组相关联的组件。人们对系统的认识，有一个发展过程。系统（system）一词出现在希腊语中，原形为syn，有"共同"和"给以位置"的含义。系统意味着事物的共同部分和每一事物在总体中应占据的位置。尽管概念原始，但其深刻的含义，不能为许多人所接受，常常引起误解乃至错误。

随着科学技术的发展，系统被赋予了进一步的含义，如系统是"以规则的相互作用又相互依存的形式结合的对象的集合""有组织而和被组合化的全体""结合着的全体所赖以形成的诸概念和诸原理的复合体"。

对于系统的定义，尚无明确的统一认识，相对权威的文献中有一些较为通用的解释：《韦氏大词典》中"系统"一词被解释为"有组织的或被组织化的；结合着的整体所形成的各种概念和原理的综合；由有规则的相互作用，相互依存的形式组成的诸要素集合"。

Jonson等定义"系统是为按计划完成特定目标而设计的结构因素安排序列"。这里包含三种思想：一是作为系统的设计标准需要明确应该达成的目标；二是必须进行构成因素的设计，建立它们的序列；三是能量、财、物等的输入必须按计划分配。这些思想表明，系统在达成特定目标时，必须有物质、资金、信息、能量等的计划安排与保证。

《中国大百科全书·自动控制与系统工程》解释"系统是由相互制约、相互作用的一些部分组成的具有某种功能的有机整体"。日本工业标准（JIS）中，系统被定义为"许多组成要素保持有机的秩序，向同一目的行动的集合体"。很多著名专家学者对系统也做了一些经典论述，其含义相近不再一一叙述。

综合以上观点可以把系统定义为：系统是由若干可以相互区别（独立）、相互联系而又相互作用的元素组成，在一定层次结构中分布，在给定的环境约束下，为达到整体目的而存在的有机集合体。

从上述论述，可以认识到系统是一个整体，它的组成部分是有组织的，

相互之间有依存与作用关系。同时，系统不仅有实体部分，还有赖以形成的概念部分。事实上一辆汽车、一台机器、一个工厂、一个学校乃至国家行政机关都是在一定指导思想和方针下形成的。强调实体部分而忽视概念部分或反其道而行之都会导致对系统的曲解，从而造成对问题处理不当而带来损失。系统整体行动是有目的的，系统中的构成要素为服从目的需要而持有的秩序与联系。任何人造系统的开发与建立都是有明确的目的性并在目的指引下实施的。离开目的性，必将造成系统过程的盲目性或模糊性，以致无果而终或"先天不足"。

因此，对系统概念的理解应持发展的观点。对系统概念的理解必须从以下几方面去考虑。

首先，系统必须由两个或两个以上的要素（部分、要素）组成。要素是构成系统最基本单位，因而也是系统存在的基础，系统离开了要素就不成其为系统。构成系统的要素随系统的不同而不同，要素的目的多少是由系统的复杂程序所决定的。

其次，系统是按一定方式结合的有机整体。系统整体与要素、要素与要素、整体与环境之间，存在着相互作用和相互联系的机制。例如，钟表是由齿轮、发条、指针装配而成的，但随便把一堆齿轮、发条、指针放在一起不能构成钟表，必须按一定的结合关系装配起来才行。

最后，任何系统都有特定的功能，是整体具有且不同于各个组成要素的新功能。这种新功能是系统内部有机联系的要素以及系统以整体方式和系统环境之间相互作用所决定的。我国谚语"三个臭皮匠，顶个诸葛亮"，说的是几个普通人组织起来集思广益的集体智慧是惊人的；但还有意思相反的谚语"一个和尚挑水吃，两个和尚抬水吃，三个和尚没水吃"。一正一反的例子恰恰说明，系统如何来组织以满足特定的系统功能是其发挥最大作用的关键。

任何事物都是系统和要素的对立统一体，系统与要素的对立统一是客观事物的本质属性和存在方式，它们相互依存、互为条件，在事物的运动和变化中，系统和要素总是相互伴随而产生，相互作用而变化。

系统的定义可以概括为相互联系的元素的有机集合体。"集合"强调的是它所包含的元素之间的某种"相似性"或"共同之处"，因为有共同之处，可以在思考中把它作为一个整体。例如"红茶"集合，元素应全是红茶，花茶、青茶、黑茶、白茶、绿茶、苦茶均不可混入，否则将不是"红茶"集合的整体性；如果"红茶"集合加上某些限制，则集合范围随之缩小，同时集合元素的共同之处却随之增多，如"祁门红茶"集合中的元素共同之处又增加了其产地的气候、土壤等环境因素。事实表明集合元素必定具有某些"共同之处"，这是对集合的思考中判断其是否是一个整体的前提。集合元素的共同点或相似处可以是物理因素，也可以是非物理因素，如某公司资产可以是房地产、设备、资金、股票、有价证券、知识产权等，尽管物理性差别很大，却在同属某公司的观念下放到同一集合中考察。

系统的概念与集合不同，虽然也含有"集合性"的含义，却主要强调元素之间的关系与联系，有目的地形成结构，而非考察其元素是否有相似性或共同之处。性质完全不同的若干元素无论是固态还是液态，物质的还是非物质的，有生命的还是非生命体……只要彼此相关，相互影响（直接或间接）都可以纳入一个系统之中。系统之所以整合众多的元素或成员，是依靠元素（或成员）之间的相互关系，所以集合的标志在于其内在的特征性，尽管不同的集合内部相似性各不相同（设备、工具、人、技术），而其标志在于结构性形态特征，即不同的系统以不同的元素和元素之间不同的关系相区别。元素不同，系统自然不同；即使元素相同，彼此之间关系不同，系统也是不同的。

作为系统的元素可以是任何对象，无论是物质的还是非物质的，只要这些对象彼此以特定的关系联结在一起成为思考的整体。因而对元素的性质没有任何限制，其间的关系也可以是各种各样的，所以可能有无穷无尽的系统。通常任何可认证的对象，但凡需要考察其内部关系，都可以作为系统，保持适当的关系。

集合和系统都具有各自的特征性，因而可以进行分类（集合的特征性在于其元素的相似性，因此进行分类相对简单）。单就系统而言，系统的特征性来自其元素之间的关系、内部结构和表征形态，而关系本身又依赖于元素的特性，所以分类相对复杂。

把"大思政课"育人体系的系统结构作为一个问题讨论，是因为人或人群生存在自然与社会两大环境当中，人作为自然系统的重要因素和改造自然的主体参与各项社会活动，而成为社会结构和秩序的重要因素；而且社会活动也是在组成社会的各个元素之间的特定关系中产生的，实践证明这些关系最终是依靠基本的物理相互作用维持，同时也遵从生命现象和心理现象的规律，属于完全客观的自然过程。因此，社会现象、社会结构和秩序也不是偶然的，演变和发展也必须遵从不依任何人的意志为转移的客观规律。人们可以认识到社会构成并非早期社会学者所认为的社会是人或人群构成的集合，而是大自然大系统的延伸，是完全符合系统规律的客观系统。"大思政课"育人体系的系统结构主要从以下几方面探讨。

第一，"大思政课"育人活动的系统属性。按照系统的定义分析，"大思政课"育人活动是比较典型的系统。"大思政课"是一个非常综合的概念，不仅因为思想政治教育系统是由很多元素相互联系和作用构成的整体，而且有许多不同的系统都被纳入其中，这些系统又包含各种各样的子系统。就物质而言，人必须符合生物学定义，人不仅是社会构成的重要因素，而且是社会重要的主体。人的生活、生产和其他社会活动，都需要一定的知识和技能，他们也必须作为思想系统包含在其中，并和社会的其他部分存在互动关系。所以社会作为一个整体是一个非常复杂的大系统，也是人类认识到的最复杂的运动形式。在这个系统中，各种元素的物理本性存在着巨大差别，生命的、非生命的、物质的、非物质的、有意识的、无意识的，它们彼此相关、错综复杂。由于成员众多难以计数，因此统计规律性及相关性的技术在社会生活中起着重要作用。"大思政课"育人活动是传播人类思想，通过教育手段提高被教育者的思想水平，因此，必须用系统性思维去统领"大思政课"育人活动。

第二，"大思政课"系统的基本性质。"大思政课"系统具有综合性质，在具体问题中只能根据实际状况抽出某些侧面，分别建构各种不同类型的子系统，层次结构是"大思政课"系统的显著特色。由于"大思政课"系统中的子系统不仅有横向的结构，而且是逐渐演进形成特定的层次结构。这种层次结构不仅要遵循层次过渡的普遍规律，同时具有社会运动的特点。"大思政课"系统的各个部分处在不断变化之中，"大思政课"系统的各个部分，尤其是人的思想能力结构，绝不是一成不变的，而是处在不断地调整和进化的过程中，因此可以说"大思政课"系统增加了一个时间维度，存在时间中的复杂性。

第三，"大思政课"系统的一般范围。关于"大思政课"系统范围的界定，有些是十分明确的：如大学生思想政治理论课教学、学生日常思想政治教育活动等，无须特别说明；有些则是容易被忽视的：如专业课教师在教学中介绍专业发展中优秀人才的奉献精神、大学生参与专业实习时感受的祖国建设成果等。意识形态还包括占主导地位的社会思想，也包括不同理念的社会文化、知识水平、科学文化和文化教育。所以，"大思政课"系统中思想系统部分表现为"大思政课"领域的知识或理论成果信息储存，这也是思想政治理论课教学在"大思政课"系统中居于最重要地位的原因。

第四,"大思政课"系统的类型与构建。"大思政课"系统的类型与构建,主要包括"大思政课"指导系统(组织系统)、大学生思想政治理论研究系统、大学生思想政治理论课教学系统、大学生思想政治理论课教学实践系统、大学生日常思想政治教育工作系统(学生工作及共青团工作)、大学生社会实践系统、专业教学参与思想政治教育活动的教学系统等内容。

二、坚定文化自信实现上下贯通开好"大思政课"

开展"大思政课"实践活动首先需要解决一个工作起点的问题。从某种意义上讲,思维是一切活动的起点。那么思维的起点又在哪里?这是一个无法回避的问题。人们常常会说看问题要全面、深刻、提纲挈领。那么,纲在哪里?领又是什么?就又成为一个无法回避的问题。"大思政课"的指导思想和纲领就是党和国家的政策文件。

要实现上下贯通、全员参与,就需要正确的观念做指导。做好"大思政课"工作的关键就是在纲领文件指导下,让学生掌握正确的文化理念,树立文化自信。

2016年7月1日,庆祝中国共产党成立95周年大会在北京人民大会堂隆重举行,习近平总书记在大会上发表重要讲话。在讲话中,习近平总书记指出:"坚持不忘初心、继续前进,就要坚持中国特色社会主义道路自信、理论自信、制度自信、文化自信,坚持党的基本路线不动摇,不断把中国特色社会主义伟大事业推向前进。"

对于首次提出的文化自信,习近平总书记这样定义:"文化自信,是更基础、更广泛、更深厚的自信。在5000多年文明发展中孕育的中华优秀传统文化,在党和人民伟大斗争中孕育的革命文化和社会主义先进文化,积淀着中华民族最深层的精神追求,代表着中华民族独特的精神标识。我们要弘扬社会主义核心价值观,弘扬以爱国主义为核心的民族精神和以改革创新为核心的时代精神,不断增强全党全国各族人民的精神力量。"

习近平总书记的重要论述明确告诉人们:努力实践马克思主义思想与中华优秀传统文化有机结合,在党和人民伟大斗争中孕育的革命文化和社会主义先进文化,才能更好地弘扬社会主义核心价值观,弘扬民族精神和时代精神,增强全党全国各族人民的精神力量。这也是开展"大思政课"工作必须关注的问题。

习近平总书记在庆祝中国共产党成立95周年大会上的讲话指出:"当今世界,要说哪个政党、哪个国家、哪个民族能够自信的话,那中国共产党、中华人民共和国、中华民族是最有理由自信的。"

中华文化是世界上持续时间最长的文化。从理论逻辑看：中华文化具有互补多元的价值结构、具有开放包容的价值态度和谐统一的价值取向。

文化自信、社会主义核心价值观是实现中国梦的"加速度"，是弘扬中国精神的"原动力"，是凝聚中国力量的"向心力"，是坚持中国道路的"稳定力"。

中华文化的生命力就在于它所拥有博采众长的特质。博采众长的理念中体现出系统的综合性。博采众长的思想时刻提醒着开展"大思政课"的人们，只要是好的，正确的都要积极引进。实现马克思主义中国化，恰恰是博采众长、不断创新的表现。

要更好地开展"大思政课"工作，就需要首先了解中华文化中博采众长的思想和实践成果。

一个国家和民族的发展必然是兼容并包的。中国历史上很多社会的发展与进步都是通过吸收外来优秀文化实现的。

赵武灵王即位的时候，赵国正处在国势衰落时期，为了摆脱不利的局面，使国家强大，赵武灵王推行"胡服"、教练"骑射"，史称"胡服骑射"。因此，胡服骑射是符合博采众长理念的典型案例。

赵武灵王所推行的胡服骑射是一个有机的整体。胡服除了有利于骑兵作战，在农业生产和生活中，比当时中原的服装也有着突出的优越性，使人们的生产劳动和其他社会活动更加便利，逐步成为中原地区的大众服饰。春秋以前，中原地区的战争与交通基本上是用马车，马匹只是用来驾车的，不作为骑乘。赵武灵王搞胡服骑射，变革了中原地区的作战方式，使我国由车战时代进入了骑战时代。这在中国历史上有着划时代的意义，一个更灵活、更有生气的兵种开始占据重要的地位，一种更具威力的作战方式被广泛应用。随着骑射的发展，马便逐渐被用于骑乘，在当时道路并不发达的情况下，大大方便了各地的交往与联系，促进了各地尤其是中原汉族与周边各少数民族之间的经济、文化交流。

赵武灵王在大力推行胡服骑射的同时，辅之以开明的民族政策，推进了农业文化与游牧文化的交融，也加速了这些地区的封建化进程，客观上促进了中原汉族与周边少数民族的融合，促进了农业文化与游牧文化的融合，同时，保护了周边人民正常的农牧业生产和生活，促进了北方局部地区的统一，为后来秦汉统一北方奠定了基础。

赵武灵王认为传统的东西本身就是在长期社会发展中逐步形成和完善

的，各个时代都会淘汰一些不合时宜的成分，因时制宜地产生一些新的思想和制度，这是中国古代朴素的辩证法思想。推行胡服骑射，大胆学习敌人的长处，发展壮大自己，继而有效地打击敌人，夺取最后胜利的战略思想，比近代思想家魏源提出的"师夷长技以制夷"理念早了2100多年，对当时的哲学思想和军事思想产生了强烈的冲击。

古代中国不仅能够引用外来先进经验，而且还大胆使用外来人才。唐朝的文化教育发达，长安（今西安）既是全国的政治经济中心，也是亚洲各国的文化教育交流中心。日本、新罗、高丽、百济（新罗、高丽和百济均为朝鲜半岛历史上的国家），以及今天的尼泊尔、印度、越南、柬埔寨、印度尼西亚、缅甸和斯里兰卡，在当时都有大批的留学生在长安学习。唐朝时在中国做官的外国人多达3000余人。这就是在人才使用方面典型的博采众长。

艺术领域的博采众长则会使中华艺术体系更加丰富。

敦煌莫高窟是集建筑、雕塑、绘画于一体的立体艺术博物馆，古代艺术家在继承中原汉民族和西域兄弟民族艺术优良传统的基础上，吸收、融合了外来的表现手法，发展成为具有敦煌地方特色的中国佛教艺术品，为研究中国古代政治、经济、文化、宗教、民族关系、中外友好往来等提供了珍贵资料。

敦煌莫高窟艺术品中就有很多博采众长的例子：敦煌最早的禅窟，模仿了库车苏巴什的禅窟形制。北魏的中心柱窟与廊柱佛塔式大厅的形制，则是阿富汗巴米扬大佛隧道窟在西域克孜尔逐渐演化而成的。不仅如此，外来艺术也为敦煌艺术提供了素材，如《张议潮统军出行图》中就有天竺乐及中亚波斯等国的舞乐内容。

中国艺术领域的博采众长也有很多现代的例子：中国现代的歌剧《白毛女》、芭蕾舞剧《红色娘子军》都是典型案例，不仅如此，西方油画艺术与中国文化结合，也创作出很多优秀作品。

在新的历史时期，习近平总书记提出建设"新丝绸之路经济带"和"21世纪海上丝绸之路"的合作倡议。依靠中国与有关国家既有的双多边机制，借助既有的、行之有效的区域合作平台，"一带一路"倡议通过借用古代文化中"丝绸之路"的概念，高举和平发展的旗帜，积极发展与共建国家的经济合作伙伴关系，共同打造政治互信、经济融合、文化包容的利益共同体、命运共同体和责任共同体。习近平总书记提出"一带一路"倡议，正是新时期中华文化自信的重要表现。

因此，只有坚定文化自信实现上下贯通才能做好"大思政课"工作。

2022年，教育部等十部门印发《全面推进"大思政课"建设的工作方案》的通知，为了开展"大思政课"教育活动指明了方向。文件在提出总体要求后，从"改革创新主渠道教学、善用社会大课堂、搭建大资源平台、构建大师资体系、拓展工作格局、加强组织领导"六个方面提出22项要求。开展"大思政课"教育活动就要全面落实党的教育方针，构建一个教育大系统十分必要。"善用社会大课堂"的要求则进一步强调加强实践育人工作是"大思政课"育人系统不可缺少的一环。

"改革创新主渠道教学、搭建大资源平台、构建大师资体系、拓展工作格局、加强组织领导"五个方面，更多需要由学校和教师来完成。"社会大课堂"则更多需要师生和社会力量共同参与。

为了更好地实现"善用社会大课堂"的目标，《全面推进"大思政课"建设的工作方案》文件提出"构建实践教学工作体系""落实思想政治理论课实践教学学时学分""组织开展多样化的实践教学""建好用好实践教学基地"四项工作要求。学校组织、学生参与的多样化实践教学活动是用好社会大课堂的关键环节。

针对"组织开展多样化的实践教学"工作，文件明确提出：教育部持续组织开展中国国际"互联网+"大学生创新创业大赛青年红色筑梦之旅、习近平新时代中国特色社会主义思想大学习领航计划、"小我融入大我，青春献给祖国"主题社会实践、"技能成才，强国有我"主题教育等活动。高校要紧扣思想政治理论课实践教学目标和要求，利用志愿服务、理论宣讲、社会调研等实践活动，开展实践教学；注重总结实践教学成果，把优秀成果作为课堂教学的有效补充，支持出版高校思想政治理论课实践教学成果专著，推动实践教学规范化。

从文件要求不难看出，以思想政治理论课实践教学为核心，辐射多种综合性、通用性竞赛和社会实践是实现文件工作目标的关键。

所以，围绕竞赛、思想政治理论课实践、社会实践所需能力开展教学是提高应用型本科学生素质的关键。

第二章 "大思政课"育人工作的主客体及矛盾

在人类发展历史上,关于实践的论述可以说是源远流长。亚里士多德在《政治学》中就身心教育和训练论述了人的全面发展。他认为,体格和智力全面发展或身心两俱就是"超群拔类"的人。马克思明确指出实践是"真正现实的、感性的活动",即"客观的活动"。

实践是人们有目的地改造和探索客观世界的物质活动,它总是在一定认识的指导下进行的。人们要改造世界就必须认识世界,认识是适应人类实践活动的需要而产生的。实践是认识的动力,实践为认识提供物质条件,人类实践活动提出的问题归根结底只能依靠实践来解决。实践不仅产生了认识的需要,而且通过创造出必要的物质条件,提供了认识及其发展的可能性。实践为认识提供动力和物质条件,这只是为认识创造了可能。人们要在实践中实现预想的目的,必须使自己的认识符合客观实际,即符合客观外界的规律性,否则就会失败。因此,对人们改造世界的任务来说,认识是否符合实际是一个至关重要的问题。要检验和判定某种认识是否符合实际,即是否具有真理性,需要有一个客观、可靠的标准,这个标准也只能是实践。因此,认识是来源于实践,为实践服务,并受实践检验的。离开实践的认识是不可能的。这就是马克思主义关于认识对实践的依赖关系的根本观点。

要更好地认识"大思政课"实践过程,就需要从"大思政课"的主体和客体及其关系入手进行分析,从而逐步理解"大思政课"的本质属性。

第一节 "大思政课"育人工作的主体

无论是"大思政课"育人工作目标的确定,还是行动方案的选择,"大思政课"育人工作主体始终是起主导作用的决定性因素。在一定意义上,可以将"大思政课"育人工作看成"大思政课"育人工作主体的一系列复杂的活动,或者说是由"大思政课"教育工作者的理性思维、情感意志、实践行为组成的主体性活动。

因此，为了更好地研究"大思政课"育人，有必要进一步考察"大思政课"育人工作主体及其作用。只有对"大思政课"育人工作主体的规定、结构、要求、特点和功能分别加以研究，才可能把握"大思政课"育人工作的实质，找到"大思政课"育人工作成败的关键所在。

一、主体和"大思政课"育人工作主体

主体和客体是哲学中两个极其重要的范畴。所谓主体，是指按照一定目的去认识和改造客观对象的人。所谓客体，是指被认识和被改造的客观对象。主体和客体不同于主观和客观。主观是指人的精神世界，客观是指个体意识之外的客观世界或客观存在。主体无疑是人，但又不能认为凡人皆为主体。缺少自我意识、居于被动地位的人不是主体。只有具有明确自我意识、居于主动支配地位的人才是主体。"大思政课"育人工作系统是由人和"物"组成的，其中物的因素不可能成为主体，大学生是处于被引导地位的人，也不是主体，只有处于支配地位的人才是主体。概而言之，"大思政课"工作主体就是该项工作中从事引导活动的人，即教育工作者。

"大思政课"课程建设工作主体作为主体的一种，有其不同于其他主体的特殊规定和特定要求。

（一）"大思政课"工作主体必须具有实践教育工作所需的专门知识

知识是社会意识研究领域的基本范畴，众多学科都对其有所论述，关于它的含义界定很多，并存在或大或小的差异。所谓知识是人们对客观对象的浅层感知和深层认识的总称，知识作为人类认识世界的成果和改造世界的武器，是一种无形的财富和巨大的力量。本书所使用的知识范畴，不局限在某个具体的领域，是指人类知识的整体。这些知识按照哲学上的诉求目标可以划分为真理知识、善德知识和美感知识；按照学科可以划分为自然科学知识、社会科学知识和思维科学知识；按照反映客体信息的水平又可以划分为经验知识和理论知识；按照获得知识的途径还可以划分为直接知识和间接知识。总体来说知识有两个视角：横向和纵向。横向是指知识的不同领域，如前两种分类；纵向主要是指知识的层次性，如后两种分类。

在开展"大思政课"育人过程中，教学管理工作人员和实践活动指导教师无疑需要有知识，而且还要掌握更多的知识。这主要包括以下几方面。

第一，有关教育教学领域的科学知识和专门技术。"大思政课"育人中的教学管理工作人员虽不一定是某行的专家，但起码应是内行，只有这样才

能和有专业背景的教师更好地交流与沟通。

第二，尽可能通晓有关的社会科学知识。"大思政课"育人工作作为一种人类教育实践活动，自始至终是在社会大系统中进行的。"大思政课"育人工作主体要实现自己的意图，有效进行"大思政课"育人工作，除了通晓有关专业技术知识之外，免不了还要同整个社会打交道，因而还必须掌握尽可能多的社会科学知识。如果缺乏这些知识，就不能在复杂多变的社会环境中审时度势、选择时机；不可能做到科学决策、应对各种变化；也不能在竞争中纵横自如、立于不败之地。一般来说，"大思政课"育人工作中主体的决策权越大，越应掌握更多的社会科学知识。

第三，要特别熟悉关于人的知识。"大思政课"育人工作的对象虽然包括物，但主要则是人，"大思政课"育人工作就是做教育人的工作。因此，作为一个"大思政课"育人工作主体，应当熟悉自己的对象，懂得人的生理、心理、需要、追求、信仰、期待及其行为规律，掌握有关的生理学知识、心理学知识、社会学知识、行为科学知识等人学知识。如果不懂得人，将活人看作死物，或者对人知道得很少，片面地将人看作是"工具人"，就无法搞好"大思政课"育人工作。相反，只有掌握有关的人学知识，了解人的心理活动和思想变化，才可能沟通主客体的关系，将教育工作者的意图化为大学生的行动。

第四，作为"大思政课"育人工作主体，特别是"大思政课"育人工作主体中的决策人物，还必须学习运用哲学。哲学是各门科学知识的最高概括，具有认识世界和改造世界的多种特殊功能，它为教育工作者尤其是决策者提供综观全局、预测未来、揭示因果、防微应变的方法论，也为教育工作者如何正确决策确定价值坐标。是按照唯物主义观点或唯心主义观点来决策，还是以系统辩证的方法或以形而上学方法来处理"大思政课"育人工作中的有关问题，直接关系到"大思政课"育人工作的成败。所以，不懂哲学的人不宜担当教育管理工作，现代教育教学管理工作者必须学好哲学。

（二）"大思政课"育人工作主体应具备丰富的教学工作经验和实践能力

知识作为"大思政课"育人工作主体的一种潜能，还只是"大思政课"育人工作活动的一个前提条件，它只意味着搞好"大思政课"育人工作的可能。要使可能变为现实，教师尤其是一线教师还应具备将各种知识转化为相应的"大思政课"教学成果的能力，不断在"大思政课"教学实践中学会如何具体应用这些知识。这就是说，在"大思政课"育人工作中知识固然很重要，没有足够的相关知识自然谈不上能力的培养，因为能力不是凭空产生而是由知识转化而来的，将知识同能力、理论同实践对立起来片面强调教学工作实际能力的观点是不正确的。但同时也必须看到，知识并不等于能力，有知识而无能力只能是空谈家而不可能成为优秀的教师。从这个角度分析，能力比知识更为重要。恩格斯在《给〈萨克森工人报〉编辑部的答复》中针对少数年轻干部奢望党的领导地位曾经这样说过："他们那种本来还需要加以深刻的批判性自我检查的'学院式教育'，并没有给予他们一种军官官衔和在党内取得相应地位的权利；在我们党内，每个人都应该从当兵做起；要在党内担任负责的职务，仅仅有写作才能或者理论才能，甚至二者全都具备，都是不够的；要担任领导职务，还需要熟悉党的斗争条件，掌握这种斗争方式，具备久经考验的耿耿忠心和坚强性格，最后还必须自愿地把自己列入战士的行列中。"我国古代法家韩非子在选拔高级官员时也提出："故明主之吏，宰相必起于州部，猛将必发于卒伍。"这都说明知识不等于能力，能力是在"大思政课"教学实践中从知识逐步转化而来的。

"大思政课"育人工作主体的工作能力有多方面表现，根据对"大思政课"育人过程的研究认为，"大思政课"育人工作主体的工作能力大致可以分为专业能力、观察判断能力、人事组织能力和综合分析能力。

观察是指对形势的观察，并经过预测及时提出战略性目标；判断是指在多种计划方案中果断准确选择某一最佳方案。所谓观察判断能力就是教育工作者根据自身的有关知识在特定情形下进行科学决策的能力。在这一过程中，没有相应的知识是无法对形势进行深刻分析并对方案作出理智果断选择的，否则只能是武断决策或盲目拍板。如果仅有相关知识而缺乏敏锐的洞察能力和沉着大胆的决断作风，只会瞻前顾后、犹豫不决，结果必然失去稍纵即逝的机会。所以，观察判断能力是"大思政课"育人工作主体特别是决策层所应具备的基本能力。

所谓人事组织能力即领导能力，其核心是如何看待人、怎样处理组织内外的人际关系。对于一个教育实践工作领导者，必须要有识才的慧眼、爱才的热情、用才的技巧、护才的胆略和驭才的谋略，才能将不同专长、气质、性格、职责的人才合理组织起来。相反，无识才之眼、容才之量、护才之胆、用才之能、驭才之谋的人，只能是孤家寡人。这种人事组织能力固然依赖于人文社会科学知识，但更主要是通过人事组织工作的实践逐步积累的所谓教学工作管理和组织能力，是指教育工作者对他所面对的特殊活动的了解熟悉程度，包括教育工作知识的运用能力和技巧，对教育工作涉及的具体环节的了解和把握。这种能力是指挥过程中不可缺少的基本功。不具备这种能力就无法进入指挥别人工作的教育工作领导者角色。当然这并不是要求教育工作领导者门门通、样样精，而只是要求对开展"大思政课"育人的各个环节、各个方面要有基本的全面了解，绝非外行。

所谓综合分析能力是指教育工作者的思想技能，是指教育工作者综合分析"大思政课"育人工作系统各个方面、各种情况而对系统各活动要素进行有效控制的理性思维能力。从"大思政课"育人工作过程中决策确定目标开始，到目标的最终实现，教育工作者自始至终围绕着如何实现工作的优化目标而不断调控系统组织各部门、各环节的活动方式。而要做到这一点，是没有一成不变的模式可循，教育工作领导者必须随时分析现状、综合情况。这种分析综合是很难从书本上直接学到的，只能结合"大思政课"育人工作实践逐渐摸索。

（三）"大思政课"育人工作主体总是同一定权力相联系的

所谓权力，是按照预定方式引起别人心理或行为变化的权威和能力。它是通过约定俗成或通过法律程序赋予一部分人对另一部分人的影响力和支配权。权力作为一种欲望，人皆有之，但权力欲并不可能无条件地转化为现实的权力。教育工作者作为"大思政课"育人工作的主体，一定要有相应的影响支配别人的权力。这种权力是通过习惯由一些人传递给另一些人，还是通过某种学校的规章制度赋予一些人都是"大思政课"育人工作主体的质的规定性。只有获得现实的"大思政课"育人权力的教育工作者，才能成为真正的"大思政课"育人工作主体，否则就不能区别"大思政课"育人工作主体和客体，教育工作者就无权决策，无法对教学活动中的学生行使引导和教育职能。"大思政课"育人工作就会成为一句空话。中外传统文化中有一种观点认为，权力欲是人性中邪恶的一面，权力无论其性质如何统统是有害的。在这种观点看来，人生来就是平等的，不能有支配别人的想法和行为。其主张社会不应由权力而应由"仁义""礼让"或理性道德来治理。现代无政府主义更是反对一切权力，主张打倒权力的象征——国家和政府。有一种观点认为：中国是社会主义国家，人民是国家的主人，因此，从尊重学生的角度出发，"大思政课"育人工作不能凭借权力而应当凭借威信来进行，否则就违背了社会主义的原则。上述这些说法都是对权力的曲解和对"大思政课"育人工作的无知。其实，权力欲并非都是邪恶的，权力也不都是有害的。相反，在有分工协作的社会生产和生活中，权力欲的产生和权力的运用不仅是必然的，而且总的说来是合理的。恩格斯在《论权威》中明确地指出："联合活动，互相依赖的工作进程的复杂化，正在取代各个人的独立活动。但是联合活动就是组织起来。而没有权威能够组织起来吗？"可见，权力是社会发展的产物，也是"大思政课"育人工作主体质的规定。如果失去权力或有权力不敢运用，"大思政课"育人工作主体就不复存在。

（四）"大思政课"育人工作主体同威信联系在一起

教育工作者个人或集团的威望和信誉是"大思政课"工作主体又一质的规定性。所谓威望，是指教育工作者良好的品德和超常的能力在大学生中造成的特殊影响力。所谓信誉，则是教师和大学生通过以教学活动为载体的交往、相互沟通所形成的后者对前者的尊重和信任。同权力不同，威信不是由习惯和规章制度从外部赋予"大思政课"育人工作主体的，而是大学生对教育工作者的一种认同，是教育工作者自身造就并通过大学生所赋予的。在一部分人影响另一部分人的心理行为意义上，"大思政课"育人工作主体的威信也是一种权力，因为凭借威信同样可以达到教育、引导别人的目的。所不同的是，权力是一种强制影响力，威信是一种自然影响力，前者是由地位决定的，后者是自发产生的。所以，权力同威望并不一样，不能认为有权必威、有权必信，威信同权力是构成"大思政课"育人工作主体的两个并列的内在规定性。有一种观点认为，"大思政课"育人工作既然是一部分人影响另一部分人的行为活动过程，因而权力之中就包含着威信，威信是从权力地位中自然产生的。根据这种看法，有权必威，有权必信，权力必然产生权威。事实并非如此，权力和威信并不具有必然的联系。有权是否同时具有威信，这要看教育工作者如何看待权力和运用权力，看他能否正确对待大学生。一般说来，只有不迷信滥用权力的教育工作者，才有可能恰当地运用权力，由此才能逐渐树立威信并取信于学生。相反，认为权力是万能的，企图采用简单的行政命令手段去进行"大思政课"育人工作，必然引起一线教师和大学生的反感和抵制，教育管理和领导者就会因失去一线教师和大学生的信任而成为虚设的主体。可见，要搞好"大思政课"育人工作，除了要掌握一定的权力，还要辅之以教育工作者的威信，使学生不是从形式上而是从实质上接受教育工作者教育和引导。

知识、能力、权力、威信，这四者是"大思政课"育人工作主体必备的四重规定性，缺一不可。

二、"大思政课"育人工作主体的系统结构

"大思政课"育人工作是一种复杂特殊的教学实践活动,不可能仅靠一人来单独进行,而必须协同一部分人来共同完成。在当代高校,参与"大思政课"育人工作的人各有其不同的职责,"大思政课"育人工作系统通常又是由决策人员、智囊人员、执行人员和监督人员按一定方式组成的有机整体,称之为"大思政课"育人工作主体系统。随着社会的发展和社会生活的日趋复杂,"大思政课"育人工作所需的主体系统也日趋复杂,结构的变动性日益明显,结构的优劣对"大思政课"育人工作的效率起着十分巨大的作用。

处在"大思政课"育人工作主体系统最高层的是决策人员,他们是具有决策权并对整个"大思政课"育人工作系统负有最终责任的领导者。以高校为例,各高校负责教学工作的校级领导是决策人员,其任务是确定"大思政课"育人工作目标,选择决定实现目标的某种方案。在现代社会,决策权绝不能由少数个人"乾坤独断",而应由集体民主决策,这就要求领导者大兴民主作风,并注意选拔不同专长的人参与决策层工作,例如让教育管理部门(教务处)、具体教学部门(二级学院、教学部)的负责人加入决策工作,努力造成一个具有最佳人员结构的决策班子,形成一套科学民主的决策体制和决策程序。

为使决策科学化而避免主观武断,各级决策机关还设有规模不同的智囊团或思想库。中国古代就有皂帝咨询的机构、地方行政长官的幕僚,以及军队中的参谋人员,即属智囊人员。现代社会,上至国家政府,下到各个高校,凡进行计划、统计、预测、咨询、研究的专家或团体,均属一定决策层次的不同类型的智囊团体。智囊团是决策层的"思想库",是专门为决策进行调查研究的智囊。它的职责不在"断"而在"谋",专为决策提供最优化的理论、策略和方法。第二次世界大战以后,欧美和日本为了在多变的当代国际生活中提高竞争能力,相继出现了许多智囊团体,而且发展极为快速,如美国的兰德公司。在高等院校教学工作领域,也要善于使用外脑,在经过学校一级领导批准的情况下,建设校内外专家为主的辅助决策智囊团十分必要。吸收校内校内外专家参加的教学工作智囊团虽然无权决策,却是对决策工作不可或缺的重要组成部分。决策人员的工作好坏,很大程度上取决于智囊团的工作。决策人员和智囊人员的关系即"断"和"谋"的关系:谋是断的基础,断是谋的结果,二者既不等同彼此区别,又相互依赖彼此促进。

"大思政课"育人工作主体系统越发展，断和谋的职能越清楚越完善，彼此配合协调也越自觉。如果教学工作领导者企图集谋断于一身并以此显示自己的领导才能，那么就会很容易导致决策失误，严重时则会误导学生。

"大思政课"育人工作主体系统的第三层次是执行人员。执行人员"大思政课"育人工作主体系统中的基层教学部门领导者和执行者（一般包括二级学院的教学工作负责人、本学科教学研究机构负责人、具体课程一线教师等），其任务是根据决策者的决策方案，制定具体计划，贯彻执行方案。不同层级的执行机关在贯彻执行上级决策时，首先应当不违背决策的基本要求，不得随意更改上级决策，更不允许借口情况特殊另搞一套，否则便是越权，执行层就变成决策层了。不过，执行又并非机械照搬，简单执行，各级各部门因有不同情况，上级决策不可能详尽规定各个方面的具体工作，这个时候就要求执行者必须根据实际将上级决策具体化，对上级决策未能涵盖的部分再决策。所以执行过程同时也存在着决策过程，执行人员也有进行中观决策的任务。一般来说，执行某一项决策的中间环节越多，或者说执行链越长，其执行人员就负有越重的中观决策的任务。只有在一个层次少、执行链短的部门，决策人员和执行人员的职责才是分明的。这就是说，在理论上，可以而且必须将决策层和执行层相对分开来加以研究。但在事实上，尤其在体系庞大的教学工作人员系统内，最高层的决策人员和智囊人员是确定的，而中层的执行人员同时也负有不同程度的决策任务，执行人员同中层决策人员常常是混而为一、不能截然分开的。因此，在教学工作领域决策和执行的关系非常复杂，需要教育工作者坚持正确的工作方向，分析具体问题大胆创新，这样才能做好"大思政课"育人工作。

为保证决策的贯穿实施，随时了解决策是否符合实际以及执行部门是否按照决策执行，"大思政课"育人工作主体系统还可以设置相关的监督人员，其任务是跟踪捕捉执行过程中的偏差信息，并将它及时反馈到决策层。如果属于决策同实际的偏差，便由决策层修改原有决策；如果属于执行中的偏差，则由上级权力机关勒令执行人员纠正偏差。在决策的执行过程中，认为决策绝对完美、绝对理想以及设想执行中绝对准确、绝对一致是不现实的。由于多种原因，决策的执行必然是一个充满矛盾的过程，监督人员应及时发现执行过程中的矛盾。只有借助于监督控制，才能保证执行人员步步逼近决策目标。

一般来说，在"大思政课"育人工作中，监督人员常常是由决策人员兼任的，有时也会邀请有经验的教育工作者（高校的教学督导人员）担任。开展"大思政课"教学督导工作需要注意两方面问题：一方面监督人员绝对不能缺少，另一方面不能由执行人员兼任监督人员。如果这样就等于取消了监督，"监""守"合一，从而使"大思政课"教学工作失控而流于混乱。另外，监督工作是一项十分复杂且极为严肃的工作，它需要监督人员不仅要有相关的专业知识以便能敏锐及时发现问题，更要求有对事业的忠诚和对事不对人的高度责任心，敢于向上反映问题并督促纠正偏差。

总之，"大思政课"育人工作主体系统是由上述四个子系统有机组合而成的，决策人员、智囊人员、执行人员和监督人员共同构成统一的"大思政课"育人工作主体。其中，决策人员是整个系统的"大脑"和"灵魂"，决策是否恰当和及时，直接关系着"大思政课"育人工作的成败。智囊人员作为决策人员的助手，是整个系统的"外脑"或"思想库"，帮助决策层"运筹帷幄、决胜千里"。执行人员则是"大思政课"育人工作的"躯干"或"主体"，只有通过他们的教学工作，"大思政课"育人工作的决策目标才能变成现实。监督人员相当于"大思政课"教学系统的"眼睛"和指示仪，对"大思政课"教学活动起着监控、调整、跟踪和定向等多重作用。在教学工作中，"大思政课"育人工作主体系统要发挥正常的工作职能，上述四类子系统必须各司其职、协同配合，其中任何一类人员不任其职、不尽其能，"大思政课"育人工作主体的功能就得不到正常发挥。如果互相掣肘，扯皮内讧，"大思政课"育人工作主体系统便会因内耗而无法发挥作用。

三、建立健全"大思政课"工作主体系统的基本原则

"大思政课"育人工作主体是由决策、智囊、执行、监督四大子系统有机组成的共同体，如何建立健全最优化的"大思政课"育人工作主体系统则是搞好"大思政课"育人工作的关键所在。

要建立一个理想的"大思政课"育人工作主体系统，首先要坚持目标择优原则，即根据"大思政课"育人工作目标的要求来选择确定工作人员。第一，要因事设人而反对因人设事，领导者人数的多少应根据被管理人数的多少和事务的繁简确定。这在管理学上称为"管理跨度"。根据国外经验，管理者和被管理人员的比例一般在1∶7左右为宜。比例过大，管理跨度太宽，管不过来；比例过小，人浮于事，政出多门，不仅造成人力的浪费，而且难以统一意见，仍然管不好。这里所说的管理跨度或人员比例，是指上级同下级的比例关系，它既包括决策人员同执行人员的数量比例，也包括上级执行人员同下级执行人员的比例，还包括执行人员同操作人员的比例，而不包括

智囊人员和监督人员。在组建"大思政课"育人工作主体系统时究竟以多大的比例为宜，应视具体情况而定，不过原则上仍必须遵守一定的工作跨度。无论哪种教学管理体系，既不能"韩信用兵，多多益善"，用很少的人去管很多的人，更不能倒过来，多个领导一个兵。第二，在确定"大思政课"育人工作主体的总人数之后，紧接着还要根据工作的需要对不同类型工作人员的人数进行再分割。一般来说，决策人员只能是少数，大量的是执行人员，智囊人员和监督人员的人数无一定之规，要视"大思政课"育人工作活动的性质而定。所策划的活动对象越是复杂多变，智囊人员和监督人员的配备应越多；而所设置的活动相对简单且比较稳定，其智囊人员和监督人员的人数则相对减少。

要建立一个理想的"大思政课"育人领导系统，还必须根据系统要素特性互补的原则，来挑选领导成员和组建领导班子。系统论认为，系统是由若干功能相异而又彼此补充的要素按一定结构有机组成的统一体。如果要素属于同一性质，那么这种系统就会因为功能单一、缺乏互补性而成为一种机械系统。在开展大型活动组织相关队伍时，正确的做法是注意将不同特点的人安排在合适的位置上。具体说来，应坚持以下几种互补原则：一是知识互补和能力互补，即将不同知识型和能力型的成员组成一个领导团体，避免"清一色"的"理论型"或"实干型"。二是气质互补和性格互补，即将不同性格不同气质的人相搭配，使之相互弥补对方气质性格缺陷可能造成的错误，例如，将果敢型的人与沉稳型的人搭配起来，将思索型的人和实干型的人结合起来。三是性别和年龄互补。性别在当代管理工作中具有越来越明显的独特功能，年龄则与经验、作风、对事物的敏感程度相联系。理想的工作队伍不应由相同性别和同一年龄段的人组成，而应当男女适度配搭，由老中青三个年龄段的人组成。老年人阅历深、经验多，青年人对新事物敏感、富有锐气；男人一般胆大而果断，女人一般谨慎而心细。只有将不同性别年龄的人组合在一起才能形成功能互补。反之，则收不到系统的整体优化效应。正如列宁在谈到如何组织苏维埃领导机关时说："最好是使这个机关有各种各样的人员，使我们看到这个机关是多种品质和各种优点的结合，……举例来说，假定组成这个新的人民委员会的工作人员是一个模子的人，譬如都是官吏型的人，或者没有鼓动员性质的人，或者没有善于交际或深入他们不太熟悉的群众中去的人等等，那就糟糕透了。"

由不同知识能力、性格气质、性别年龄组成的主体系统，各成员间要做到功能互补，同时还必须克服各种障碍，做到心理相容。因为各个成员有不同的经历、气质、性格，他们之间在心理上是有障碍的；每个成员的知识结构、工作能力不同，彼此间便缺少共同语言；年龄、性别不同，价值观念、思想方法不同，对问题的看法也不可能完全一致。这样，如果"大思政课"育人工作主体系统缺乏不同成员间的有效沟通机制，系统成员之间就会相互防范、关系紧张、同床异梦、矛盾重重。这自然谈不上功能互补，而只能将时间和精力消耗在大量的内耗之中。

要使不同特质的领导成员做到功能互补，必须先使他们之间做到心理相容。而要做到心理相容，则是一件极为复杂的思想工程，需要异中求同，形成以下几点意识。

第一，确认共同的价值目标。人们的观念不可能完全相同，但既然同为一个"大思政课"育人工作主体系统的成员，必须要有共同追求的价值目标。如果价值目标不统一，各怀一己之私，必然是互不相容的。只有为了一个共同目标走到一起，才可能求大同存小异，形成共同的价值观念，做到彼此配合、相互谅解。中国共产党在民主革命时期提出的"五湖四海"思想，堪称这方面的典型。

第二，确认互助互利的系统观念。按照系统论，子系统不能脱离系统而独立存在并发生作用，系统因素都以其他因素的存在作为自身存在的前提。所谓互助互利，即指"大思政课"育人工作主体系统的各个成员只有相互配合才能发挥系统的功能，自身才能从中获得成就感。只有当互助互利的观念为各成员所接受，变成自觉的意识，成员之间才可能相互支持，相互配合。

第三，要形成互相尊重的环境气氛。有些教育工作者在比较年轻时就被选拔到领导岗位，一般都具有超出常人的某种才能，自我意识很强。但这些人由于年轻，有时缺乏对自身的正确估计，容易苛求与之共事的同事，甚至缺乏相互之间尊重。要改变这种状况，就必须提倡"己所不欲、勿施于人"的观点，培养宽容互谅和谦虚谨慎的精神，善于学习别人的长处，尊重他人的人格；提倡同事间多接触、多谈心，增进相互了解，增强心理上的融合感。这就有可能开启心灵门窗，沟通思想渠道，凝成团体意识，做到心理相容。

四、"大思政课"育人工作主体的行为方式

"大思政课"育人工作主体要想通过有效的教学活动引导好大学生的人生方向，正确的行为方式非常重要。如果"大思政课"育人工作主体的行为方式不正确，即使是一个人员素质高、系统结构优良和领导体制恰当的工作

系统，也很难发挥良好的作用。

"大思政课"育人工作主体的行为方式即工作主体的活动方式或工作方式，它是在特定的文化环境和组织环境中长期形成的思维定式和行为模式。文化环境和组织环境不同，教育工作者认识和处理问题的方式也不同。从而形成形形色色的工作行为方式或类型。

（一）独断型

这是官僚主义工作方式之一种，其表现为武断自信，听不进别人意见，凡事无论大小皆由一人独断，要求别人绝对服从、唯命是从。

（二）放任型

这是与独断型刚好相反的另一种工作方式，其表现为教育工作者不愿或不敢行使自身应有的权力，该管的不管，放任下属"自由"行事。放任型工作方式的产生有其复杂的历史文化原因，在现实中也存在各种各样的具体表现。中国道家"无为而治"的思想．资产阶级人道主义抽象的自由平等观，以及蔑视权力的无政府主义思潮，都可以诱发和导致放任型的工作方式。在现实中常常可以看到，有的领导抱着"无为而无不为"的宗旨，以为少揽权才能发挥下属的积极性，结果适得其反；有人错误地将权力和民主、教学管理和平等对立起来，以为权力和教学管理工作必然破坏人们的自觉性，结果这个集体因缺乏约束机制各行其是，一盘散沙。高校的一部分思想政治理论课教师经常强调教学任务重、带学生外出参观不好组织等理由，把本该由教师全面指导的活动变成布置任务收作业的简单行为，严重影响了思想政治理论课教学效果，这是放任型行为方式的主要表现。

（三）事务型

这种工作方式既不同于独断，独断型是指大小事由个人独揽专断，具有排他性；也不同于放任，放任型是完全或基本放弃教学管理工作，任由他人擅自行事。所谓事务型的工作方式，是指教育工作者分不清自己该管哪些事，常常忘记自己的工作职责而纠缠于不该管的事务，从早到晚成年累月陷入数不清的日常事务当中。出现事务型的工作方式，从根本上说是缺乏现代观念，忘记了自己在教学工作系统中的职责。在国家高度重视高校思想政治教育工作背景下，一些马克思主义理论课教师出现了自我封闭的现象，甚至出现个别人对国家重点关注本科生思想政治理论课进行曲解，认为本科思想政治理论课的一切活动其他专业的教师不能参与，这样就很容易形成思想政治教育实践工作中的事务型行为方式。

（四）以事务为中心

这是相对于以人为中心而言的一种较普遍的工作方式。所谓以事为中心，是指教育工作者仅以工作为中心，而将人当作实现其工作目的的手段。"大思政课"教学工作作为一种能动的特殊实践活动，有其明确具体的组织目的或行为目标，无论何种工作，都应提高工作效率并保证工作质量。这种行为方式是建立在对人性错误估计基础上的工作方式，是轻视人的机械工作方式。随着社会的进步、人的觉醒、教学工作对象的复杂化，这种方式显然已暴露出它的弱点和缺陷，迫使教育工作者转向以人为中心的现代工作方式。

（五）以人为中心的民主的工作方式

这是现代社会普遍公认的较好的工作方式，但又是"大思政课"教学工作主体难以准确把握的行为方式。这种工作方式首先要确认教育和培养人是"大思政课"教学工作的根本目的，一切工作行为最终都是为了提高大学生的素质、满足大学生树立人生理想的需要。其次要确认人是"大思政课"教学工作的中心，一切工作行为都应通过人来开展。这里的人不仅指教育工作者，也包括大学生。而要实现这一目标，就不能将大学生当作单方面接受教育工作者说教的纯粹受动者，而应将其看成有追求、有需要、有权利、能创造的能动者。既然如此，传统的独断型和习惯采用的以事务为中心的工作方式就应被排斥在教育工作者的行为方式之外，民主的工作方式也会最大限度地发挥作用。当然，这样做并不意味着大学生可以不接受教师的指令，也不意味着无条件地一切按多数学生的意见办。在具体的工作中要做好如下工作：第一，充分尊重和信任大学生，注意广泛吸取大学生的意见，做到择善而从，并形成习惯和制度；第二，充分调动大学生的积极性，培养他们的能动性和创造性，善于依靠人而不是仅仅依靠制度和命令去开展"大思政课"教学工作；第三，增加"大思政课"育人工作决策的透明度，自觉接受大学生的监督；第四，"大思政课"育人过程中一切工作都应以尊重人和关心人为目的。

第二节 "大思政课"育人工作的客体

客体是相对于主体而言的对象，"大思政课"育人工作客体是"大思政课"育人工作主体所作用的对象。"大思政课"育人工作既然是"大思政课"工作主体作用于客体的特殊实践活动,因而在研究"大思政课"育人工作主体的规定、结构、"大思政课"育人工作体制和主体的活动方式之后,还必须进而考察"大思政课"育人工作对象的规定、特点、组织结构和活动方式。

一、"大思政课"育人工作客体及其构成要素

客体在一般意义上,是主体有目的有计划作用的对象。其中,凡被人们有目的有计划地认识和考察的对象,就被称为认识客体;凡被人们有目的有计划地加以控制和改造的对象,就被称为实践客体。因此,客体范畴是一个包容甚广的哲学范畴,凡人类思想和活动所涉及的一切对象,都可以被称为客体。

"大思政课"育人工作客体就是人们常说的"大思政课"育人工作的对象。"大思政课"育人工作的对象,即人、财、物、时间、信息五方面因素,是"大思政课"育人工作的客体。

"大思政课"育人工作作为一种特殊的教育实践活动,是"大思政课"育人工作主体按照某种预定目的计划、组织、指导、控制某一实践活动的特殊实践。

这种客体不是通常意义上说的静态客体,而是特殊意义上积极能动的动态客体;这种客体既包括实体性因素人、财、物,也包括非实体性的功能因素和结构因素,如人的思想状态、人的活动方式、人员组织结构、人与人的信息沟通以及被人控制的时空等。"大思政课"育人工作客体之所以成为主体有效作用的对象性客体,正由于上述诸要素进入了被控制的实践活动领域。如果"大思政课"育人工作客体不是某一正在进行的实践活动,诸要素没有进入现实的实践活动领域,那么,无论是人还是物,也无论是时间和信息,都不可能成为"大思政课"育人工作的对象。

高校教学实践的类型是多种多样的,因此在不同的"大思政课"教学工作活动中构成客体的具体要素也多少不一、形质各异。但是,从哲学的角度来看,无论何种"大思政课"育人工作客体,都是由从事某种实践活动的人和实践赖以进行的"物"两类要素所构成。其中,人的要素又可以包括人的思想(价值观念、意志情绪、认识能力)、人的行为(行为方式、行为趋向、行为方法)、人员结构(组织结构)和人际关系;物的要素则包括物资、资金、环境、时间、空间和信息等。因为在开展"大思政课"育人工作时,物资采购、资金申请、空间安排都可以依据学校规章实现,所以下面就

上述因素中的其他重要因素——进行分析。

一是人的思想。人是"大思政课"育人工作的客体要素，人是有思想的理性动物，而不是无思想的机器或动物，因此，课程建设主体首先需要关注的就是人的思想。当代大学生是思想最为活跃的群体，解决思想问题是第一要务。人的思想虽然无形但并非不可捉摸。人的思想对于个人来说诚然是一种反映客观的主观，而当它作为被他人认识和影响的对象，又是一种被反映、被掌握的不以工作主导者意识而改变的事实因素。这说明大学生的思想虽然是一种无形的精神，但对于教育工作者则同样具有可知性和客观对象性。"大思政课"育人工作既然是一部分人通过教育另一部人而进行的一项实践活动，那么"大思政课"育人工作主体自始至终必先了解大学生的意愿、关注他们的情绪、激励他们的情感、培育他们的才智、树立他们的观念，从而使大学生的思想成为可预测、可感知、可跟踪引导的对象。

二是人的行为。人的行为即人的现实活动。同人的思想比较，它具有明显的客观物质性和目的方向性。当大学生参与"大思政课"教学活动时，就同教育工作者发生关系，其活动就不再是完全自主的，成为受"大思政课"教学工作主体支配的对象性客体。之所以要开展"大思政课"教学工作，正在于一部分人的行为方式、行为趋向以至活动方法不能任由自己支配而需要接受别人的引导、规定及指挥。在具体的活动中，大学生干什么、怎样干、为什么而干，很多都由教育工作者来决定。同时，参与教学活动的教师，在课程中如何教，必须接受学校相关部门的指导，不得违背他们规定的教学目的和教育方针，其行为趋向也构成大学生"大思政课"育人工作的客体要素。

三是人员结构。作为"大思政课"育人工作客体要素的人不是以个体的方式而是以群体的方式而存在。群体究竟以何种结构与方式进行活动，对"大思政课"育人工作的成效影响极大。因此，"大思政课"育人工作客体要素不仅包括被教育者的思想、活动，还包括人与人的组合方式或组织状态。教育工作者只有根据不同的活动目的来建立对应大学生的组织系统并根据情况的变化适度调整组织结构，才能使对大学生的培养工作取得成效。

四是人际关系。人际关系是指组织内人与人之间发生的关系，它既包括"大思政课"育人工作主体之间的关系，也包括"大思政课"育人工作主体同工作客体、"大思政课"育人工作客体之间的关系。正是由于组织内人与人的关系常常不和谐需要调整，因而人与人之间的关系也就成为"大思政课"育人工作的对象。无论在什么样的人群系统中，人与人之间总会产生各种各样的矛盾，这是任何组织、领导者预先不可能防止的，是不以教育工作者的主观意愿为转移的。所以"大思政课"育人工作就包含着对人际关系的调整。设想建立一个无矛盾的组织系统，显然是不可能的。近年来，马加爵事件、复旦大学宿舍投毒事件等发生在高校的恶性事件表明，引导教育学生处理好人际关系十分重要。

五是环境。也可以被称为组织环境，它是存在于"大思政课"育人工作系统之外又影响工作系统的一系列因素的总和，包括校园周边的自然环境、社会环境、政治法律环境、科技文化环境，等等。环境对于"大思政课"育人工作的作用具有两重性。一方面，环境作为"大思政课"育人工作系统的存在条件，是既定的、外在的因素。可以说，是具体的环境选择决定具体"大思政课"育人工作系统；凡是适应特定环境的组织才能存在，与环境不适应者便会灭亡。在这个意义上，环境不是"大思政课"育人工作主体可以驾驭或改变的客体。另一方面，"大思政课"育人工作主体是具有主观能动性的人，因而"大思政课"育人工作系统又不可能被环境完全左右，在一定范围内和一定条件下，它可以按照自身的需要去选择环境、改造环境，并与环境建立起互通物质、能量和信息的和谐平衡关系。在这个意义上，利用和改造环境就成为"大思政课"育人工作主体的重要工作之一。高校教育者应当在坚持党的一系列教育方针的前提下，大胆改革、勇于探索，想方设法改造现有的环境，或者开发利用不利环境中的有利因素。因此，环境决定"大思政课"育人工作背景，"大思政课"育人工作又改造环境。如果看不到前者，会犯唯心主义错误；如果抹杀了后者，就会走向机械唯物主义。

六是时间。在哲学上，时间被看成物质存在的基本方式之一。物质处在绝对的运动中，运动着的物质所固有的过程性、延续性和先后承续性，就是时间。在"大思政课"育人工作客体诸要素中，无论是人的要素还是物的要素，无一不同时间有关，或者说都在时间中运动、转换、匹配，因此，"大思政课"育人工作的客体要素也包括时间。因为时间本身是不会被人所改变的，所以，时间不会随人的意志而改变其固有的不可逆性。要使大学生充分认识时间的价值和提高时间的使用效率，就要求教育工作者对大学生进行时限控制、时机选择和时效教育。大学生是在一定的时间内活动的，因而开展"大思政课"教学工作时不仅要引导大学生思想和行为，还必须对其活动的时间期限作出规定，否则就谈不上科学化"大思政课"教学。即使对活动所涉及的物和信息，也应当有时限控制，超过规定时限的有些物资可能变质，有些信息可能失效。时机选择是引导或指示大学生恰当选择和准确把握某种机遇，充分发挥时间的效率价值，达到在正常情况下所达不到的目的。时效是指相同时限内的不同工作效率。时效教育就是向大学生灌输时间就是效率的观念，引导大学生抓紧时间学习和参与相关实践活动，在短时间内发挥出最大的效益。虽然时间对每个人是平等的，时间本身具有不以人的意志为转移的客观性，但是人对时间价值的认识和利用时间的方式又大有差别。当代社会，随着生活节奏的加快，教育大学生养成时间观念，学会有效地利用时间十分重要。

七是信息。在自然界，虽然客观存在着多种多样相互关系的信息，而且这些信息客观地经历着传递、接收、处理和反馈的过程，但这一切只是"自然"地进行着的。信息是人类为了了解、沟通外界客观对象以提高其组织性而开展的自觉活动。美国贝尔公司的申农博士认为，信息是消除随机不定性的东西，其通信功能就是消除不定性，信息就是用被消除的不确定性之大小来衡量。控制论的创始人维纳也认为，信息和熵刚好是两个相反性质的概念，前者标志系统的组织程度，后者表示组织解体的量度，信息可以提高系统的组织性。由此可见，信息普遍存在于或者说依附于物质和活动之中，并对任何一种系统的组织和运行状态发生自觉或不自觉的影响。因此，在"大思政课"教学工作中，为了防止内部混乱而加强其组织性，就必须收集大量信息、分析整理有关信息，利用信息来进行科学的预测和决策，引导、教育工作客体，从而使组织系统内部保持和谐，建立与环境的稳态平衡。相反，如果以为信息看不见摸不着，不对信息加以收集整理，"大思政课"教育工作就可能陷入"盲人骑瞎马，夜半临深池"境地，甚至导致主观蛮干。

综上所述，"大思政课"育人工作客体，包含着诸如人、财、物、时间、信息、环境等多种要素，是一个结构复杂的多元动态系统。

二、"大思政课"育人工作客体的基本特点

"大思政课"育人工作客体作为实践活动系统，具有实践的客观实在性、主观能动性和社会历史性等一般特征，同时，其作为"大思政课"育人工作主体所作用的对象性客体，又具有可控性、系统组织性等具体特征。下面就这些特征逐一进行分析。

"大思政课"育人工作客体系统中的物、财、信息、环境、时间等因素，它们的存在都是客观的。作为"大思政课"育人工作客体的人虽然是有目的、有意识的，但人的存在及其活动同样是客观的，同样服从于一定的客观

规律。教育工作者虽然进行的是引导工作，但仍然不能随心所欲地对他们施加影响。"大思政课"育人工作客体的客观性说明，"大思政课"育人工作主体的一切活动，首先必须从客体的现实情况出发，遵循唯物主义的客观规律。如果不从客体的现实存在而仅仅从工作主体的愿望出发，就会将"大思政课"育人工作引向错误的深渊。

"大思政课"育人工作客体的主观能动性，所指的就是"大思政课"育人工作客体系统中大学生的主观能动性或自觉的主动性。这就是说，大学生既是"大思政课"教学活动中受动的对象性客体，又是实践活动中能动的创造性主体。没有大学生的这种主动创造性，就不可能有真正意义的"大思政课"教学活动。另外，即使在"大思政课"教学活动中，作为客体的大学生也并非只具有客体的性质，很多情况下，有些大学生（如"大思政课"课程课代表）也同时参与部分教学辅助工作，这种参与也体现着他们的主动创造性。如果大学生不主动发挥作为人的主动创造性，或者教育工作者不更多关注大学生的实际情况，大学生作为"大思政课"育人工作客体就失去了它的活力因素，真正有效的"大思政课"教学也就难以实现。

"大思政课"育人工作客体的社会历史性包括两层含义：一方面，"大思政课"育人工作客体系统及诸要素是在社会大环境中形成的，不可能脱离一定的社会环境而孤立存在。或者说，"大思政课"育人工作客体不是绝对封闭的系统，而是作为社会大系统的一个子系统与其环境进行物质、能量、信息的交换。如果脱离人类社会，人既不能以客体身份进入任何系统，物也不能成为被人改造的对象或客体要素，二者更不能耦合为完整有序的客体系统。另一方面，"大思政课"育人工作客体及要素既然存在于社会大系统之中，那它将随时代的变化而不断变化，以保持它与社会环境的动态平衡。因此，在现实的教学活动中，没有一成不变的抽象的客体，只有变动的具体的客体。

"大思政课"育人工作客体不仅具有普遍实践活动的客观性、能动性和社会历史性，同时还具有可控性。只有当主体真正认识了客体的特点、性质、活动规律并有能力有条件地影响、控制其活动，才能成为现实的"大思政课"育人工作客体，才能从主客体的关系中获得客体的属性。

三、"大思政课"育人工作客体系统的优化

"大思政课"育人工作客体作为由人和物多种因素构成的复杂人工开放系统，还具有系统的若干特性。

首先,"大思政课"育人工作客体的各要素不可能孤立存在,它们之间彼此作用,相互关联,具有相关性。这就要求"大思政课"工作主体树立系统整体观,注意各要素之间或显或隐、或直接或间接的联系,防止就事论事和"单打一"的工作方法。特别是在对待人的问题上,更要注意其系统组织效应。客体中的人绝不是孤立的个体,而是彼此利益相关、声息相通的群体。因此,在表扬、奖励或批评一个人时,不能着眼于一人一事,而应着眼于这一人一事对个人的影响、考虑到它的组织效应。如果教育工作者以为一人一事无关大局,放松必要的引导工作,或者就事论事,采用不适当的工作方式,结果都会从两个极端扩大事态而造成失控。

其次,"大思政课"育人工作客体是一个全方位的开放系统,系统各要素与外部环境进行着多通道多形式的物质、能量、信息、人员的交流。客体系统的这种开放性又要求主体改变传统的封闭意识,树立现代的开放意识。只有敢于开放的主体,才有可能在不断的开放中拓宽有利于系统生存和发展的环境,从外界积极汲取负熵抵消系统内部必然出现的熵增,从而在动态中维持平衡有序。相反,一味把自己封闭起来,不敢或不准客体与外界环境接触往来,可能在一个时期这个系统是稳定和谐的,但时间一长,内部的熵增大而又不能从外界获取负熵,其结果必然导致组织的离散解体。

最后,系统总体效用不等于各元素的累加和,而是大于或小于各元素的累加和,其结果取决于系统要素组合结构的优劣。自然系统的结构组合是自然形成的,本无所谓优劣之分。"大思政课"育人工作客体系统的组织结构则有优劣之分。如何判断组织结构的优劣和如何追求实现最优化的客体组织结构,是"大思政课"育人工作主体经常面临的重大课题。

要做到"大思政课"育人工作客体组织的最优化,必须遵循以下三点。

第一,"大思政课"育人工作客体要素之间必须具有质的适应性。所谓质的适应性,是指客体诸要素的质应当可以实现互补,在素质上要能互相匹配和耦合。如果有的要素在质上不能与别的要素匹配,或者对别的要素起着"瓦解"变质的作用,这就叫缺少质的适应性,就不利于客体要素的优化组合。一个学校的"大思政课"育人教育质量的高低,既取决于教员的思想文化素质,也取决于教材、教学设备、教学环境的好坏。只有将好教师同与之相适的教材、教学设备在相容的教学环境中耦合为一个教学实体,学校才有可能建设出一个组织优化的"大思政课"教学系统。反之,如教师水平高于或低于教材水平,或教学设备和教学环境太差,就不可能优化组合,不可能有好的效果。

第二,"大思政课"育人工作客体要害之间必须具有量的适度性。所谓量的适度性,包括诸要素数量的最佳比例、各要素在空间的最佳位置和整个客体系统最合适的规模。同时,"大思政课"课程建设工作客体规模也影响到组合的优劣,规模过大或过小都不利于形成最优的组织结构。客体规模过大,"大思政课"育人工作主体难于操纵,容易失控;过小,主体人浮于事,也破坏上述的数量比例,同样不可能形成最优结构。

第三,要使"大思政课"育人工作客体要素做到优化组合,还必须合理配置时间,形成最佳的时间结构。时间是"大思政课"育人工作客体存在和运动的方式,系统各要素总是在时间中结合并相互作用的。时间又是各要素组合效应的标量,因此,要素组合的时间结构对系统能力和系统效应有直接影响。时间结构大致又包括客体要素的活动时间、要素流通时间、参与者的自由时间以及人、财、物、信息的闲散时间。在时间既定的条件下,合理配置时间结构应尽量扩大"大思政课"活动时间、适当增加参与者的自由时间,尽量缩短流通时间和闲散时间。

总之,为实现"大思政课"育人工作客体系统优化,不仅要按照系统目标使各个要素在质上相互适应、量上合理匹配,还必须科学分割时间、配置时间和控制时间。如果其中任何一个环节出了问题,系统要素便无法耦合为一个运动系统,"优化"自然也就无法实现。

四、"大思政课"育人工作主体和客体的辩证关系

"大思政课"育人工作的主体和客体作为"大思政课"育人工作大系统的两极,其性质、结构和功能是完全不同的。所有"大思政课"育人活动,皆是由相应的主体和与之对立的客体组成的。如果分不清主体和客体,或混淆二者界限,就会产生思维和决策的混乱。同时,研究主体和客体二者之间的辩证关系,可以从动态上把握"大思政课"育人工作的实质。

首先,"大思政课"育人工作的主体和客体作为"大思政课"育人工作实体系统的两极,是以对方为其自身存在的条件。"大思政课"育人工作主体之所以居于主体地位,是因为存在着可供他们支配的客体;"大思政课"育人工作客体所以成为被支配的客体,是因为必须追随、服从主体。如果没有主体,就无所谓客体。没有客体,也不可能形成主体。"大思政课"育人工作主体和客体之间是一种相互依赖的关系,两者的性质和地位是相互规定的。

其次,"大思政课"育人工作客体受主体的制约。人们常常将"大思政

课"育人工作活动单方面理解为"大思政课"育人工作主体对大学生主动施加的种种影响。其实,"大思政课"教学活动绝非主体作用于客体的单向活动,而是二者相互作用相互制约的双向活动。在"大思政课"教学过程中,教学主体也受到教学客体的作用和制约。这是因为:第一,"大思政课"育人计划必须根据客体的现状作出,"大思政课"育人工作主体不能离开大学生实际情况做计划。第二,"大思政课"育人计划的实施有赖于教学客体与工作主体之间的协调,特别有赖于作为客体的大学生与作为主体的教师的合作。如果师生不能合作,"大思政课"教学工作便无法开展。第三,"大思政课"育人工作主体的工作行为不能是任意的,必须接受纪律的约束和相关人员的监督。如果任性妄为,一意孤行,大学生就可能在活动中会出现各种形式的(公开的和隐蔽的)不合作行为。因此,"大思政课"育人工作绝不是主体单方面作用于客体的单向活动,而是主体和客体相互制约相互作用的双向活动。"大思政课"育人工作不应仅仅理解为教育工作者的能动活动,而应理解为"大思政课"育人工作主体和大学生的互助合作活动。

再次,"大思政课"育人工作主体和客体在一定条件下可以相互转化,"大思政课"育人工作课程建设主体和大学生的角色是互换的。在"大思政课"育人工作中,人被划分为主体和客体两类角色。在特定的场合,主体和客体的划分是确定的,一个人或者扮演前者或者充当后者,而不能同时兼任两者,否则就无角色可言,也无从进行"大思政课"教学工作。但是在社会活动的大系统当中,"大思政课"育人工作主体和客体的界限又是相对的,一个人所充当的社会角色是多种多样、不断变化的。在具体的活动中,高校应当在条件允许的情况下,鼓励、支持大学生自主策划活动,丰富"大思政课"育人内容。同时,大学生也要积极参与"大思政课"育人活动,并学会角色转换,提出自己的建议,在不同场合负相应的责任、做不同的事,尽量避免角色冲突。

最后,"大思政课"育人工作主体和客体在一定条件下具有直接同一性,从某种意义上讲主体可以是客体,客体也可以是主体。"大思政课"育人工作主客体的关系不仅如上所述,表现为两者外在的相互依存、相互制约和相互转化,甚至还表现为两者内在的直接同一,使两者结合于一人之身。所谓二者内在的直接同一,是指"大思政课"育人工作主体以自身言行为工作对象,人既是主体又是客体,或者说教育工作者一身二任或二位一体。"大思政课"育人工作不仅是教育工作者的事,也是广大大学生的事。只有当主客体直接同一,人人都把自己既当成主体又当成客体,才可能把"大思政课"

逐步建设成为高质量的课程。

第三节 "大思政课"育人工作主客体的矛盾展现

世界是充满矛盾的，矛盾存在于一切领域。"大思政课"育人工作也是一个矛盾世界，这项工作过程本身就是解决各种矛盾的过程。如在决策过程中存在着主观目的和实现可能的矛盾，组织目标和社会利益的矛盾，智囊人员同决策人员的"谋""断"矛盾；在组织领导过程中，存在着上下级之间的矛盾、工作部门之间的矛盾、同级人员之间的矛盾；在调整控制过程中，存在着计划与执行的矛盾，环境和组织的矛盾，离散和协调的矛盾，等等。显然，这些矛盾的产生有其极为复杂的根源。那么，在上述各样的矛盾中，究竟有无一种贯穿"大思政课"育人工作过程始终、决定工作基本性质的矛盾呢？答案当然是肯定的，这就是"大思政课"育人工作主体和客体之间的矛盾。这对矛盾决定着"大思政课"育人工作的基本形式和基本性质、引发其他矛盾的产生并制约着其他矛盾的解决。因此，研究这一矛盾便成为"大思政课"育人相关问题研究中的一项重要命题。

在一般意义上，"大思政课"育人工作主客体的矛盾是指充当主体的人同作为客体的人和物之间的对立统一关系。但是，对物的使用也是在对人进行"大思政课"教学时出现的。这样，两者的矛盾又可归结为"大思政课"育人工作过程中人与人的对立统一关系，它分别表现为主体与客体在利益和责任、指挥和服从、纪律和自由、集权和分权、竞争和协调五方面的对立关系。

一、利益和责任的矛盾运动

不同时代、不同国家和不同社会环境的人有不同的需要，判断利益也就有不同的社会历史标准。责任作为与利益相对的概念，是指人们在社会中所承担的义务和应负的职责。如果不负责任就无权得到相应的利益；反之，不满足一定的利益，人们也就无责任可言。

"大思政课"教学工作的开展，首先依赖于组织成员合理分担一定的责任和获得相应的利益。相关人员不承担相应责任，"大思政课"育人就不可能进行有效工作，自然就无法满足单一个体的自身利益。因此，要保障"大思政课"教学工作顺利进行，就必须申明系统内每一个要素成员的责任和义务，同时满足要素成员应得的利益。其中，教育工作者有其工作责任和与之相对应的利益,大学生也有参与责任和与之相应的利益,只有当二者各尽其责、各得其利的时候,主客双方才能耦合为一个动态组织系统,"大思政课"教学工作才得以持续有效地进行下去。

但是,在"大思政课"教学工作中,利益和责任常常又是不统一的。这是因为,利益作为满足人们需要的表现形式,它具有一种由外到内、由他人到自己的收敛性和排他性。如果缺乏有效的组织约束机制,无论是个人还是组织都会本能地唯利是图。同理,责任意味着向他人和社会作贡献,它具有由内到外、推己及人的社会发散性和自觉性,只有通过有效的组织约束和道德教化,才能使组织成员树立责任感,对自己的行为负起与之相对应的责任。"大思政课"教学工作过程之所以无法避免这一矛盾,就源于此。"大思政课"教学工作之所以必要,也在于通过相关活动可以使两者统一起来。

二、指挥和服从的矛盾运动

"指挥"是一个组织学概念,意为教育管理者根据学校或者自己所处部门的统一安排开展教学管理活动的行为过程。

"服从"则相反,它是指一线教师和大学生接受上级的指令、按照上级意图运作的过程。"大思政课"育人工作的基本原则,就是指挥统一、令行禁止。如果放弃指挥或者拒不服从,"大思政课"育人工作就不可能进行。指挥无方或服从勉强,"大思政课"育人工作也难以奏效。

在"大思政课"育人实践中,指挥和服从不是自然达到统一的,而是在经常的矛盾运动中求得一致的。之所以会经常出现矛盾,主要原因如下。

第一,资源分配不公,一线教师和大学生因没有成就感而不愿参与一些活动。在开展"大思政课"育人工作时,如果在资源分配上处理不当,就会导致一线教师热情不高、大多数学生成为看客,不利于活动落到实处。因此,在设计活动时就应努力激发一线教师开发课程的热情,在课程设计上让更多的大学生可以参与其中,这样学生才会有收获。

第二,价值观念不统一,教育管理者、一线教师及大学生缺乏一致的价值观念。"大思政课"育人工作不仅是少数教育管理者的事,更是参与课程所有成员共同的事业,它需要大家对组织目标取得共识,上下要有共同的价值观念。但是在实际生活中,人和人的社会地位、主观需要是不完全相同的,基于不同的社会地位和主观需要,各人的价值观念也不可能自然地取得一致。尤其是教育管理者、一线教师及大学生,由于他们处在不同的地位,年龄、生活阅历的明显差异必然导致价值观念存在着明显的区别,二者经常发生观念冲突，这就可能导致教育管理者发出的教学指令被一线教师和大学生曲解乃至抵制。

第三，个别教育管理者有权无威，滥用职权。"大思政课"育人工作的指挥权虽是必要的，但指挥是否得到相应的服从则取决于掌握权力的教育工作者有无威信，指挥是否得当。只有既具有权威、又指挥得当的教育管理者，才能不仅从信息上而且从情感理智上沟通一线教师和大学生，从而得到他们的信任、理解和拥戴。而有权无威的教育管理者，其指挥要么是强迫命令、滥用职权，要么朝令夕改、意气用事，其结果或是遭到学生的抵制，或是使人被迫屈从或盲目服从。一线教师和大学生的不配合必然导致指挥的落空；而屈从或盲从只是表面上的服从而非自觉的服从，同样也会使指挥失去真实的对象而成为虚假的指挥。

在"大思政课"育人工作中，要做好相关工作就需要注意如下几点：一是在开展课程建设过程中的指挥不允许采取简单的强制命令，而应伴之以说服、指导和激励，使广大群众心服口服、自觉服从。二是指挥应以上下共识为基础，服从则以真理为前提。反对不做调查研究的瞎指挥，提倡服从真理、尊重权威。三是力求指挥的正确和服从正确的指挥，为教育管理者和一线教师以及大学生的关系造成一种良性循环的格局：教育管理者越是充分考虑一线教师及大学生的意志并服务于他们的利益，一线教师及大学生就越会自觉地服从指挥；同时，一线教师及大学生越是服从教育管理者的指挥，支持他们的工作，教育管理者的工作进程就会越有效，积极性越高，越能体现一线教师及大学生的智慧并服务于一线教师及大学生的利益。

三、纪律和自由的矛盾运动

要行使上级对下级的指挥，组织必须制定纪律；而要变盲从和屈从为自觉服从以发挥广大学生的主动创造性，又需要自由。

纪律和自由是"大思政课"教学工作中的又一对矛盾，两者也常常通过教育工作者和大学生的关系表现出来。所谓纪律，是为实现组织目标保证"大思政课"教学工作有序进行而制定的各种行为规范，它主要是由教育工作者来监督执行。自由有多重含义，这里是对组织纪律而言，主要指大学生在纪律允许的范围内行动的自主性以及行为的自觉性和自律性。"大思政课"教学工作之所以能够进行，既要有统一的组织纪律来规范人们的行为，统一大家的行动，又要有一定的自由，以使个人能独立地开展本职工作。没有纪律，就无法约束人们的行为使组织形成合力，自然也就做不好"大思政课"

教学工作。没有自由，组织成员的一言一行都得按教育工作者的指令行动，大学生就会因丧失自主性和自觉性而成为没有主见的人，也实现不了培养有理想的青年大学生的目标。由此可见，纪律和自由作为矛盾的两个侧面，是相互依存、彼此作用的。"大思政课"教学工作在一定的意义上，就是教育工作者代表的组织纪律和大学生代表的个人自由这两者之间的对立统一过程。纪律和自由的对立统一运动不是自发完成的，它作为社会规律之一，必须通过人们的正确认识和有效"大思政课"教学工作才能实现。但是，由于认识的偏颇和历史的局限，纪律和自由如果被对立起来，大学生的管理工作就会出现两种错误模式。一种模式是只强调纪律而排斥自由的工作模式。这种模式将"大思政课"教学工作片面地理解为对组织成员的纪律约束和行为强制，试图将大学生的一切言行都统统简单纳入工作的目标。在这种模式中，纪律就是一切，人们的一言一行无不受到组织的限制和监督。自由在这种模式中没有合法的地位，大学生的主动创造性被看作不安本分而受到鄙视甚至遭到惩戒。持这种观点的人无法理解纪律和自由的辩证关系，长此以往，一方面剥夺大学生通过正当渠道发表个人想法的机会，必然引起他们的对抗或使之逐步失去主见，纪律无法起到真实的效用，另一方面也助长了教育工作者的专擅任性，使之我行我素。与只讲纪律不讲自由的工作模式相反的另一种模式，就是只讲自由不讲纪律的自由主义工作模式。自由主义者肯定人的自我力量、尊重人的自由创造、批判专制主义蔑视人的种种观点，无疑具有部分的真理性，但是却忽略了团体章程和纪律约束的必要性和重要性，导致无政府主义倾向。

因此，在"大思政课"教学工作中，教育工作者既要警惕无视自由只讲纪律的工作方式，注意尊重大学生首创精神，维护其自由权利，又要反对破坏纪律的极端自由主义，严格组织纪律，培养大学生遵守纪律的良好习惯。

四、集权和分权的矛盾运动

所谓集权，通常是指把政治权力集中于中央，这是狭义的或政治学的集权。在"大思政课"育人工作中的集权是广义的，它泛指在一切"大思政课"育人工作活动中将权力集中到各级组织进行统一指挥。分权则是它的对立面，意味下级组织分有上级的一部分权力，各自独立地行使一定的权力。

"大思政课"育人工作之所以可能，首先在于"大思政课"育人工作主体拥有统一指挥的权力，这就需要集权。如果"大思政课"育人工作主体不能集权，就无法进行统一指挥，组织就会分裂为一个个互不相属、无所适从的机械部分，主体就会因为失去所控制的客体而不复存在，"大思政课"育人工作目标就难以实现。因此，自从人类有分工有协作以来，集权就有它存在的意义和价值。

但是，"大思政课"育人工作绝不是工作主体一方的活动，而是主客体双方的活动。一方面，主体只有集中权力才能对作为客体的一线教师和大学生施加影响，引导他们的行为；另一方面，被支配的客体又有归他们支配的客体对象，也需要有一定的支配权，是另一种对象的主体，因而客体就必须分有一定的权力。

集权和分权作为对立的双方，各有利弊，因此必须互相补充。集权的优点是思想统一、指挥集中，一定的集权还可促进决策的专门化，使某一职能部门能独立开展工作；其缺点是不可能事事都管到，难以对于教学工作中随时变化的情况及时全面地加以控制。分权的优势恰好是对集权的补充，它可以代替上级进行现场指挥，可以根据变化的情况随时应变进行现场决策，以发挥职能部门和各级下属组织的自主性和创造性；其缺点是容易形成本位主义，滋生谁也管不了谁的分散主义，因此它又必须由集权加以限制。

在具体的"大思政课"育人工作中，要使集权和分权恰当统一起来绝非易事，从辩证法的角度看，两者的适度平衡常常是通过不平衡来实现的。

要使集权和分权统一起来是一个极为复杂的权力分配问题，值得深入研究。不过，总的原则是"大权独揽，小权分散""宜统则统，宜分则分"。具体说来，一是决策权一般应该被掌握在核心部门之手，否则工作目标就无法统一，形成分散主义；二是在开展业务性质和工作程序大致相同的活动时，也宜集权不宜分权，例如，为更好开展"大思政课"育人，成立相应的教研室；三是在特殊情况下，为加强某一职能部门的作用或使特定活动专门化，也应使之集权化，例如，为学生开设军事理论等"大思政课"课程就可以设立相对独立的管理机构，由学校武装部或学生处直接管辖领导；四是为应对各种特定性事件，可以成立某种临时的专门领导班子，将平时归不同部门拥有的某种权力收归上级，集中使用；五是上级组织无法决定和无力指挥的事，可以交给下级全权处理；六是具体事务的执行中，应当适度授予下级事出突然而来不及向上级请示的机动权。

要在"大思政课"育人工作中使集权和分权统一起来，除按照上述原则把握好上下级各自的权力限度之外，关键还在于教育工作者、一线教师和大学生要树立正确的权力观念，处理好上下级关系和人与人之间的关系。

五、竞争和协调的矛盾运动

所谓竞争，是指系统内成员之间或系统与系统之间为实现自身特定目的而展开的一种排他性活动，它具有扩散性、排他性、无序性和创造性等特征。相对于竞争的协调，则属于系统的组织活动或组织的系统功能活动之一，具有与竞争刚好相反的聚合性、协同性、有序性、保守性等特征。

在生物界和人类社会，竞争和协调作为两种互补的现象，是普遍存在的。在生物界，无论是植物还是动物，为了自身的生存和发展，无时无刻不在争夺最合适的生存环境，彼此之间充满了生存竞争。正是这种竞争推动着物种的进化，展现了大自然的勃勃生机。不过，生物竞争的同时又带来了负面价值，使物种之间和生命个体之间彼此疏远离散，表现出盲目的冲动和影响生物群落的有序，因此，竞争就需要协调来进行控制和补充。

人类社会是由生物界进化发展而来的，社会生活也一样充满竞争；同生物界一样，社会竞争既是社会进步的动力机制又有其负面影响，同样需要组织协调加以补充控制。

但是，人类社会毕竟不同于生物，社会领域的竞争协调同生物界的竞争协调相比较，有着本质的区别。首先，生物之间的竞争是由生命的本能冲动或生存需要引起的，它缺乏明确的目的性而显现出纯粹的自发性。社会竞争本质上是社会的，每一竞争的产生有着极为复杂的社会根源，是一种具有自觉意识的社会性活动。其次，生物竞争是以弱肉强食的自然方式进行的，竞争者之间完全是一种你死我活的敌对关系。社会竞争虽然也有类似的关系和行为，但社会中通行的主要竞争方式不能简单地定义为弱肉强食，竞争者之间的相依性是主要的。最后，生物的竞争也离不开协调，但这种协调不可能主要来自生物自身或生物群落内部（高级动物种群中的动物首领也有控制协调群体内部竞争的某些行为），而是来自竞争的外部自然环境。例如，植物的共生现象、动物群成员之间的某种组织性，主要是由外部环境造成的。社会则不然，人类社会的每一种竞争都有相应的协调相伴随，而且，这种协调多是自觉的，是由某些人或组织来执行的。正是由于社会能自觉协调社会竞争，人类竞争才不同于生物竞争，社会才能有序地组织起来，让大学生理解上述问题也是"大思政课"育人的重要任务。

可见，社会竞争和社会协调都是社会自组织的两种机制。前者是社会组织的动力机制，后者是社会组织的调控机制。在教学工作领域，前者主要表现为大学生之间的关系，后者主要表现为教育工作者与大学生的关系；前者多由大学生的活动来进行，后者则属于教育工作者的职责。所以，社会竞争和社会协调之间的关系也体现了"大思政课"育人工作主体和客体的关系。认识两者的矛盾并寻求解决矛盾的途径是"大思政课"教学工作的一项重要内容。

在学生"大思政课"教学工作领域的竞争首先表现为课程内部广大学生之间的竞争，主要有争荣誉、争平时成绩、争自我表现等。与竞争相反的则是不争、退让，如让利让名或不争利而作贡献等。无论是争或让，都不能笼统地说谁是谁非、孰好孰坏，而应做具体分析。不过一般来说，竞争才能打破平衡、拉开差距，形成人们行为的压力或动力，免于组织系统处于平衡状态而失去发展的生命活力。相反，以为争是恶而讨厌争，抱着与人无争的消极宗旨一味以退让去求得人际关系的平衡，对人对事不加分析一概反对竞争，这实际上是缺乏竞争进取意识的处世哲学。当然，竞争既带来了活力，也引起了麻烦，既打破平衡，又可能带来组织内耗和混乱。尤其是竞争中极个别大学生个体选择不正当手段（如损人利己、中伤诽谤他人以抬高自己），必然使人人相互防范而破坏人际的情感沟通和正常关系。这时就需要教学工作人员进行协调。防止人与人之间出现这种不正当竞争的基本原则不是取消竞争，而是批判不道德的竞争行为，确立公正平等的竞争原则。为此，教育工作者既要明察秋毫、辨别好坏，更要敢于坚持公正原则并确立切实可行的平等竞争准则。

"大思政课"教学工作中，既要提倡竞争、保护竞争，又要协调好竞争，避免可能引起的组织混乱；对竞争进行控制和引导。如果对竞争协调得当，组织就呈良性的有序循环，"大思政课"教学工作主客体之间也相得益彰。相反，如对竞争不闻不问、放手不管，或对竞争横加限制，其结果不是使工作走向混乱无序，就是使教学工作缺乏创新活力。因此，教育工作者要时刻注意：竞争必须合法合理，不允许采取损人利己的手段来打击别人；竞争在本质上是一种竞赛协作关系，而不是敌对关系。教育工作者可以依靠"大思政课"育人有效协调竞争，解决集体和大学生个人、大学生个人和个人的利益矛盾，使"大思政课"教学工作主客体关系高度统一起来。

第三章 "大思政课"建设的动力和环境建设

"大思政课"建设,是全面提升学生思想政治素养的必由之路,因此,研究做好"大思政课"建设工作的动力和"大思政课"工作环境建设十分必要。

第一节 "大思政课"建设工作的动力分析

马克思主义历史唯物观告诉我们,社会的基本矛盾是生产力和生产关系、经济基础和上层建筑的矛盾,它是推动社会发展的根本动力。但是,在这个根本动力之后还有没有其他在不同领域中表现有所不同的特殊动力因素呢?笔者认为,需求和人才培养目标是"大思政课"建设工作的两大动力。

一、需求是"大思政课"建设工作的原始动力

从哲学角度出发,人们喜欢问一些问题:人类为什么要生产?人类为什么要交往?人类为什么要创造精神产品?人类为什么还要将创造的精神产品通过教育进行传播呢?

如果把上述问题归结为一个因素,那就是需要,这种需要是人类各种实践活动和社会基本矛盾背后的原始动力,"大思政课"建设工作也不例外。

马克思主义哲学理论告诉我们,人类的需要和动物的需要有本质区别,"通过实践创造对象世界,改造无机界,人证明自己是有意识的类存在物,就是说人是这样一种存在物,它把类看作自己的本质,或者说把自身看作类存在物。诚然动物也生产。……但是动物只生产它自己或它的幼仔所直接需要的东西;动物的生产是片面的,而人的生产是全面的;动物只是在直接的肉体需要的支配下生产,而人甚至不受肉体需要的影响也进行生产;并且只有不受这种需要的影响才进行真正的生产;动物只生产自身,而人在生产整个自然界;动物的产品直接属于肉体,而人则自由地面对自己的产品。动物只是按照它所属的那个种的尺度和需要来构造,而人懂得按照任何一个种的

尺度来进行生产，并且懂得处处都把内在的尺度运用于对象；因此，人也按照美的规律来构造。"因此，人类的需要不是动物式的直接需要、片面需要和肉体需要，人的需要是多层次、全面、立体化的体系。除了直接需要，还有间接需要，除了肉体需要，还有其他的物质需要、交往的需要和精神需要，除了必要需要，还有奢侈需要。这些需要的满足依赖于自然界，但是大多数需求又无法直接取之于自然界。人类需要的特点决定了人类必须进行物质生产、交往和精神生产，必须通过实践活动，才能满足自己的需要。需要是人们发挥能动性的源泉，也是人类不断发展和进步的基础。"大思政课"建设工作，是帮助学生掌握未来参与实践工作需要具备的政治素养的基础。因此，从这个意义上说，需要是开展"大思政课"建设工作的原始动力。

在研究"大思政课"建设工作动力时，历史唯物主义是教育领域工作者必须坚持的原则。马克思历史唯物主义认为："我们首先应当确定一切人类生存的第一个前提，也就是一切历史的第一个前提，这个前提是：人们为了能够'创造历史'，必须能够生活。但是为了生活，首先就需要吃喝住穿以及其他一些东西。因此第一个历史活动就是生产满足这些需要的资料，即生产物质生活本身。"可以说，人类的生产活动，是人类的第一个具有"综合性"的实践活动，是为了满足人类的最基本的需要——生存需要而进行的。人类的需要正是在这个基本需要的基础上发展起来的，人们的各种实践活动也是在满足人类第一个需要的生产实践基础上丰富起来的。

需要作为"大思政课"建设工作的原始动力主要表现在以下两个方面。

一方面，教育的需要是最贴近主观能动的客观现实，它在起点触发了教育工作者的整个创造性的活动过程。需要是人类社会内部客观存在的一种状态。它既体现了人的存在和发展对于客观世界的依赖，又表达了人的超越性的生存方式。需要和人的主观世界关系密切，一旦产生就会激发人的欲望。需要是客观存在的，也最贴近人类意识世界，充满了主观能动的色彩。需要作为客观现实，一旦产生，就会在第一时间转化为主体的欲望。欲望是激发主体能动性的催化剂，它在主体意识世界的萌动，会调动一切理性和非理性的精神因素，使需要变成主体自觉的价值目标。这个价值目标作为对现实的超越又必然地和客观世界产生矛盾，即客观世界不能直接满足人的需要。为了解决这个矛盾，使客体满足主体的需要，就需要发挥人的主观能动性，认识和利用客观规律，变纯粹的客观世界为人化的客观世界。这个过程的实现是依靠人类实践活动来完成的。"大思政课"建设工作为教育领域提供新的物质工具和生产方法，使教育工作者原来利用过的资源能够更好地满足教育的需要，使原来人们无法利用的资源成为可以控制的教育产品；"大思政课"建设工作协调师生之间的关系，提高教育活动效率，满足人的交往需要；"大思政课"建设工作也为人类提供精神食粮，丰富教育过程的精神世界，满足人的精神需要。

另一方面，人的需要和人的本质的一致，决定了需要是教育领域"大思政课"建设工作内在的必然的推动力量。马克思在《詹姆斯·穆勒〈政治经济学原理〉一书摘要》中曾说："人的本质是人的真正的社会联系，所以人在积极实现自己本质的过程中创造、生产人的社会联系、社会本质，而社会本质不是一种同单个人相对立的抽象的一般的力量，而是每一个单个人的本质，是他自己的活动，他自己的生活，他自己的享受，他自己的财富。因此，……真正的社会联系并不是由反思产生的，它是由于有了个人的需要和利己主义才出现的，也就是个人积极实现其存在时的直接产物。……这些个人是怎样的，这种社会联系本身就是怎样的。"因此，人的需要和人的本质具有一致性，师生在"大思政课"建设工作中满足自己需要的过程，就是人的本质实现的过程。人的本质的生成、人的新的需要的满足和实践是同一个过程，需要作为"大思政课"建设工作的动力具有内在必然性。

需要作为"大思政课"建设工作的原始动力，它的特点决定了"大思政课"建设工作的基本面貌。

首先，需要鲜明的主观能动性决定"大思政课"建设工作浓重的主观色彩。"大思政课"建设工作是教育工作者实现教育创新的方式，它是现实的，同时也是观念的，观念的超越先于现实的超越。人的意识不是对客观世界的镜面反映，尽管它的信息来源于客观世界，但是它在被需要激发开始自身活动的时候起，就已经开始在头脑中利用一切精神因素，构建出一个超越的蓝图。人们随后对这张蓝图的运用，就是人的本质力量的实现，处处体现主观能动性的作用。教育技术和教育规范及资源的选择、调整、建设等，都是在需要和需要所激发的主观能动性的引导下完成的。

其次，需要的社会性推动了一般制度的发展和进步。马克思在《论犹太人》一文中说："把人和社会联结起来的唯一纽带是天然必然性，是需要和私人利益，是对他们财产和利己主义个人的保护。"人为了满足自己的需要就要生产，而无论是物质生产还是精神生产，都不是孤立的个人的生产，而是社会性的生产。也就是说，一切生产都是一定生产关系中的生产，需要也不是抽象的需要，而是一定社会关系中的需要，它联结着人与人，人与社会。教育领域的"大思政课"建设工作是一种特殊形式的"精神生产"，其目的就是培养合格的国家建设者。在"大思政课"建设工作初期形成的规范,都可以使后来的受教育者受益。

再次,需要的无限超越性决定了人类实践活动的无限发展,不同时代的人生活在不同的实践活动方式之中。人的需要是一个历史范畴,需要总是一定历史阶段、一定社会关系中的需要。需要具有无限超越的性质,当人最初的需要在人的第一个实践活动中得到实现之后,人就会产生一个新的需要;新的需要,不会在自然中得到直接的满足,又呼唤再一次的改造性实践活动;然后又产生新的需要,新的实践活动。可以说,整个人类历史,就是人们不断地创新,不断地满足需要,不断地创新,不断地满足人新的需要的过程。不同的只是,在不同的历史时期,实践活动的水平和特点不同。在人类社会早期,人的需要还很简单,人们从事手工劳动,人和人之间是以血缘和地缘为基础的依赖关系,脑力劳动和体力劳动分工不久,精神产品还很匮乏,人的新的需要产生的周期比较长,创新活动的频率比较低,创新一般具有偶然性和自发性。到了工业社会,资本追求剩余价值的本性,促使资本家不断开发人的需要潜力,被激发的新的需要又促发人类新一轮的社会进步。马克思说:"以资本为基础的生产,……创造出一个普遍利用自然属性和人的属性的体系,创造出一个普遍有用性的体系,甚至科学也同人的一切物质的和精神的属性一样,表现为这个普遍有用性体系的体现者,而且再也没有什么东西在这个社会生产和交换的范围之外表现为自在的更高的东西,表现为自为的合理的东西。"人类在物的控制下,为了满足自身的需要,利用可以利用的一切,不仅包括以机器为核心的技术,而且包括分工和协作;不仅包括微观的企业制度,而且包括国家体制;不仅包括制度前提,而且包括科学和一切精神产品。代表人的本质力量的工业图景的展现,代表现代制度文明的民主制度的建立,代表人类智慧的科学的纷纷独立和创立,证明人们的实践活动在膨胀的需要的带动下从自发转向了自觉。即将到来的知识经济社会,是人类的当代需要在更高的层次上与客观世界的碰撞。原有的工业生产方式对自然资源的掠夺,会造成常规资源的短缺,使人类的生存环境受到威胁,不但无法满足人类发展的需要,而且也与人类已有的需要背道而驰。人类实践活动的方式必须发生改变。在这个时代问题面前,人类的回答是,只有依靠知识的强大创造力,才能解决这个矛盾,满足人类新的需要。我国处于社会主义初级阶段,具有多元经济的特点,不仅包括农业经济、工业经济,而且也融合了知识经济的特点,但是总的来说,其主要矛盾是人们日益增长的物质文化需要和落后的社会生产之间的矛盾,根据我国社会特点,解决这个矛盾的方式应该不拘一格，其中最主要的是知识的力量。要让知识的力量发挥更大的作用，就需要一大批有知识和实践能力的劳动者。这就对学校提出了更高的要求。开发"大思政课"建设工作是对理论课堂的有益补充，是实现理论知识应用于实践的重要环节。社会主义建设的需求是"大思政课"建设工作进入不同阶段教育领域的推动力，也是"大思政课"建设工作及其课程作为一种教育制度被教育部提出的关键因素。

最后，需要的全面性决定"大思政课"建设工作全面展开和人全面发展的价值目标的确立。人类的需要不仅是无限发展的，而且是全面的，这包含两层意思：一是指需要涉及的领域是全面的，不仅有物质需要，而且有精神需要和交往需要；二是指需要在各个领域内的展开也是全面的，以精神需要为例，不仅包括对真理的需要，而且包括对善良和美感的追求。需要的不断全面化，必然要求实现需要的手段不断全面化。它推动着"大思政课"建设工作在物质生产领域、交往领域和精神生产领域的全面展开，技术实践活动、制度实践活动、知识实践活动既彼此独立，又相互作用，形成一幅"大思政课"建设工作的完整画面。

需要的全面性，也催发了人全面发展的价值目标的确立。马克思在《1844年经济学哲学手稿》中曾说，全面发展的人"同时就是需要有完整的人的生命表现的人，在这样的人的身上，他自己的实现表现为内在的必然性、表现为需要"。人的自由而全面的发展不是外在给予的，而是人自身发展的必然性，这一内在的必然性表现为需要。需要是人发展的标志，需要内容的不断丰富、水平的不断提高，标志着人越来越接近全面而自由的发展目标。只有在人全面的需要得到确立和满足的时候，人全面发展的价值目标才能实现。社会主义教育的需求，就是培养全面发展的人才，服务于国家建设，实现未来劳动者全面发展，是"大思政课"建设工作最终被写入学校教育目标的理论依据。

需要是人的本质的体现，是人内部的一种不平衡状态，也是人对外部环境的依靠和追求，它总是处于主观欲望和客观现实的矛盾之中。矛盾在未得到解决之前，表现为匮乏；在解决之后，表现为超越。需要就是在匮乏和超越之间的一种不平衡状态。它触动人类发挥一切主观能动性，联合一切社会力量，利用可以利用的一切物质工具，超越现实，在无限发展中生存，实现自由而全面的发展。人的一切实践活动，都是以需要作为原因和根据，需要是"大思政课"建设工作的原始动力。

二、人才培养目标是"大思政课"建设工作的直接动力

在经济领域，需要和利益是经常同时出现的两个概念，具有密切的关系。两者体现着主体与客观世界的对立统一关系，具有相似的结构，都是人类创造活动的原因，但是，它们还是存在差别。在人与客观世界的对立统一关系中，需要和利益都是客观存在的，具有对应关系，但是需要是一个起点，它表现为人对客观需求对象的直接欲求和依赖关系，表现为一种间接可能性；而利益是一个结果，它是建立在人的实践理性和实践活动及其成果基础上的需要的满足，表现为人们对于物质生活条件和精神财富的分配关系，具有直接的现实性。因此，需要是人类实践的原始动力，利益是人类经济发展的直接动力。

"大思政课"建设工作虽然不需要像经济活动那样去追求直接的利益，但是是否也会存在可以被归纳为直接动力的因素呢？虽然教育工作者和学生会因为好奇心、兴趣和爱好而开展"大思政课"建设工作，但是，由于教育工作需要规范的制度作为指导，同时探索"大思政课"建设工作的过程也表现出艰辛性和风险性，因此大多数"大思政课"建设工作是在教育管理部门或学校指定的人才培养目标指导下完成的，利益是"人民生活中最敏感的神经"，目标是人类活动的重要导向性标志，追求人才培养目标是教育活动的直接动因。目标是实现需要的满足和需要的社会化的标准。人才培养目标既以客观现实为依托，具有现实性，又随着人类社会的发展而变化发展，具有历史性，是现实性和历史性的统一。作为一个现实范畴，人才培养目标的基本含义很广，至少包括德、智、体、美、劳等几个方面；作为一个历史范畴，人才培养目标总是在一定水平的生产力之上、一定性质的教育理念之中的，所有具体的人才培养目标的现实性都归结于一定历史阶段的现实性。人才培养目标对于"大思政课"建设工作的推动作用就体现在现实性与历史性的统一之中，这是一个辩证发展的过程，不同历史阶段的人才培养目标内容、格局和特点直接决定了教育工作及"大思政课"建设工作的面貌和特点。

在人类之初，生存是人们的共同目标。带有教育性质的活动也是围绕生存技能展开的。《韩非子·五蠹》中说："上古之世，人民少而禽兽众，人民不胜禽兽虫蛇。有圣人作，构木为巢以避群害，而民说之，使王天下，号之曰有巢氏。民食果蓏蚌蛤，腥臊恶臭而伤害腹胃，民多疾病。有圣人作，

钻燧取火以化腥臊，而民说之，使王天下，号之曰燧人氏。"房子和火，都是人类为了解决基本生存问题而发明和发现的，要让更多人掌握这种技能，一方面需要有人教，另一方面则需要在不断使用中去努力实践。虽然这种教育实践不是现代意义上的教学和"大思政课"建设工作，但是，却可以证明目标导向的价值。

近代中国，外敌入侵导致国力衰落，中国逐渐沦为半封建半殖民地国家。科学救国、实业救国成为很多教育家培养人才的目标，于是，一些与国家发展密切相关的人才也脱颖而出。

新中国成立以后，国家大力推动经济建设。在笔者就读的东北大学就有很多优秀的学生，从不同的热门转专业到国家急需的采煤专业，并且形成一个在东北大学历史上非常有名气的班级"54煤"。不仅如此，新中国历史上两弹一星、航天领域的一代又一代人才，都是在国家人才培养目标指引下学好本专业理论知识、积极参与国家建设，逐步成长起来。

当我们以敬佩之情去追忆那些为国家和人民作出巨大贡献的前辈时，就不难发现他们身上的家国情怀，就是"大思政课"建设工作对学生培养的目标要求。

因此，可以说，人才培养目标是"大思政课"建设工作的直接动力。

第二节 "大思政课"工作的社会思想文化环境建设

社会的思想文化环境的范围很大，对于做好"大思政课"工作提高学生综合实践水平来说，丰富社会思想文化和教师的意识是两个比较重要的要素。

一、丰富社会思想文化

2016年岁末，人民日报、中国新闻网、中国之声、南方都市报、新快报等全国各大媒体在微博和微信上都纷纷转发一道题，如图3-1所示。

人民日报微博还说，从2017年起，包括上海、浙江在内的一些地区将实行新的高考模式，即必考科目与选考科目的"3+3"模式，也就是文理不分科。很多网友表示："这种文理混合的题目完全不会做，幸亏毕业早！"下面就用单一学科知识试着解一下此题。

首先，从物理课程出发。从电路图上看，皇帝是电源，如果S4开关关掉，那下面所有的机构都没电了，所以皇帝在这电路图里是起决定作用的。

下面是某学生对西方代议制的理解而制作的图示,最恰当的标题是(　)

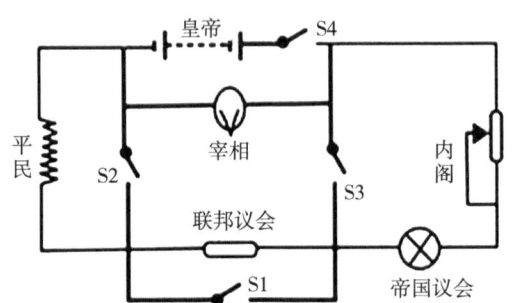

A.统而不治的"虚君"政治　　B.打着民主幌子的君主专制
C.制约权力平衡利益的典范　D.相互妥协下的"一票共和"

图 3-1　一套跨课程的选择题

内阁在电路图上是一个滑动变阻器。帝国议会在电路图上是一个灯泡,当 S3 开关合上时,滑动电阻和帝国议会,都被短路了,都不会起作用了。联邦议会在电路图上是个电阻,只要 S1 开关合上,联邦议会也被短路,失去作用。百姓在电路图上是一个电感,电感也起到电阻的作用,当 S2 开关合上时,百姓也被短路,失去作用。所以这张电路图上,皇帝作用最强大,它的开关,决定着所有机构能否发挥作用,非常专制,所以答案应该是 B。

接下来,从历史课程出发。如果学生历史基础知识比较扎实,解答出来并不难。解题切入点,在于电路图上的那些国家机构的名称。近代西方民主政治的确立与发展,涉及近代英国、美国、法国、德国四国的政体。英国是君主立宪制国家。议会由上议院和下议院组成,君主称国王,"统而不治",仅是国家权力的象征。美国按照三权分立的原则设计中央政治结构,根据 1787 年联邦宪法,立法、行政、司法权力分别由国会(由参议院和众议院组成)、总统和各级法院行使,体现出了分权制衡的原则。法国自 1789 年爆发资产阶级革命以来,政体一直在共和制和君主制之间摇摆。1875 年,法兰西第三共和国国民议会在制定新宪法时,共和派仅以一票的优势战胜保皇派,从而最终确立了法国的民主共和政体,史称"一票共和"。1871 年,德国实现统一,德意志帝国建立。根据德意志帝国的宪法,国家元首为德意志帝国皇帝,由普鲁士国王担任,拥有任命官吏、创制法律、统率军队、决定帝国对外政策以及主宰议会等大权。宰相只对皇帝负责,在内阁中拥有绝对权力。议会由联邦议会和帝国国会两部分组成。联邦议会是帝国最高机构,其代表由各邦君主任命，拥有实权。帝国议会由普选产生，但作用很小。由此可见，德国是以立宪之名行专制之实。这样看来，题目中 A 选项，讲的是英国的君主立宪制；C 选项，讲的是美国的三权分立体制；D 选项，讲的是法国的共和制度；只有 B，是符合电路图情况的，皇帝掌握了国家实权。这张电路图，形象地展示了1871年统一后的德意志帝国时期的政治体制，是打着民主幌子的君主专制。其实从国家机构名字，也可以知道选项是 B。因为图片上的皇帝、帝国议会和联邦议会在历史教材中只有德国才有。

面对考题，一些著名中学的教师认为，高考中出现这样的题目，应该概率不大。在高考改革前，文科综合试卷会出现历史、政治、地理知识糅合在一起出题的情况；或者理科综合试卷中，出现物理、生物、化学知识糅合在一起出题的情况。物理、政治和历史知识糅合在一起，这种题目还没有过。网友们认为新高考不分文理科，指的是学生可以自由选择文理科目参加高考，并不是文理科知识糅合在一起命题。

这道题目有趣，但是难度不大。即便不大了解历史知识，单纯根据物理知识，也可以推理出答案应该是 B，给优秀的学生做，也算是很简单的题目。

"大思政课"建设工作的核心手段是综合运用知识帮助学生提高思想政治水平，这样一道并不很难的题目成为大家热议的焦点，其根源就是以往对于综合教育的重视程度不高。

社会思想文化土壤是一个民族的精神特质和文化氛围，无论是主体和客体都浸润其中。它是主体、客体的社会规定性，即实践的内部结构和它的思想文化土壤具有同质性。因此一个民族的社会思想文化土壤是否蕴涵着勇于创新的因子，对于一个民族的发展实践具有关键性的作用。

尽管世界历史正在推进中，但是人类文化还没有实现同质化，不同民族和国家有着不同的文化，各国和各国人民之间的交往组成了一幅文化交流和碰撞的图景。在以其他文化为参照系的思维过程中，各国对于自己民族的文化具有了更加清晰的认识。

中国传统文化以儒学为核心。易杰雄指出，以儒学为核心的中国传统文化有很多积极的因素，但是也包含着严重影响创新的消极因素。一是直指人心的认识论，使中华民族创新很艰难。二是重"善"不重"真"的价值取向，使中华民族不善于创新。三是以血缘为基础，以家族为核心的文化特征不利于创新。孟子说："尽其心者，知其性也，知其性，则知天矣。"这说明儒家的认识论是一种指向内心的认识论，他们认为人的身心是顺应自然的，认识了心，也就知道了天，知道了自然，从而达到"天人合一"的境界。如果把这种观点作为对于人的起源的理解，作为人对自然的一种尊重态度，无疑是有积极意义的。但是作为认识论的路线，它必然阻碍人类对于自然奥秘的探索，无法建立起关于自然的科学体系，更难在技术创新实践中取得进展。冯友兰说："中国哲学家不需要科学的确实性，因为他们希望知道的只是他们自己。同样地，他们不需要科学的力量，因为他们希望征服的只是他们自己。在道家看来，物质财富只能带来人心的混乱。在儒家看来，它虽然不像道家说的那么坏，可是也绝不是人类幸福中最本质的东西，那么科学还有什么用呢？"这种自然观和认识论的路线，也影响了中国传统文化的历史观。既然通过内心的修养和探索，人可以达到完美的状态，与天相通，说明人的本性是善的，善的本性不需要约束。尽管"性善论"也曾经遭遇过来自荀子等哲学家的挑战，但是依然在中国社会思想中居于统治地位。因此中国社会思想文化的另一个特点就是道德化和人治。以"仁心"治理天下，制度始终处于辅助的地位。《公羊传》中说："《春秋》为尊者讳，为亲者讳，为贤者讳。"《历代刑法志》提到我国古代刑法认为"凡告父母者，不论其控告属实与否，均判以极刑"。这都说明道德始终处于居高临下的地位。在古代中国的文化中，很难实现制度创新实践，更无法实现制度的民主化和法治化。早熟的中国古代社会也使得中国传统思想文化带有血缘性和父权家长制的特点。类似"传内不传外，传子不传女"的家族古训，有碍创新实践的全面开展。

社会思想文化土壤属于社会意识范畴，它是一种无形的、潜移默化的精神力量。它内在于主体，是主体的精神因素；它物化于客体，支撑着客体的风格和文化内涵；它集中表现于主客体关系。社会思想文化土壤是比较绵长稳定的因素，但也是可以改变的因素。要做好"大思政课"建设工作，应该在继承中华优秀传统文化的同时，用社会主义核心价值观和新时代党和国家倡导的创新精神引领学校教育工作，丰富中国教育的思想文化土壤，更加重视思想政治教育的方式方法，让"大思政课"成为提高学生思想政治素养和综合素质的有效手段。

二、提升"大思政课"建设管理工作意识

"大思政课"建设工作意识正确与否、直接影响到该项工作的效率并关系到工作的成败。因此，研究工作意识是深入考察"大思政课"建设的组织工作的关键。

(一)意识和"大思政课"建设工作意识

意识是人脑对客观事物的主观反映,它在社会发展中又逐渐分化为诸如道德、艺术、宗教、哲学、科学等各类社会意识形式。

教育工作者需要面对一个重要命题:有没有教育管理工作意识呢?如果没有,如何解释"大思政课"建设工作过程中的意识现象?如果有,又应如何规定其内涵、区别它与其他的意识形式?

意识作为与物质相对应的哲学概念,涵盖了社会领域的一切精神现象。既然"大思政课"建设工作是一种有目的、有计划的特殊实践活动,这就意味着有一种源于"大思政课"建设工作综合实践活动的教学组织工作实践又反过来指导综合实践活动教学组织工作的社会意识形式。

究竟什么是综合实践活动教学组织工作意识呢?综合实践活动教学组织工作意识同别的社会意识应有哪些区别呢?要回答这些问题,必须从教育管理工作意识的形成、作用、特点三方面加以分析。

首先,教育管理工作意识作为社会意识的一种,固然离不开一般的实践活动,追本溯源,它也是人们在改造自然、创造社会系统的实践中产生的。但是,培植教育管理工作意识的基础不是一般的实践活动,而是人们的教育、教学工作实践,教育管理工作意识只能在教育、教学工作实践中形成,而不能在改造自然、改造社会的实践中形成。这就是说,虽然综合实践活动教学工作离不开社会一般实践,综合实践活动教学组织工作意识同其他社会意识保持着紧密的联系,但综合实践活动教学组织工作实践毕竟有别于一般实践,综合实践活动教学组织工作意识也不同于其他社会意识。因此,综合实践活动教学组织工作意识是对综合实践活动教学工作的直接反映。脱离综合实践活动教学工作的人,是无法形成"大思政课"建设工作意识的。

其次,在"大思政课"建设工作中,各种社会意识都发挥作用。离开了人类在各类实践中积累起来的社会意识形式,无论是改造自然、改造社会的实践,还是高校教学工作实践,都无法进行。但是不同形式的社会意识,其指向又各有侧重和区别。例如,自然科学主要运用于指导改造自然的生产实践;政治法律思想主要用来指导人们改造社会的实践活动;宗教、哲学主要指向人们的思想,直接影响的是人的思想观念。"大思政课"建设工作意识略有不同,它不是直接指向具体的生产和社会管理领域的实践活动,而是指向高校思想政治教育育人实践活动,用于指导、组织、调整各类思想政治教育和教学活动。

最后,"大思政课"建设工作是"大思政课"建设工作主体对客体的对象性活动,是教育工作者的能动性活动。因此,"大思政课"建设工作意识主要是教育工作者的意识,不是或主要不是大学生的意识。人只有作为一个教育工作者的角色进入现实的教学工作领域,才可能产生工作的冲动、形成相应的工作意识。对于在活动中占大多数的大学生来说,也可能形成自己关于如何开展综合实践活动的观念或想法,但因置身"大思政课"建设工作决策之外,这种意识大多是模糊不清的零散片段。所以说"大思政课"建设工作意识主要不是作为一般实践活动参与者的其他社会意识,而主要是"大思政课"建设工作中教育工作者所拥有的工作意识。

因此,可以把教育工作者在"大思政课"建设工作中直接形成并反过来直接影响思想政治教育和"大思政课"教学的工作心理、工作观念、工作理论、工作方法统称为"大思政课"建设工作意识。"大思政课"建设工作意识作为一种相对独立的社会意识形式,具有不同于别的社会意识的若干特点,具体如下。

第一,普遍性。社会意识的各类形式,都具有一定的普遍性。而"大思政课"建设工作意识则普遍存在于思想政治教育工作实践领域,也具有普遍性。从各类社会意识形式发生的时间序列看,哲学、宗教、道德、艺术、法律和科学,都是在文明社会中先后从社会意识总体中分化出来的。宗教、法律随着阶级的消灭和科学的进步,还将归于消亡。而思想政治工作意识则随着思想政治工作的出现而产生,随着它的发展而发展。从各种社会意识形式所反映的空间来看,哲学、道德、法律、思想政治工作意识普遍作用于社会生活的各个领域;宗教、艺术、法律则只对某一特殊实践活动起作用。科学是个总概念,不同的科学也只适用于特定的实践活动,这四者都不如思想政治工作意识普遍。所以说,"大思政课"建设工作意识在思想政治教育工作领域具有普遍性。

第二,综合性。社会意识作为对社会存在的抽象把握和主观反映,都有一定的综合概括性,但各自的综合概括程度又有差别。其中,哲学是对各种知识的最高概括,具有最高的综合性。宗教虽也是一种世界观,但它是用信仰代替理性,谈不上科学的理性抽象和科学综合。道德作为人们行为关系的总规范,针对涉及人与人利益关系的方面作出规定,显然这只是从社会特定方面进行某种综合。政治法律也是人们的行为规范,综合规定的方面比道德还窄。艺术是通过形象情感语言来传达表现作者的愿望,与概念综合离得较远,只是典型的塑造或人物性格方面的"综合"。各门科学对某一特定领域的特殊规律进行抽象反映，是一个方面的综合。"大思政课"建设工作意识则不然，它要依托"大思政课"建设工作对思想政治教育实践活动进行计划、组织和控制，就必须综合运用百科知识。"大思政课"建设工作需要综合运用尽可能多的各门知识，"大思政课"建设工作意识是综合运用各门知识，去实现提高思想政治教育工作的效果。在社会诸意识当中，如果说哲学是对各门科学知识最高的综合概括，"大思政课"建设工作意识作为思想政治教育工作意识的表现形式之一，是对各门知识最广泛的综合吸收和综合运用。

第三，应用性。各种社会意识，既是对社会存在某一侧面的主观反映，表现为特定的知识体系，又反过来影响和指导人们的某类实践，具有不同程度的应用性。一般来说，综合概括性越高的意识形式，距离现实越远，其间的中介越多，应用性越弱。反之，综合概括性越低的意识形式，离现实越近，其中介越少，应用性越强。例如，哲学和宗教，两者距现实最远，其应用性最不直接，而科学特别是技术科学距现实最近，最易转化为生产力。"大思政课"建设工作意识作为一种特殊的社会意识，它既具有高度的综合性，又同时具有最直接的应用性。这是因为，"大思政课"建设工作意识是在教学实践中产生并直接服务于教学实践的意识形式，教学活动直接需要的不是远离现实的抽象理论，而是经过教育工作者加工过滤过的可以直接进入教学工作过程的具体意识。"大思政课"建设工作一方面必须广泛吸收诸如哲学、科学、政治思想、道德乃至艺术和宗教等意识形式，另一方面这些意识又不能直接适用于"大思政课"建设工作，而必须通过教育工作者的过滤加工，选择综合，转换成可以直接用于指导"大思政课"建设的工作意识（如组织目标、决策计划、指导规则等），从而使"大思政课"建设工作意识具有鲜明的应用性。可以说，"大思政课"建设工作意识是由抽象层面社会意识走向具体层面社会意识的思想通道，在这里意识的抽象性和具体性得以对接。

（二）"大思政课"建设工作意识的形式

对"大思政课"建设工作意识做纵向即从其发生形态分类，可以划分为工作心理、工作观念、工作理论和工作方法四种相互联系又彼此区别的表现形态。

1. 工作心理

在人类实践中最初形成的工作意识是工作心理，它大致包括需要、动机、意向、情绪、情感、意志、信仰、习惯等形式。"大思政课"建设工作理想状态需要是由教育工作者的职业本能和职责引发的工作欲望,它同人的其他需要相类似,既具有强烈的内在冲动但又缺少明晰单一的目的指向。处在"大思政课"建设工作需要的心理阶段,教育工作者主要受到在教学工作实践中形成的潜化意识的支配,本能地生发出工作欲望。调研发现,长期居于教育工作者地位、积累有大量工作实践经验的教育工作者,工作在不知不觉中已成为他的潜化意识,成为一种职业的习惯或"本能"的需要。

"大思政课"建设工作需要的定向化是工作动机和工作意向。当工作需要作为一种自发的职业内在冲动时,就会是意向不明、不断转移的心理活动。如果没有外部环境起作用,那么人将永远停留在这种躁动不安的环境中。事实上,教育工作者不可能将自己封闭起来,而是要受到外部环境各类信息的刺激干扰。一旦某一信息反复影响教育工作者而使他将注意力逐渐集中到解释这一信息的时候,这便出现"问题"或心理学上所说的"情结"。"问题"是指现实和需要的差异,"情结"是指反映问题的矛盾心情。这时,为解决问题或解开情结,原有的变动不定的需要心理开始平静下来,交错出现的不明晰的目的指向并逐渐转移到问题上,从而形成有明确指向的动机和变成为解决某问题的意向。心理的动机和意向也具有不稳定性,与工作决策和计划中工作目的相比,决策计划是"大思政课"建设工作的理性化,是"大思政课"建设工作目的的原型。同时,动机和意向是意识形成的一个不可缺少的环节,没有它不可能产生出教学工作的其他意识。动机和意向引导教育工作者如何看问题,准备选择解决何种问题。如果在动机和意向上出了偏差,例如他所期望的目的根本不可能实现,教育工作者就会使教学工作走偏方向。

教育工作者作为人,还具有情感和情绪。情感是在人与人交往中形成的心理定势,它表现为对某些人的偏爱、信任、同情、感激乃至崇拜与信仰。历史上一些观点认为,思想政治工作者是制度的化身,不应有任何个人情感,将情感带入工作领域是很危险的。在他们看来,理想的思想政治教育工作者只能是一副冷面孔、铁心肠,唯有如此才可能看待问题客观、处理事情公正。事实上,在依托"大思政课"建设工作开展"大学生思想政治教育"工作的实践活动中,无论是教育工作者或大学生,绝不可能没有情感;任何一次具体的"大思政课"教学活动,也不可能完全摈弃情感。虽然,教育工作者如果仅凭情感而不用理性来处理工作活动中的人和事,或者将私人情感带到公共事务中,对工作将是十分有害的,但是还应看到,情感对教学工作也有帮助。在教育工作者之间，多一些情感就少一分摩擦，情感在这里是决策团队的凝聚力。在教育工作者和大学生之间，情感是沟通上下级之间的心理通道，是了解情况、激励大学生必不可少的"柔性工作手段"。大量工作实践也证明，凡是情感丰富且善于控制情感的教育工作者，不仅能团结工作团队中其他工作人员，形成一个关系融洽、无话不谈的有战斗力的工作集体，还能在学生中树立良好的形象，使学生乐于听从他的意见和建议。相反，一个缺乏情感的教育工作者很容易成为一个孤芳自赏的人，他既不可能赢得同事的信任，更不会得到学生的理解和支持。可见，情感是教育工作者不可或缺的心理。事实上，在"大思政课"建设工作中培养情感和正确投入情感是非常重要的。

同情感相比较，情绪是另一类心理活动。情感是一种外显的心理倾向，是指人们在长期交往中形成的亲和力；情绪则是一种内隐的心理定势，是由内外环境刺激产生的某种心境或心绪，主要表现为喜、怒、哀、乐。在"大思政课"建设工作中，不论是教育工作者还是大学生常常受环境的刺激，很自然地引起情绪的变化。所谓工作情绪，就是指这种心理态势。应当指出的是，情绪不同于情感，它对工作弊大于利，特别是对于教育工作者，千万不能为情绪所左右，更不能带着浓重的情绪来工作。情绪作为一种心理活动，是一种受环境左右的变动不定的无意识现象，它与理性不相容。尽管喜怒哀乐可能激起一时的激情，在工作中发挥出冷静时无法发挥的积极作用，但因它缺乏理智的支配而不可能持久且具有很强的随意性，任其发展不加控制就容易将教育工作者变成情绪的奴隶，导致工作失败。作为一个教育工作者，应当尽量避免将个人情绪卷入工作，做到范仲淹所说的"不以物喜，不以己悲"。碰到困难不要气馁，取得成绩不妄自尊大、目空一切。要做到这一层很不容易，它需要在教学工作实践中经历长期的修养磨炼，掌握并熟练运用心理自我调节方法。

属于"大思政课"建设工作心理的还有意志、信仰和习惯。所谓意志，是指向明确行为目的的心理机制。所谓信仰，是对某人某事或某种最高存在的绝对信任和无条件服从。所谓习惯，本来指人们思想行为的常规或定势，这里专指思维定式或习惯思维。

"大思政课"建设工作作为一种组织目的性活动，决定参与教学工作的人必然形成实现工作目的的意志。意志主要有三个特点：一是明确的目的性；二是判断是非的果敢性；三是迎战挫败的坚韧性。在"大思政课"建设工作中，教育工作者意志的积极作用是非常明显的。这是因为，教学工作是一个步步逼近目标又常常遭受挫折的风险过程，为使教学工作能按预定目标继续下去而不致中断，教育工作者必须具有坚强的意志。如果意志薄弱，在挫折面前就可能观望退让、对事业丧失信心。只有具备坚强的意志，认准了的目标决不改变，才有希望达到胜利的彼岸。当然，由于意志是一种缺乏理性自觉的心理机制，单凭意志并不能保证目的正确。如果意志很坚定而拒绝理性参与，那么就很可能出现当实践证明目的不对，决策者还会顽固地坚持下去的现象。因此，意志在教学工作中虽很重要，但必须使之理性化。教学工作仅靠个人的坚强意志而不注意根据情况随时加以调整，那么顽强就会变为顽固、果断将会变成武断。

信仰在本义上是相对于理性而言的宗教感情，是宗教徒对神的崇奉膜拜心理。宗教的最高境界是信仰，信仰意味着对"神"无条件的信任、服从和追随。在科学落后的古代社会，宗教信仰是宗教首领控制宗教组织和统治者管理社会的重要手段。宗教信仰曾经是一种普遍的心理。在当代高校，应当提倡科学和唯物信仰论，这样才能树立正确的"三观"。

习惯是在多次实践基础上形成的行为定式和思维惯性，它以固定的经验为根据。当人们主要凭借经验而不是凭借理性来行动的时候，就停留在习惯的心理水平上。所以，经验和习惯是难以区分的。教育工作者通过多次教学工作实践，不知不觉中就会形成一套自己的工作经验或工作习惯，其中所包含的难以用语言表达但又实际发生作用的意识形式，即习惯心理。习惯心理在教学工作中的出现既具有必然性又具有诸多积极作用：首先，它作为一种感性经验，与工作实践最接近，反映工作实践的问题最快捷。"大思政课"建设工作中许多常规问题主要是通过教育工作者的经验习惯及时处理的。如果教育工作者缺乏经验而未形成惯性思维。就不可能对"大思政课"建设工作中纷至沓来的问题作出快速反应，必然事事请示或拖而不决。其次，习惯是理性的基础，教学工作经验则是教学工作理论的前提。大量事实表明，一切理论的产生，都不能脱离对工作经验的总结。教育工作者的工作经验越丰富，对其学习接受教学工作所需的理论就越有利。一个没有工作经验的人，尽管也可以从书本上学到思想政治教育工作理论，但一般很难真正理解这些理论，更不可能切实运用这些理论。所以，经验习惯对于教育工作者是十分必要的财富，特别是对于基层教育工作者。不过，工作习惯毕竟是非理性的工作心理，它也有局限性：第一，习惯心理是一种心理惯性，它对教育工作者的创造性思维有一种天然的抑制作用，如果固守经验，由习惯来支配"大思政课"建设工作，教学工作方式只能简单重复；第二，经验习惯只是对过去教学工作实践的总结和重复，缺乏对"大思政课"建设工作发展新趋势的预见功能。如果因循经验习惯，就只能往后看而不会向前看，结果必然因目光短浅而无法应对当代多变的教学工作环境。

2. 工作观念

各类工作中的心理积淀就是工作观念。这里所说的观念是指在感性经验基础上形成的融入了若干理性因素的固定看法或根本观点。在心理学上，观念即是表象。马克思主义所说的观念，是指反映实践并为指导实践所创造的体现目的计划的社会意识形态。工作观念作为工作意识的一种，是介于工作心理和理论之间的一系列关于工作的根本观点，主要包括价值观、决策观、人性观、组织观（团体意识）、教学工作效益观等。同各类工作心理相比较，工作观念不表现为纯感性而有一定的理性渗入，包含着对事物的深层理解，不是对客观对象的直接反映而是间接反映，表现为对过去的反思和对将来的向往，不是由刺激而引起的间发的、不稳定的心理活动，而是对根本问题的持久稳定的心态或倾向。因此，"大思政课"建设工作观念在教学活动中的地位特别突出，它潜在于教育工作者和大学生的意识深层，从根本上左右或影响着他们的行为。

3. 工作理论

工作理论是意识的理性表现。与工作心理诸形式和工作观念比较，教学工作理论具有如下特点：第一，综合实践活动教学组织形成的教学体系反映的不再是大学生思想政治教育工作的表象，而是它的本质和规律，具有本质的深刻性；第二，大学生思想政治教育工作理论不像心理那样多变易逝，具有相对的稳定性和持久性；第三，与教学工作相关的理论是对教学工作实践的抽象概括，具有抽象性和普遍性。可见，教学工作理论是更高级的意识。教育工作者如果仅凭工作心理或工作观念去指导"大思政课"建设工作，终身勤劳也不过是一个经验主义者，不可能达到高度的自觉而作出新的贡献。只有学习科学的教育工作理论，自觉地以有关的理论来武装自己的头脑、指导自己的教学工作行为，才有可能成为一名合格的现代教育工作者。当然，像一切理论一样，教学工作理论也有它的局限性，这主要表现为任何教学工作理论只能是对教学工作实践一个方面本质或事物某一本质层次的抽象，它只能近似正确地反映对象。另外，由于教学工作理论是以纯概念的逻辑方式来反映教学工作实践的，二者之间横隔着层层中介，要运用它来指导"大思政课"教学工作实践，还必须将其转化为教学工作方法。

4. 工作方法

所谓"大思政课"建设工作方法，是教学工作意识的具体化、程序化，特别是应用教学工作理论的方式或模式。按照工作方法的特性来区别，又可以划分为数学方法、系统方法、经济方法、法律方法、行政方法、伦理方法、心理方法等。

5. 工作意识的发生发展规律

综上所述，教学工作意识按其发生发展的时间作阶段划分，可以区别为最初的心理，其次的观念和再次的理论，最后是方法。只有全面系统考察教学工作意识的发生发展规律，才能为大学生教学工作提供认识论的理论依据。

（三）"大思政课"建设工作个体意识和群体意识

"大思政课"建设工作意识从横向结构考察，还可以区分为个体意识和群体意识。所谓个体意识，是指组织中个体成员特别是教育工作者个人的心理、观念、理论和方法，它是在个人的教学工作实践中形成的个性意识。所谓群体教学工作意识则指组织整体特别是教学工作主体群所共有的心理特征、工作观念、团体精神和价值取向。一些观点认为任何个性、主见都妨碍统一思想。甚至认为，既然思想政治教育是要树立共同的理想，就应在"大思政课"建设工作中首先统一大家的意志。在"大思政课"建设工作领域，这种观点是比较片面的，主要源于如下几点。

首先，这种观点割裂了个性和共性的关系，看不到个性意识的存在不仅是必然的，而且共性意识只有通过个体的理解才能发挥作用。无论在哪类组织中，由于个人经历、出身、地位、职责、利益、环境的差别，决定了组织成员的心理状态、价值追求、知识水平、理想情趣是不尽相同甚至截然对立的，"大思政课"建设工作既不可能也无必要消灭这些差别，集体意识也不是以消灭个体意识作为自身存在的前提。实际上，任何集体意识的产生都离不开个体的理解。如果组织成员缺乏自觉的个体意识，这种组织的集体意识也不可能形成。同理，只有个性发展的群体才是思想活跃的组织。这种组织从表面看，人人都有自己的想法、个个都有棱有角，少有唯唯诺诺、随声附和之辈。但正是这样的群体，才可能产生自觉的集体观念，才可能深刻理解统一命令和统一行动的意义，也才能上下同心去自觉地完成任务。所以，认为个体意识必然会阻碍集体意识的形成，认为只有消灭个性和个体意识才能统一组织成员的思想和行动，实际上是将组织看成同质要素的简单集合或机械拼凑，而不是将系统理解为异质要素的有机集合和辩证统一。

其次，这种观点颠倒了个体意识和工作共识的源流关系。个体意识在"大思政课"建设工作中的作用，不仅表现为工作共识必须通过教育工作者个人的理解才能起作用，还表现为个体意识是教学工作达成共识的基础和前提。一些观点认为，工作共识似乎是先于个体意识而产生的，这恰恰颠倒了源流关系。任何组织的工作共识，包括大家认可的指挥组织原则、共同追求的组织目标、人人遵循的行为规范，都是在各种个体意识的比较、争论、碰撞之中逐渐形成的。当然，一部分组织的领导也可以不做情况调研、不征求大家的意见、不考虑下级的感受，就只将个人想法通过行政命令贯彻下去，从表面上看似乎大家都在按命令行动，但由于命令只是领导者个人的一己之见，群众并没有从心里理解，也就很难形成集体意识，有的只是少数领导者的个体意识。相反，在开展"大思政课"建设工作中，只有通过有意地培育基层学生管理者和大学生的个体意识，让大家出主意想办法，鼓励大家为"大思政课"建设工作出谋划策，并允许不同意见展开争论、比较，然后才能求同存异，形成组织的共同观点。这样就可以培育师生同心、和衷共济的团体精神，增强组织的凝聚力和提高"大思政课"建设工作效率。所以，认为个体意识同教学工作不相容是完全违背意识发生规律的。如果用这种观点去指导教学工作，很容易造成不尊重同事、不充分了解学生需求，以少数人的一己之见对组织成员进行行政强制的现象。

最后，这种观点抹杀了个体意识的独特功能。在"大思政课"建设工作中，共识固然很重要，但个体意识同时又有不可取代的独特作用。这主要表现为：第一，教学工作共识一般属于求同思维，个体意识则多表现为求异思维，善于发现新问题，具有敏锐性和批判性。在组织中，要形成共同的集体意识，往往需要一个长期的过程，这种共识一旦产生，它又具有相对的稳定性。"大思政课"建设工作之所以可能，组织成员之所以能有所依归，正是以某种相对稳定的共识为依托。如果共识缺乏这种特性和功能，指导组织行为的思想瞬息万变，教学工作就很可能无程序可言。但是又必须看到，工作共识又有一定的局限性，缺乏对事物变化的敏锐性，以及对过时的思维习惯、规章制度的批判性。为弥补这一缺陷，就需要个体意识。与群体意识不同，个体意识是一种个性思维，是一种以求异为主要特征的思维方式，它可以在人们的习惯中敏锐地发现新问题，对旧有的大家所认同的某些不足之处提出怀疑、作出批判。其中有的看法可能是错误的，但常常有一部分是正确的。人类意识的发展规律都是由异而同，又由同而异。如果没有少数个人对多数人已有的习惯和共识提出怀疑和批判，就不可能有认识的进步。当用一种大家认可、形成习惯的教学方法进行教学工作时，教学工作虽然比较容易秩序井然，有章有法，但却只能周而复始、代代重复，不可能有新的进展。只有允许少数人在工作总体思路指导下，大胆提出新的改进意见，才能使"大思政课"建设工作不断有新的手段，为当代大学生的成长服务。第二，"大思政课"建设工作要想发展，以适应现代社会的发展，离不开创造性思维。而创造性思维的主体主要不是组织集体而是组织个体，特别是参与"大思政课"建设工作的教育工作者个体。因此，创造性是个体意识的另一个显著特点。以"大思政课"建设工作决策为例，决策可划分为常规决策和非常规决策两类。其中常规决策相当于程序化决策，通常是集体意识的具体化和定型化。但是，单纯的常规决策不能应对变化的决策环境，必须辅之以非常规决策。而非常规决策是没有常规可援的随机决策，它必须通过决策当事人根据具体情况快速果敢地加以判断，这就不得不充分发挥个体意识的创造性，不得不更多地借助参与决策的个人的想象力、直觉判断以至灵感思维。如果任何一项决策都按常规办，以为只有通过集体认同的意见才有科学性，那么就无法应对非常规的环境变化，也不能激发个体的主动积极性。相反，只有平时注意培养教育工作者的创造性思维，从制度到风气给少数人以决策自由，才能使决策具有应变性，不至于在突发性问题出现时束手无策。

个体意识尽管有着上述各种积极作用，但它也有自己的许多局限。因此，仅仅依靠个体意识是无法进行教学工作的。要使教学工作得以进行并使之富有成效，就应当特别注重对教学工作中群体意识的研究。

首先，群体意识具有目的的统一思想功能。所谓目的，是指意识对行为的指向性或行为内涵的趋向性。开展教学工作的第一个前提就是要使不同方向的个体目的统一为同一方向的组织目的。只有当组织成员放弃或修正自己的目的并达成对组织统一目的的共识，教学工作才能步步逼近目标。显然，依靠个体意识是无法完成这个任务的，只有群体意识才具有统一组织成员目的的功能。

其次，群体意识具有团体凝聚功能。组织成员调整自己的行为目标转而接受组织的共同目的，这就使团队获得彼此配合、协作行动的思想基础，从而使相关人员能够聚集在一起完成教学工作。但仅有共同的组织目的意识还不够，还应有与目的相关的其他组织意识，如共同的信念、相同的价值观念。因为，作为共同目的意识虽然重要但毕竟还很抽象，而且目的性意识一般多停留在浅层而未及深入到信念、价值的深层。为使组织的目的性观念牢不可破，还需要使团体内部充分理解其意义，形成坚强的信念和明晰的价值观念，自觉地和衷共济，增强彼此之间的亲和力和凝聚力。

再次，集体意识具有抗干扰功能。这里的抗干扰功能主要是指防止组织环境对组织成员情绪、心理的干扰。组织既然存在于环境中，因组织之间的竞争或其他社会原因，外部世界对组织的各种干扰是不可避免的。在各种干扰下，组织成员可能会有情绪上的波动乃至信念上的动摇。要想完全避免干扰几乎是不可能的。排除、减轻干扰的手段，一是硬性的行政措施，如批评、处罚受干扰的成员；二是强化集体意识，不断培育团体精神，增强成员自觉的抗扰能力。这两种手段，前一种是治标，后一种是治本。只有当每一组织成员自觉树立起一种爱集体、愿同组织共患难的"团体精神"的时候，才能从根本上解决"大思政课"建设工作中出现的困难，让工作迈上新台阶。

最后，集体意识还有评价规范功能。组织成员作为活生生的个体，有着不同的个性和自主活动。但是"大思政课"建设工作是一种组织活动，需要协调组织成员的行为。要做到这一点，显然不能依靠个体意识而只能凭借集体意识。这就是说，不能按照各自价值观念而应当依据组织的共同价值观对组织成员的行为进行评价。在个人看来是正当可行的事如果对组织不利，就必须服从组织意见、严格按组织原则行事。虽然，有时组织的评价也可能不符合实际，个人的意见也可能是正确的，用组织的价值标准去评价并规范人们的行为并不能保证组织绝对正确，但是，如果不能以组织观念去评价并规范成员的行为，就会出现自以为是、各行其是的混乱局面，其结果会使教学工作陷入混乱。

总之，个体意识和群体共识作为教学工作意识的两个方面，是互为条件、相互促进、共生共长的辩证关系：一方面，共识存在于个体意识当中并通过个体而发挥作用，离开个体意识就谈不上真正的共识；另一方面，共识又制约着个体意识，个体意识也离不开共识。离开群体共识的制约，个体的意识就会失去作用。个体意识和群体共识的这种辩证统一关系要求教育工作者必须尊重每个组织成员的首创精神，启发他们的聪明才智，注意倾听同事和大学生的意见并力戒思想僵化和个人专断，同时，也提示组织成员要服从组织决议、遵守组织纪律、领会组织意图、发扬团体精神，警惕自以为是和各行其是，自觉地将个人的思想行为融入集体之中。只有这样，教学工作意识才能从积极的方面对"大思政课"建设工作发挥能动的指导作用。如果割裂了共识和个体意识的关系，偏执一端，就可能会给"大思政课"建设工作造成不应有的混乱。

第四章 "大思政课"的教师素养

虽然,"大思政课"是一项相对较新的工作任务,但是,在开展"大思政课"建设工作时,需要首先融入思想政治工作元素,实现"全程育人、全方位育人"目标。

一名思想政治理论课以外课程的任课教师,首先应该明白具体的课程本身就已经存在着德育的内容。同时,结合思想政治理论课以外课程的设计,开展"大思政课"建设,把德育工作内容巧妙地融入教学环节,在教育工作中实现立德树人的目标。

要实现这一目标,教师应从德育工作素质和掌握先进教学方法两个领域入手提高自身能力,投身到"大思政课"建设工作中。

第一节 提高德育工作素质 做合格的"大思政课"教师

要实现开展"大思政课"建设把"立德树人"落到实处,实现思想政治理论课以外教学领域中德育功能的目标,就需要全面提高思想政治理论课以外课程教师的思想政治工作素质。因此,一方面,教师要领悟思想政治理论课以外课程融入思想政治教育工作内容的意义;另一方面,教师要深刻理解思想政治理论课以外课程融入思想政治教育工作内容对教师综合素质的要求。

一、思想政治理论课以外课程融入思想政治教育工作内容的意义

思想政治理论课程是培养社会主义事业新一代接班人的重要一环,在思想政治教育中担负着主渠道功能,思想政治理论课程教学质量的高低,作用效果的强弱事关重大;同时,专业课对学生思想政治意识和观念的塑造,也会起到重要的作用,也有着重要的育人功能。

要实现习近平总书记重要讲话提出的工作目标,就要增强非思政课专业

教师授课中的思想政治教育意识，推动专业课教师自觉地参与思想政治教育工作的伟大实践。而开展"大思政课"建设实践的重要载体就是国家规定的思想政治理论课程以外的诸多课程。

习近平总书记在全国高校思想政治工作会议上明确指出："做好高校思想政治工作，要因事而化、因时而进、因势而新。要遵循思想政治工作规律，遵循教书育人规律，遵循学生成长规律，不断提高工作能力和水平。要用好课堂教学这个主渠道，思想政治理论课要坚持在改进中加强，提升思想政治教育亲和力和针对性，满足学生成长发展需求和期待，其他各门课都要守好一段渠、种好责任田，使各类课程与思想政治理论课同向同行，形成协同效应。"

"大思政课"作为新时代思想政治教育工作的形式，对于培养高素质的人才十分重要，因此，理解"大思政课"建设的本质和社会方位意义重大。专业教学参与思想政治教育活动是思想政治教育工作的一部分，历史上，很多高校教师都自发地进行过探索。在习近平总书记重要讲话的指导下，"大思政课"建设工作由教师的个人行为变成学校有组织的行动，更加系统、更加全面。"大思政课"建设效果日趋明显，同时在基础教育阶段围绕"大思政课"开展的工作也越来越多。

在新时代为谁培养人的问题更加重要，立德树人、德育为先已经成为越来越现实、越来越具体的问题。因此，提升所有教师教书育人和传道授业解惑的自觉性和责任意识更加迫切。这就要求非政治课教师在教学中不要为了"思政"而"思政"，而是将育人理念融入教学内容。思想政治理论课以外课程作为理论与实践的有机结合，实践比重较大的课程，开展"大思政课"建设优势更加明显。教师要在思想政治理论课以外课程中做好"立德树人"工作，就要首先理解开展"大思政课"建设工作的原因。

首先，思想政治理论课以外课程教师要理解思想政治课以外的课程是开展"大思政课"建设工作的基本载体。这是因为，在学校中绝大多数的教师是非思想政治课教师，绝大多数的课程是非思想政治课，学生绝大多数的学习时间是在学习非思想政治课，在高校的统计显示，绝大多数的大学生认为，对自己成长影响最深的是专业课和专业课教师。这四个"绝大多数"是开展"大思政课"建设工作的原因和理论依据，尤其是前三个"绝大多数"更证明了思想政治课以外课程是"大思政课"建设基本载体的关键因素。因此，非思想政治课教师必然是"大思政课"建设工作的"主力军"，非思想政治课教学必然是"大思政课"建设工作的"主战场"，非思想政治课课堂必然是"大思政课"建设工作的"主渠道"。思想政治理论课以外课程任课教师要深刻认识到，在贯彻立德树人根本任务的过程中，仅仅靠思想政治课是远远不够的，对于育人环境有重大影响的所有课程的教师全员参与才是解决问题的关键。

其次，思想政治理论课以外课程教师要结合所讲授课程本身理解"大思政课"的内涵。在具体工作中应当注意如下三个问题：第一，不要简单地将"大思政课"建设中的"思政"等同于思想政治课程中的"思政"，避免将"大思政课"建设中的"思政"概念"窄化"。思想政治课程中的"思政"是一种显性的思想政治教育工作，要以具体的理论为基础，在高等学校中，这类课程被称为"思想政治理论课程"，其中的"理论"二字是关键词之一。"大思政课"建设中的"思政"虽然也需要理论做指导，但是本身目的不是为学生讲解某一具体的"理论"，也就是说，对于学生成长有积极作用、有正确导向的内容都可以纳入"大思政课"建设工作之中，因此，这是一种隐性的思想政治教育工作。要实现这一目标，就要把通用的思想政治教育元素和带有具体学校特点的独有元素有机结合起来，在教学实践中践行教书育人理念，切不可简单地在课程中加入一些思想政治教育工作理论和观点，这样很容易形成"课程+思政"的简单组合，达不到育人的目标。第二，全面理解"大思政课"建设中"挖掘专业课中的思政育人元素"理念，挖掘思想政治理论课以外课程的育人元素，也就是要围绕思想政治理论课以外课程展开挖掘，而不是跳出思想政治理论课以外课程去其他地方找寻、挖掘所需要的教育要素。这样，就会防止在思想政治理论课以外课程中做好"立德树人"工作中出现直接关注具体的思想政治课程中的教育要素的行为。思想政治理论课以外课程教师把主要精力放在研究思想政治理论课以外课程的课程体系，把思想政治理论课以外课程中所蕴含的教育意义与思想政治课方向一致的事理与道理纳入教案，这样才能使"大思政课"建设工作避免"外嵌式育人"实现"内生式育人"。第三，要努力把"大思政课"建设工作内容融入思想政治理论课以外的课程。也就是避免把思想政治课程中的概念和观点直接生硬地搬过来，变成简单、教条的说辞。要把概念和观点转化为源于思想政治理论课以外课程教学内容中能够对学生有教育意义或人生启示的道理。这就要求思想政治理论课以外课程教师不仅拥有专业的知识和技能，还能在授课的同时，实现传道与解惑。

再次，思想政治理论课以外课程教师要结合所讲授课程本身解决开展"大思政课"建设工作过程中的典型问题。在具体工作中应当做好如下三个方面的工作：第一，要关注"大思政课"建设工作的总体设计与要求，深刻理解"大思政课"建设工作是一项系统性的工作而不是某一门课的事情。当前个别学校就出现了把"大思政课"建设工作作为工作任务简单分解的问题。例如，在某高校教务处发布的一份"关于收集思政课程和课程思政建设优秀案例的通知"中这样表述："学院（部）负责组织各单位思政课程和课程思政建设优秀案例的收集工作，每个专业（教研室）至少推荐2门课程参加，每门课程提交的优秀案例至少有1个（最好2~3个）；马克思主义学院四大课程（思想道德修养与法律基础、中国近现代史纲要、马克思主义基本原理概论、毛泽东思想和中国特色社会主义理论体系概论）每门课程至少有2个案例。"这种将思政建设的任务指标分解落实到各学院、各专业、各课程、各教师的身上的做法，看上去明晰，实际是一种缺乏顶层设计的行为。"大思政课"建设工作绝不是新建一门、一类课程，也不是调整一两门课程教学内容、编写几个案例就了事的，这项工作覆盖所有课程，需要所有学生和所有教师全员参与。思想政治理论课以外课程教师要充分认识到："大思政课"建设工作需要以国家提出的人才培养的目标、标准为指南，结合本学校的实际情况开展整体性、系统化设计，这样才能实现"立德树人"的目标和要求。把"大思政课"建设工作理解为遴选部分优质课程、变成某些教师或者思想政治课程教学部门的工作是不全面的。思想政治理论课以外课程应当积极参与到"大思政课"建设工作之中，当然更要注重与其他课程的合作与协同。第二，结合思想政治理论课以外课程开展"大思政课"建设工作不要拘泥于本课程上课的课堂教学时间，更应该努力实现覆盖课外活动，要防止被"'大思政课'建设就是在课堂教学开展育人活动"的观点所影响，仅仅在课上添加一些思政元素，这样就会把全体教师参与立德树人的工作简单地限制在课堂的有限时间里，以致就很容易导致部分教师把"大思政课"建设工作简单理解为课堂教学展示。思想政治理论课以外课程是广义的，甚至可以说是贯穿于学生学习生涯全过程的。思想政治理论课以外课程的主讲教师，不要纠结于是否在每一堂课、每一个教学内容上都开展了"大思政课"，而是看自己是否实现了整体把握。不仅如此，思想政治理论课以外课程教师还要清醒地认识到并不是只有课堂才是"大思政课"的阵地，走出教室并不意味着思想政治理论课以外课程的结束，在课下带领学生参与一些社会实践，都可以成为建设"大思政课"的好机会。第三，结合思想政治理论课以外课程开展"大思政课"建设工作要避免灌输、贴标签、"两张皮"。"大思政课"建设的本质是将立德树人等育人理念渗透、融入、嵌入思想政治理论课以外课程，如果做不到这一点，就有可能出现贴标签、"两张皮"的现象，这就要求思想政治理论课以外课程教师深刻理解"大思政课"的本意与目的，认真思考教学理念，在提高技巧上下功夫。结合思想政治理论课以外课程开展"大思政课"建设不是简单地加入一些教学内容、知识点，而是对思想政治理论课以外课程开展系统性的升级。这样，才能形成合力，体现思想政治理论课以外课程教师的责任担当，引导学生树立正确的世界观、人生观、价值观，实现价值塑造、知识传授和能力培养三者有机结合，培养合格人才。因此，思想政治理论课以外课程教师要做到立德树人，应时刻从培养学生出发，做到工作有方向，整体教学方案设计有工作思路，不断提高教学水平和工作能力。

最后，结合思想政治理论课以外课程开展"大思政课"建设要努力避免当前的一些认识误区。党和国家持续推出加强思想政治理论课建设的政策和要求，使得大学、中学、小学思政育人一体化，家庭、社会、学校育人一体化，"大思政课"建设工作与思政课程同向同行一体化等问题引起学校和教育机构的高度重视。"大思政课"建设已经成为国家"课程育人"的要组成部分，同时也成为评价学校落实立德树人根本任务的重要指标。但是，还是有一些认识上的误区存在于学校之中，值得思想政治理论课以外课程教师重视。在具体工作中应当注意如下两个方面的问题。

一方面，不要将思想政治理论课以外教学领域"大思政课"建设工作项目化。"大思政课"建设工作可以是具体的、可操作、可衡量的，但是这不能替代育人工作。"大思政课"建设的目的与加强思想政治课建设的目的是相同的，是立德树人、针对学生进行价值引导与人格塑造；"大思政课"建设最终还要落实到立德树人上。因此，提出参考指标只是工作载体、手段和途径，要切忌把手段变成目的。

另一方面，不要将思想政治理论课以外教学领域"大思政课"建设重点落在具体的手段。一些学校会设置具体的量化指标从而对"大思政课"工作提出具体要求，这样，就很可能导致出现急躁情绪。"急于出效果、急于定方案、急于找办法"势必导致过多关注影响具体操作、具体实施的问题，而"大思政课"建设的工作顶层设计往往被忽略。

结合思想政治理论课以外课程开展"大思政课"建设看上去是具体工作，实际上却是立德树人的长远工作。要真正做到出成效、成功育人，就要减少表面化、形式化的工作，厘清工作思路，从学生成长出发，扎扎实实地把结合思想政治理论课以外课程开展"大思政课"建设、实现立德树人落到实处。

二、"大思政课"建设对思想政治理论课以外课程教师素质的要求

思想政治理论课以外课程教师参与学生思想政治教育，是学生通过本课程学习和实践活动增长才干的大好机会。学校相关管理部门应当努力引导专业教师参与到学生思想政治教育工作中来。

当代学生是祖国和民族的未来。高校思想政治理论课教学的重要任务就是要从巩固党的执政地位以及培养社会主义建设者和接班人的高度，加强对学生的政治理论教育；要使学生自觉地承担起学习、研究和实践马克思主义理论的历史责任，努力成为中国先进生产力的开拓者、先进文化的弘扬者和最广大人民利益的维护者。积极推进马克思主义理论、毛泽东思想、邓小平理论、"三个代表"重要思想、科学发展观、习近平新时代中国特色社会主义思想进课堂、进教材、进学生头脑工作，是当前和今后一个时期高校思想政治理论课教育教学工作的重要任务。"三进"工作，最关键、最重要、难度最大的问题就是如何使先进思想进入学生头脑。

在进一步推进高校思想政治理论课的基础上，强化思想政治理论课以外课程以言传与身教为主要手段是实现"进头脑"工作目标的有效手段。要达到这一目标就要在具体工作中做好如下几方面的工作。

（一）坚定的政治信仰和与时俱进的思维是思想政治理论课以外课程教师参与学生思想政治教育工作的基本要求

随着经济全球化步伐的加快和社会主义市场经济体制的不断完善，人们的思想方式、行为方式、道德标准和价值观念都在发生着一系列的变化。当代高校大学生主要是21世纪初期出生的群体，中学生年龄更小，这些受教育者出生、成长于改革开放时期，精力充沛、思维活跃，对新鲜事物关心，并且敢于发表自己的看法。教师可以通过思想政治理论课以外课程开展思想政治教育工作，人与人心理距离的缩小，创造了平等交流思想的机会。这样一方面可以使学生与教师，特别是青年教师成为朋友，减少彼此之间探讨问题的拘束感；另一方面也在一定程度上削弱了教师的绝对权威性。基于上述两点，学生们可能将一些在思想政治理论课课堂上并没有提出的问题，特别是与实际的社会现象相关的问题提出来与教师讨论。因此，思想政治理论课以外课程教师需要具备如下基本素质：对马克思主义有坚定的信仰，同时拥

有深厚的理论基础和科学的方法。只有这样才能保证思想政治理论课以外课程教师具有坚定的政治立场，才能保证思想政治理论课以外课程教师对学生进行教育的指导思想的正确性和不动摇。

马克思主义具有三大本质特征：一是批判性和革命性，二是实践性，三是科学性。分析马克思主义发展的历程，就会发现科学实践是马克思主义理论的基石。马克思主义是深深扎根于实践，服务于实践，又在实践中不断发展的活生生的理论。马克思主义科学性的主要体现，是其在实践的基础上揭示了自然界、人类社会和思维发展的一般规律。马克思主义所具有的本质特征，使它具有"三不""四注重"的特点：不拘泥于书本，不拘泥于经验，不拘泥于已有的认识；注重对实践经验的理论抽象，注重对事物发展规律的理论揭示，注重对未知世界的理论探索，注重回答新情况、解决新问题、开拓新境界。这是马克思主义最宝贵的品格，也是马克思主义生机和活力的最主要源泉，更是学习和运用马克思主义的指南。在改革、建设和发展的道路上，新情况、新问题层出不穷，亟须通过创新尤其是理论创新去解决。"要使党和国家的事业不停顿，首先理论上不能停顿。理论上不能停顿，就要不断推进理论创新。一部马克思主义史，就是一部理论创新的历史。理论创新，是需要我们高高扬起的旗帜。"（岳增瑞，2002）因此，教师要在思想政治理论课以外课程理论和实践教学工作中达到良好的效果，就必须在牢固树立坚定政治信仰的基础上，坚持与时俱进的原则，不断学习和研究理论创新的新成果，保证自身思维始终贴近时代的脉搏。这样，才会及时地用新观点、新方法解释新现象，解决学生提出的新问题。

在具体的教学工作中，教师的言传身教很重要。"其身正，不令而行，其身不正，虽令不从"说的是为官者，但也适用于教师，要求学生接受的一定是教师自身必须认同的，这不仅是课堂上口头的讲授，也应该是实践活动中的身体力行。试想，一个执着于个人得失的人，如何有资格去谈论君子之道？连自己都不相信的东西又如何感动学生？教学相长，不仅指学问，当然包括道德修养。思想政治理论课以外课程教师在学生思想政治教育活动中究竟处于什么样的地位，起着什么样的作用？笔者认为，思想政治理论课以外课程教师在这一过程中应该也必须起主导作用，言传身教是思想政治理论课以外课程教师，特别是青年教师的重要工作。

（二）言传是思想政治理论课以外课程教师对学生进行思想政治教育的重要手段

我们不期望思想政治理论课程和思想政治理论课以外课程教学能解决所

有的人生观、信仰、道德等问题，但是，也同样不能放弃一切可以对学生的人生观和信仰产生影响的机会。马克思列宁主义、毛泽东思想、邓小平理论、"三个代表"重要思想、科学发展观、习近平新时代中国特色社会主义思想的生命力，关键在于其理论体系和观点的正确性，同时，也在于其具有供学生继承、发扬，并作为思想指南的价值。

中华民族5000余年文明，不仅留给我们丰富的文化遗产，更留给我们许多道德规范。因此，在思想政治理论课以外课程教学过程中，思想政治理论课以外课程教师应该结合现实社会和学生中的热点问题，结合社会主义建设的基本理论和中华民族传统美德来倡导学生确立或修正其道德意识，在具体的工作中，要处理好传统与现代的关系，引导学生正确区分和对待传统文化中的精华与糟粕。全盘否定固然不对，照单全收也失之偏颇。因此，要用社会主义道德和法治建设的规范对传统的道德规范进行过滤，为学生指明方向。在倡导和弘扬传统道德时一定要根据现实加以分析、补充和更新。因为我们的目的是建设有中国特色的社会主义的道德与文明。传统美德就在我们身边，人们时刻能够感受到传统道德的无穷魅力和顽强的生命力，传统文化对现代生活影响深刻。

当今社会的不良现象虽然是不符合社会主义道德的少数现象，但是，这些现象的存在不可避免地对学生产生了影响。在平时的学习和生活中，学生与教师因为存在一些心理距离，往往不会将一些相对尖锐的问题提出来与教师讨论，思想政治理论课以外课程教师应该对教学中尤其是实践教学环节中学生可能提出的问题有充分的思想、心理、知识准备。首先，思想政治理论课以外课程教师要坚定自己的信仰。作为非思想政治理论课程的教师，对自身的要求应该是熟悉并且熟练掌握专业知识，成为本专业的专家，并且成为学生做人、做学问的榜样。对思想政治理论课程教师的基础要求就是坚信自己所讲授的理论，理论水平高，要保证学生思想政治教育的效果；思想政治理论课以外课程教师，特别是青年教师，一定要向思想政治理论课教师学习，把好自己的思想政治关。其次，青年教师由于年龄上的原因，容易较快地成为学生的朋友；同时，同样是由于年龄上的原因，青年教师与学生的心理距离比较容易拉近。为了保证学生思想政治教育的效果，教师，特别是青年教师应该积极调整自己的心态。一方面，应该努力做学生的朋友，在具体的活动过程中给学生以鼓励、帮助；另一方面，应该坚决以教育者身份要求自己，在具体的活动过程中给学生以思想上的启发、引导。最后，面对改革开放以来出现的新事物，大家的看法可能会有所差异，教师，特别是青年教师应该积极学习党和国家的政策，努力用新观点解释新问题；不仅如此，青年教师还应该积极向老教师请教，以更加系统的理论去教育学生。

（三）身教是思想政治理论课以外课程教师对学生进行思想政治教育的有效补充

在思想政治理论课以外课程教学实践活动中，思想政治理论课以外课程教师要和学生共同生活一段时间。教师的一言一行、一举一动都会对学生产生影响，教师应该注意自身的行为，通过一点一滴的小事对学生进行身教才会使教育达到更好的效果。

首先，用行为作为表率，可以直接感动学生。因为，教师文明的言谈举止对学生思想品质的形成起着修正作用。教师的一言一行都是教师内在素养的外在体现，都会给学生以潜移默化的作用影响；而学生在思想政治理论课以外课程教学实践活动中也正是通过这一点来了解教师的思想，"桃李不言，下自成蹊"，教师注重修养，注意言行，处处给学生作表率，言教辅以身教，身教重于言教，学生受到影响，其不良的行为和习惯受到约束、得到修正。

当代学生多数为独生子女，自尊心都比较强。在思想政治理论课以外课程教学实践活动中，教师如果一看到学生在某个方面有点滴的不足，就马上会直截了当地指出，甚至责怪学生这也不对那也不是，虽然工作方式比较直接，但是不一定会有比较明显的效果。一般情况下，学生不但不愿意接受这样的管理方式，反而会对这样的管理方式有明显的反感，甚至产生一种逆反心理。事实上，学生并不喜欢这样的管理方式，他们希望与老师建立一种亲密的朋友关系，一种平等的朋友关系。分析学生的思想状态后，不难发现，在思想政治理论课以外课程教学实践活动中身教比言教更为重要。

其次，大处着眼，从小事做起。学生的思想政治教育必须从大处着眼。教育者必须认识到青年是继往开来的一代，是跨世纪的建设者，是祖国的未来。新一代的青年必须是关心社会、关心集体、关心他人、爱护公物、遵守公共秩序、文明有礼的一代。"一屋不扫，何以扫天下"。如果一个人连起码的社会公德都不具备，又怎能有崇高的理想、高尚的情操呢？为此，公德教育又必须从小事做起。思想政治理论课以外课程教师不妨从学生在思想政治理论课以外课程教学实践活动中碰到的小事抓起，从遵守纪律、遵守公共秩序、爱护公物、讲究卫生、帮助身边有困难的人等小事做起，用自己的所作所为促使学生自我管理，促进学生的行为养成。只要思想政治理论课以外课程教师能在思想政治理论课以外课程教学实践活动中从细微处要求，从小事做起，就一定能达到"促其思、晓其理、激其情、导其行"的教育效果。例如，在思想政治理论课以外课程教学实践活动中，教师应该遵守公共秩序、爱护公物、保护环境；在公共汽车上，教师为老年人让一次座位对学生的教育效果大大超过多次"尊老爱幼"的口头教育。

最后，还应当利用言教与身教的充分结合，促进学生的成长。从对学生的效果来看，在思想政治理论课以外课程教学实践活动中，教师的身教重于言教，是一个不争的事实；但是，只有身教没有言教，教育效果就会大打折扣。因此，教师应该把握好言教与身教的时机，恰当地把两者结合起来。例如，在思想政治理论课以外课程教学实践活动中，教师应该身教在先，言教在后；当遇到个别学生出现一些小的错误时，教师首先应该对自己的行为进行更正，然后再找学生单独谈话解决问题。这样，既保护了学生的自尊心，又不放弃对学生的教育，自然可以提高教育的效果。

思想政治理论课以外课程教学实践既是高校学生思想政治工作的重要组成部分，又是高校学生政治理论课教学的有益补充。思想政治理论课以外课程教师充分利用言教与身教的方法对学生进行教育，是思想政治理论课以外课程教学实践活动成功的保证，也是一个值得研究的课题。在具体工作中，使言教与身教有机结合，必将推动高校学生思想政治教育工作的开展。

（四）充分发挥指导教师的理论与专业技术优势，提升学校思想政治教育工作效果

在思想政治理论课以外课程教学实践活动中，指导教师不仅在处理一些社会问题中要以身垂范、言传身教，用表率作用优化对学生的教育效果，在面对需要解决的一些技术性问题时，更应充分发挥指导教师理论深厚、技术娴熟的优势，示范指导与启发鼓励相结合，给学生提供独立解决问题的机会，提高其能力。这既能使理论教学延伸，凸显实践教学的优势，也可通过及时解决问题，增强学生的自信心和创造创新动力，帮助学生树立热爱专业、学好专业知识、为祖国奉献聪明才智的理想。

第二节 "大思政课"教师需要掌握的逻辑方法

思维是人类实践的基础之一，开展"大思政课"建设工作，掌握必要的逻辑思维方法很重要。在开展"大思政课"建设工作时，保证思维逻辑的严谨十分关键，下面将分析逻辑思维及其在"大思政课"教育活动中的表现，为提高"大思政课"教师的教育能力服务。

世界上任何事物都有其内容和形式，内容是构成事物的一切内在要素的总和，形式是把内容诸多要素联系起来的结构和表现内容的形式。思维也是这样，既有内容也有形式。思维内容就是思维所反映的特定对象及其属性，思维形式就是指思维对特定对象及其属性的反映方式，如概念、命题、推理等，这些思维形式具有一般的形式结构，称为思维的逻辑形式。

一、逻辑思维

(一)"逻辑"思维的含义

"逻辑"一词是由希腊文音译过来的。其原意是指思想、言辞、理性规律性。"逻辑"是一个充满歧义的词，几乎每一个逻辑学家、哲学家及自然科学家都有他们各自所理解的"逻辑"，对逻辑的定义众说纷纭，没有共识。总体上看，逻辑研究的是理性思维，即人们通过大脑的抽象作用对客观内在规定性的认识，是认识发展的高级阶段。人们对逻辑有广义和狭义上的不同理解。

广义的逻辑泛指与人的思维和论辩有关的形式规律和方法。逻辑思维与形象思维相对，通常是指人们思考问题时，从某些已知条件出发，借助概念、判断、推理这些思维形式，推出合理的结论的规律。广义上的逻辑可包括以下几个层次：第一层次，指客观事物发展的规律性；第二层次，指思维的规律性；第三层次，指某种理论、观点或说法；第四层次，逻辑就是方法论，就是处理人生中许多事情的方法，就是基于已知的事实或条件运用科学的思维过程，利用最合理的技巧，作出最接近于真实的判断方法；第五层次，逻辑学是研究思维及其规律的科学。

狭义的逻辑主要研究推理，是关于推理有效性的科学，形式上表现为用特制的人工符号语言和公理化方法构造的形式系统。逻辑思维也叫抽象思维。所谓抽象就是在思维过程中撇开事物的具体形象而取其本质，逻辑思维的抽象特征与形象思维整体性特征正好相对。因此可以说，逻辑思维是一种比较简单的直逼事物本质的"线性"思维。逻辑思维通常分为形式逻辑思维和辩证逻辑思维。形式逻辑思维又分为归纳思维和演绎思维。

(二) 逻辑思维的基本形式

逻辑思维的基本形式是概念、判断和推理。概念、判断和推理这几个思维形式是互相联系的。概念的形成往往要通过一定的判断和推理过程，判断是肯定或否定概念之间的联系关系,而判断的结论是通过推理获得的。

1. 概　念

概念是人脑对事物的一般特征和本质属性的反映,是在抽象概括的基础上形成的。概念不反映事物的非本质属性,例如,人这一概念只反映人是有思维能力的高等动物,有直立行走等本质属性,而不反映是黑人还是白人,是男人还是女人等非本质属性。概念和词有不可分割的联系。每一个概念都是由于词的抽象性和概括性的刺激作用而在人脑中产生和存在着,并以词的意义或含义的形态在人脑中形成表象和巩固(记忆)下来,也就是说,概念是用词来标志的,每一个词都代表着一个概念。

2. 判　断

判断是指人脑凭借语言的作用,反映事物的情况或事物之间的关系,并通过判断的过程达到某种结果(或结论)。可见判断一词具有两种含义,一种是指人脑产生判断的思维过程;另一种是人脑经过判断过程产生的思想形式。判断是通过肯定或否定来断定事物的。肯定或否定是判断的特殊本质。事物的存在、价值或事物之间的关系,都是通过肯定或否定作出判断的。人在判断的独立性和机敏性方面会表现出很大的个体差异,差异性取决于判断主体的性格、相关知识和经验等。判断可以分为简单判断和复合判断。

3. 推　理

推理就是人脑凭借语言的作用,通过某些判断的分析和综合,以引出新的判断的过程。所引出的新的判断叫作结论。在进行推理的过程中所依据的已有判断称为前提,也就是说已有的概括性认识和有关材料或事实是人在头脑中进行推理时所必须依据的前提,对过去的推断或对未来的预测是人在头脑中经过推理所得到的结论。很多判断都是推理的结果,所以,推理是思维最基本的形式之一。推理可以分为归纳推理和演绎推理。归纳推理是从特殊事例到一般原理,演绎性推理是从一般原理到特殊事例。

(三) 逻辑思维在创新活动中的作用

逻辑思维是人类揭示客观世界的本质和规律的极其重要的思维活动形式。逻辑思维包括形式逻辑思维和辩证逻辑思维。随着科学技术的发展,机械论自然观已为辩证论自然观所取代,辩证逻辑思维,使人们对自然界有了更为深刻的了解。创造、创新活动中,紧张—松弛—紧张的循环,也标示了灵感—顿悟的心理机制。顿悟是紧张思索、"能量"积蓄在松弛期间、潜意识活动中的突发。因此其简单的模式可以归结为积累—突发。积累的过程,正是人们面对问题用已有知识和经验冥思苦想的过程。这一过程不仅有过去的记忆,也有大量针对问题和占有资料的分析、预演、判断、归纳,形成新的形象的过程,因此可以断言,在创造、创新过程中的中间阶段,同样有逻辑思维的不可取代的作用。联系逻辑思维在创造、创新过程中以及其前期和后期的作用,我们可以清楚地认识到,逻辑思维几乎渗透到人类获取所有新理论和新知识的每一个过程。具体说来,逻辑思维在创新活动中的作用有以下几点。

1. 发现问题

发现问题是创新过程的起点,发现问题的方法很多,通过逻辑思维来发现问题是一条重要途径。在现实生活和社会科学领域中,矛盾就是问题,问题本身也蕴涵着矛盾,从某种意义上讲,矛盾与问题是同一的。矛盾在现实中无处不在、无时不有,如理论与理论的矛盾、理论与检验的矛盾、理论与实践的矛盾、需求与现实的矛盾等。要发现矛盾就要对现实进行考察,考察中又会发现新的矛盾。

2. 直接实现创造创新

并非逻辑思维根本就不能创新,有些问题的创造性解决就是直接运用逻辑思维的结果。如毛泽东的《论持久战》,就是通过严密的逻辑思维分析抗日战争发展的基本规律,提出要经过三个阶段才能取得最后的胜利,成为抗日战争的指导思想。

3. 筛选设想

不管采用哪些新思维的方法,都可能提出两种以上的新设想或创新途径,这就需要根据可行性、价值和社会效益等进行筛选。筛选的过程,主要用的就是逻辑思维。对每种设想进行分析、比较,作出判断、决定取舍,这都是逻辑思维的任务。

4. 评价成果或验证结论

创新成果完成之后要进行鉴定或验证,给出正确的评价,评价过程一般要进行逻辑比较,判断其水平;验证也要符合逻辑常规的程序。

二、归纳思维和演绎思维

(一) 归纳思维

人们对客观事物的认识,一般多是从认识个别事物开始的,即先认识一个个单独的对象,然后才能进一步把握其一般规律。归纳思维是一种从若干个同类个别事物或经验知识,概括出一般性认识或结论的思维方法。这种概括常常由部分推论到全体,它能够扩大人们的认识范围,并对已有理论提供一定程度的支持。

归纳思维是根据个别知识概括出一般性知识的思维。这种思维的方法称之为归纳法,这种思维的形式称之为归纳推理。其主要特点如下。

1. 从个别到一般

从个别到一般就是人类由事物的个别知识概括出一般认识的过程。归纳思维所依据的个别性知识可分为两种类型。一类是人们通过观察或实验所获得的关于思维对象自身属性的经验知识;另一类是人们在思维过程中积累起来的关于"方法"若干次使用情况的经验认识。

归纳思维之所以能被人们大量运用,是因为人们的认识总是离不开从若干分散的实际情形到一般性概括的过程。而这种从个别到一般的概括遵循了以下原则:如果大量的情形 A(A_1,A_2,…,A_n)在各种状况下被观察到,而且如果所有这些被观察到的 A 都毫无例外地具有性质 B,那么,所有 A 都有性质 B。这一原则在逻辑学上称为归纳法原则,它是人们进行归纳思维所依据的原理。

2. 从部分到整体

在归纳思维中,从个别性知识得出一般性结论,除了极为有限的完全归纳概括,一般的归纳思维过程都拓展了认识范围,也就是说,结论所断定的范围超出了前提所涉及的范围,即由部分扩展到了全体。正是由于归纳思维突破了前提所断定的范围,人们的思维才能够突破当前情境的局限而扩大了认识领域,并获得新的知识。需要指出的是,归纳思维从部分推论至全体,虽然扩大了认识范围,但其结论不具有必然性。

从上述分析中可以看出,归纳思维是容易发生"以偏概全"的错误的,也就是说,把部分对象所特有的属性,推广到其他对象上,而其他对象又不具有这种属性。因此,在归纳思维中应尽量扩大考察的对象数量及考察范围,注意分析被考察的属性是否为部分对象所特有的,以提高结论的可靠性。

3. 扩展认识范围

归纳思维根据对部分对象的认识推论到该类事物的全体对象,所得出的结论不具有逻辑必然性;但它能弥补人的认识能力的有限性,扩大人的认识范围,拓展知识。应用归纳思维来扩大认识范围、升华知识层次,不仅有其必要性,也有其客观可能性。归纳思维是以同类事物为基础的,是在同类事物范围内的扩大。客观世界中，同类的若干事物，尽管有其特殊性和差异性，但都存在着共性和普遍性，而且共性中还包含有本质属性。如果经验中反映出该类事物的共性，那么所做的推广就有了可靠的基础；如果已知的关于部分对象的经验认识中反映了该类事物的本质属性，那么所做的推广就更可靠。

4. 支持理论原理

理论正确与否是要靠实践活动来检验的。一个理论是怎样得到支持的呢？一般来说，当一个理论（或观点）提出来以后，首先要以该理论为出发点推导出大量可以进行实践检验的事实，这些事实包括该理论所能解释的已知事实以及所能预测的未知事实，然后根据这些事实来支持该理论，说明该理论成立。

归纳思维因其注重个别性事实，它能够利用事实给理论提出支持；同时，因其结论不必具有必然性，因而其提供的理论支持不是充分的，只能是一定程度的支持，即不足以完全证明一个理论。

(二) 演绎思维

演绎思维是一种从一般性知识推演到个别性知识，得出新结论的思维方法。在演绎思维中，一般性知识（如理论性知识、规律性知识等）起着重要作用，它既为人们的思维推演提供依据，也为人们的行为提供规范。思维推演活动既不同于归纳概括，也不同于横向类推，它借助于一般性的理论知识，来推论某类个别性事物所具有的属性。

思维推演中所依据的理论知识，是相对于经验而言的，它是以全称命题形式表述的关于概括经验事实共性的经验定律和反映事物间普遍性的理论原理。理论性知识都概括了一类事物的普遍性特征或普遍性规律，它涵盖了该类所有个体的共同性，因而适用所有个体事物。理论性知识为人们推断它所涉及的具体经验事实提供了依据。

理论性知识具有普遍性特征，因而具有规范和指导作用。在一切政治、经济活动中，政策法则为人们提供了规范和指导性政策，是创新活动中必须遵守的原则。

1. 演绎思维的特点

(1) 从普遍性到特殊性。演绎一词来自拉丁文 *deductio*（引申），后来它泛指从一般到个别的推论，即以某些一般性（普遍性）的知识为前提，推出个别性（特殊性）知识的结论。

（2）结论受到前提的严格限制。所谓结论受到前提的严格限制，就是演绎思维从一类事物理论到该类的部分对象，结论所断定的范围决不会超出前提所断定的范围。

（3）推断的必然性。演绎思维从一般到特殊，结论所断定的范围不超出前提所断定的范围，结论也就被前提所蕴含，即前提与结论有必然性联系。真前提必然能推出真结论。前提与结论这种必然联系或称作结论的必然性是就其逻辑形式而言的，而不是指结论的真实性。结论真实性，既依赖逻辑形式的正确又依靠于前提的真实。

（4）深化认知领域。演绎思维因从一般到特殊，可以依据客观事物联系的普遍性和层次性，进行层层递进的连锁推导，从而不断深化认知领域，也为创造扩展了途径。

2. 演绎思维的方法

从一般推导特殊的演绎思维，有多种具体方法和形式，大致可分为直接推理、三段论推理、假言推理、选言推理等。演绎思维结合科学探索活动的思维实际，还有演绎解释法、演绎预测法、演绎论证法和公理证明法。下面仅介绍几种常用的基本方法。

（1）三段论法。三段论法是指从两个含有一个共同性质（概念）的判断推出一个新的性质（结论）判断的演绎推理方法，例如：

所有抗日英雄都是参加过抗日战争的。

马本斋是抗日英雄。

所以，马本斋是参加过抗日战争的。

在这里，前两个都是性质判断（断定事物具有某种性质），其中都包含着一个共同项，通过两个共同项的判断，推出一个新的性质判断。三段论法可用以下形式表示：

所有 M 是 P

S 是 M

所以，S 是 P

应用三段论法时应遵守以下几项原则：首先，两项前提中的共同项应是同一个概念，防止同一词语不是表达同一概念，而引起判断模糊或错误，例如，"群众是真正的英雄；某人是群众；某人是真正的英雄。"这里的两个群众就不是同一概念，因而也就不能判断某人一定是真正的英雄。其次，两前提中的共同项（中项）至少周延一次。再次，前提中尚未断定一类事物全部对象的项，在结论中不得扩大。最后，结论否定，当且仅当两前提有一否定。

（2）假言推理。假言推理是根据假言判断所断定的前后条件的逻辑关系而进行的推理。这里的假言判断是断定一事物情况（称为前件或大前提）是另一事物情况（称为后件或小前提）的条件的判断。而前件与后件的条件关系，有充分条件、必要条件和充分必要条件三种。假言推理就是根据不同前后条件的逻辑关系（条件关系）来进行的。假言推理也是确实可靠的推理。

（3）选言推理。选言推理是以断定若干个可能情况的选言判断作为前提，并依据选言判断的逻辑特征来进行的推理。常见的选言推理是前提中断定了若干事物的可能情况并且排除了其中部分情况，结论中断定未被排除的其他情况的存在。在实际运用中，假言推理与选言推理也常常结合在一起使用。选言推理，可用以下公式表示：

或者 A，或者 B，或者 C

非 C

所以，A　B

运用选言推理应注意以下问题：第一，前提应穷尽有关事物的所有可能情况，以确保至少有一种情况存在，否则推出的结论不一定是存在的，如"二人对弈，甲未赢"，就不能推出甲输了的结论，因为可能为平局。第二，运用选言推理，还要注意前提中选言判断所反映的若干可能是否可兼容。如果它们是可兼容的，那么不能肯定一部分而否定另一部分。例如，某案件有两个嫌疑人甲与乙，现已查明甲作了案，但不能必然推出乙一定没作案。

三、分析与综合思维方法

分析思维与综合思维是形式逻辑和辩证逻辑思维共同研究的方法。在形式逻辑思维中只是作为处理一般经验材料的方法进行探讨的，矛盾分析思维法则是辩证逻辑思维中研究的重要问题。

（一）分析思维

分析就是人们在思维活动中，把研究对象由统一整体分解为各个组成部分、各个方面或独立特征的要素，并对它的各个组成部分或各种要素分别进行研究，揭示出它们的属性和本质，也即从未知追溯至已知的思维方法和研究方法,简称分析,也称分析思维或分析方法。

任何一个客观事物都是由各个部分或各种要素组成的复杂的有机整体,同时任何事物都构成一个独立系统,它们通过自身的运动、变化和发展过程中所表现出来的各种各样的现象表现出来。同时,任何一个客观事物或现象又与其他事物或现象处于相互联系之中。对于呈现在人们面前的复杂的、有机整体的自然事物或现象,仅凭直观是无法认识它们的各种特殊的属性和本质的,也更无法认识它们的根本属性和规律。因此,为了从总体上揭示和把握研究对象的性质及其规律性,首先必须了解复杂事物的各个部分或各种要素的性质和特点,也就是分析各种矛盾及矛盾各个方面的特殊性。

运用分析的思维方法研究事物,必须把被考察的事物的各个组成部分或组成要素在思维过程中暂时从总体中抽取出来,抛开无关紧要的因素和相关影响,以对各部分或要素的单独作用进行深入的研究。

分析的任务就是对事物的各个部分或要素进行研究,了解研究对象的属性和本质,并使人们对事物有比较清晰的认识,为进一步把握揭示事物总体的性质与规律奠定基础。分析的初期目标是要考察研究对象的各组成部分或要素,在运动变化中各自的地位、所起的作用以及它们之间的相关联系与制约关系,为进一步寻求判断事物各种属性的基础"情报资源"提供前提条件。

分析方法的基本特点有以下两点:第一,暂时的分割,孤立地进行研究,变整体为部分、变复杂为简单、化难为易,加深对事物的理解和掌握;第二,深入事物或现象的内部,了解和掌握各个细节,揭示内部的各个方面、各个因素的本质。

从不同的角度看分析的种类,有多种形式,其侧重点也各不相同,具体说来有以下三种分类方法。

第一种,从分析要达到目的来看,可分为定性分析与定量分析。定性分析是择取对象的某种特定性质,确定对象的某种特征,使之与其他事物区别开来,也可以说,定性分析主要解决有没有的问题;定量分析则是为了确定对象的各种要素,如成分的数量、规模、大小、速度等。也就是说,定量分析要解决的是有多少的问题。

第二种,从分析方向来看,可分为单向分析、双向分析及矛盾分析。单向分析,即分析事物的影响和作用,研究单向因果联系。双向分析,即不仅分析单向因果联系,而且分析作为结果的现象是否反过来对于原因产生作用,是研究双向因果联系。矛盾分析,则是专门研究具有对立统一关系的事物，对其矛盾着的各个方面加以对比，以便把握对立双方的性质、数量和相互关系。

第三种，从分析的客观对象来看，可分为要素分析和结构分析。要素分析即分析构成对象整体的各个要素成分或方面。结构分析主要是分析各要素间的关系，如因果关系、互动关系、反馈关系等，是把握构成对象的基本手段。

分析方法着眼于研究对象内部的各个细节，因此有助于分辨真相和假象，以及哪些是无关的因素，从而可以摆脱假象和无关因素的影响。使用分析方法可以透过事物的现象去研究其组成部分的结构、特点和属性，掌握它们的相互关系及作用方式，进一步认识研究对象的性质与规律。

应当指出，分析方法主要着眼于局部的研究和分割孤立的考察，容易忽视事物间的有机联系，因此，在工作中必须对此问题予以充分注意。

（二）综合方法

1. 概　述

综合一词有多种解释。从创造性思维角度出发，综合可以被理解为是一种以问题为中心，按一定的规律和模式有序地组织材料和整合材料的思维方法。

综合方法就是在分析的基础上，通过科学的概括或总结，在思维中把研究对象的各个组成部分或各种要素，再组合成有机整体。它是从整体上揭示和把握事物性质和根本规律的科学思维方法和研究方法，从已知引导到未知、从局部引导到全局。

综合思维是通过对所得到的与某个问题、任务、计划相关的全部认识加以比较、分析、组合、归纳、类比，从总体上、宏观上透视找出各要素、各部分、各层次之间的内在联系，按一定的方式和要求予以整合，使之形成整体性、系统性的认识。

综合的任务和目的在于它不是局部创新的叠加，而是对局部创新的扬弃，是从有机整体上揭示和把握研究对象的根本性质和根本规律，变局部的合理性为总体或全局的合理性，以解决生产实践、科学实验或人们日常生活中所提出的需要解决的问题。

对于复杂的事物对象，综合思维还必须注意到综合的多元性、层次性和复杂性，综合是一个复杂的历史过程，也是一个不断更新的过程。

2. 综合的作用

第一，综合是研究领域贯穿始终的基本思维方式或方法。随着研究工作的发展，每个学科领域都形成自身完备的系统，系统内部的各个组成部分（分支）是彼此联系、相互制约的，具有历史性、现实性和未来发展的内在联系。随着横断科学的发展，一个学科领域又与多个学科领域产生更为广泛的联系，构成了更大的系统。因此，对这些学科的研究必须以系统综合的观点为指导，用综合的方法解决问题。

第二，综合是对多种思维结果的扬弃。在创新活动中，广泛运用发散思维、类比思维、直觉、想象等思维形式和方法进行思考，思考过程多半是以具体问题为诱导，所产生的思想观念往往是局部的、分立的、"就事论事"的，由于缺少系统的、全局的指导，因而可能是不完全的、不精确的，是针对特殊矛盾而产生的，有时彼此是相互对立的，这一切都必须以整体观念用综合方法去粗取精、去伪存真进行合理的有机合成。

第三，运用综合方法有助于克服分析方法的局限性。分析方法是对局部认识，而非最终的目的，它是探索自然奥秘过程中所采取的一种手段和环节，是为综合做准备的；综合则是对分析结果进一步的理性认识，是在分析基础上的科学组合和扬弃。

第四，运用综合方法弥补演绎法的不足。演绎法在从一般推理导出个别事物的属性时，无法反映具体事物属性的多样性。综合是在分析研究具体实践中积累起来的丰富而真实经验材料的基础上进行的，它得出的一般性结论能够反映出研究对象的多样性本质，因而，所得出的一般性结论比较全面，也更可靠，从而弥补了演绎法的不足之处。

3. 分析与综合的辩证关系

分析综合就是对立统一，既区别又相联系，不可分割。

分析与综合的区别：分析是理论思维把研究对象分解为各个部分并加以研究的方法，它是化整体为部分，化整体为单元，由未知追溯到已知；而综合则是理论思维变部分为有机联系的统一整体，化单元为整体，由已知引导到未知。

分析与综合又是统一的、相互联系、相互依存的，两者有着不可分割的切实联系，主要表现在以下几个方面。

（1）分析是综合的基础。要使研究的结果能够正确地反映事物多样性的统一，就必须以客观事物多样性的统一为基础。人们研究事物，一般是先分析、后综合，这就是说，正确的综合必须是先分析研究对象多样性同内部各个方面的本质及各种因素的特点，而后进行综合。问题是一种表象，而问题的实质是事物内部的矛盾，解决矛盾才是解决问题的根本。矛盾是由事物内部各个方面本质和特点在事物内部各个部分相互联系与作用的内因，因而只有了解事物内部的联系并进行周密分析，才能使问题的"面貌"明晰地呈现出来，才能做综合工作，全面地了解整体的特性与规律，从而达到解决问题的目的。从以上分析可看出，分析是综合的基础，没有分析也就没有综合的前提。恩格斯精辟地指出："思维既把相互联系的要素联合为一个统一体，同样也把意识的对象分解为它们的要素。没有分析就没有综合。"上述论断也反映了分析是综合的基础这一辩证关系。

（2）综合是分析的完善和发展。分析本身不是科学研究的最终目的，而只是认识事物的一种手段，分析本身也有一定的局限性。因此，对事物或现象的研究和认识，还必须进一步深入，通过综合，以便揭示出研究对象最根本的性质和规律。

（3）分析与综合矛盾双方在一定条件下可以相互转化。分析与综合在统一认识过程中，各自行使与这一总的认识过程一定阶段相适应的职能。在认识过程前期，分析是矛盾的主要方面；在认识过程的后期，当对研究对象的分析已达到一定程度，对研究各个方面的本质有了充分的认识，积累了一定的经验和科学事实之后，分析便转化为综合而成为主要矛盾。当综合得到一般原理、结论，并以此去分析未知的客观事物或现象，则分析又转化为主要矛盾，而综合又降为次要矛盾。这种螺旋式的循环往复，使人们对客观事物的认识不断地扩大和加深。

在自然科学中，人们对客观事物的认识，就是一个不断分析和不断综合的辩证发展过程，可以概括为"分析—综合—再分析—再综合……"的不断深化的发展程式。

综上所述，分析与综合是对立统一关系，是相辅相成的两种思维和研究方法。只有从对立统一关系去认识分析方法，才能深刻理解把两者结合起来的重要意义。

第三节 "大思政课"教师需要掌握的创新及教学方法

创新是人类实践发展的重要推动力量，因此，掌握适合在教育实践活动中使用的创新方法及其他现代教学方法十分必要。

伟大的古代科学家阿基米德曾经说了一句令人振奋并被广为传颂的名言："给我一个支点，我将撑起整个地球！"千百年来，人们在学习杠杆原理的同时，都被阿基米德的豪气所感动。当我们仔细分析阿基米德的观点就会发现，这只是对某种理论观点形象而夸张的描述而已。因为，即便阿基米德是他所在的那个时代的举重冠军，他的力气仍然是十分有限；支点能否找到暂且不论，就算找到了支点，如何制造一支足够长且足够坚固的供阿基米德使用的杠杆是更大的难题。现实生活中，人们要解决实际问题，关注的只能是解决问题的结果，而不是那些理论上可行，而现实中无法实现的理论方法。

按照美国加利福尼亚州立大学教授吉尔福特（J. P. Guilford）提出的思维分类法，思维可分为发散思维（divergent thinking）和收敛思维（convergent thinking）。因此，我们就沿着这一思路把创造技法分为扩散发现技法和综合集中技法。

扩散发现技法的主要作用是寻找问题所在，然后提出设想。部分技法要求使用者掌握工程技术知识，学生可能没有这些知识，但是，掌握一些对于技术知识要求不高的技法还是很有意义的。适合所有"大思政课"教师掌握的扩散发现技法主要有如下几类：思维激励技法、联想技法、类比法。

综合集中技法的主要作用是收集情报，或用于按照顺序来解决问题。比较典型的综合集中技法主要有如下两类：收集资料和依靠预测能力解决问题。由于收集资料方法教师都已经熟练掌握，下面将分别介绍"大思政课"教师需要掌握的其他几种创新教育方法以及可以在"大思政课"教学中使用的体验式学习方法。

一、思维激励技法

人是创造主体，也是有血有肉有感情的认识主体，许多细微的心理活动影响着主体的创造活动的结果。创造是外部心理环境与主体心理体验相互影响的过程。好的心理环境使碰撞产生新的火花，不好的心理环境使创造的火花熄灭，这就是创造心理场效应问题。创造技法中除了含有促进思维创造的机制，还存在促进创造心理环境优化的机制。典型的改变创造心理环境的技法就是思维激励法。

思维激励法，主要通过类比、相似和相反这三种联想来提出设想，实现激励思考者、促进思维开阔的目的。比较典型的思维激励技法是头脑风暴法。

（一）头脑风暴法

1. 头脑风暴法概述

头脑风暴（brainstorming）英文原意是"突发性的精神错乱"。该技法的发明者 A. F. 奥斯本（Alex. F. Osborn）是美国大型广告公司 BBDO（Batten Barton Durstine and Osborn）的创始人，他在介绍该技法的命名过程时写道："1939 年，在我当时担任经理的公司里，首先采用了有组织地提建议的方法。最初的参加者把它叫作闪电构思会议。这一名称相当确切。因为，在这种场合所说的闪电构思是针对突击解决独创性问题需要开动脑筋而言的。这就是说，每一个人都要像突击队员那样勇敢地向共同的目标突进。"

头脑风暴这个名称最初是为集体举行献计献策会议而制定的。其后，由于人们发现，应用相同的原则和规则，即使是在单独发想的时候，它也十分有效，于是，在集体发想以外的场合，也使用头脑风暴这个名称。奥斯本从广告界隐退后，在美国纽约州的布法罗创立了创造教育基金会（Creative Education Foundation），并成为该基金会的理事长，献身于创造教育事业，把头脑风暴当作创造教育体系中的一个部分，并且对创造技法的本质进行了研究。奥斯本去世后，布法罗大学的 S. 帕内斯伯教授继续进行研究和教育实践活动。他将"头脑风暴"阐述为"为避免语义上的混乱，应提出延迟判断（在解决问题的设想探索阶段要延迟判断）这一基本原则。集体遵循这一原则时的过程就叫作头脑风暴"。

2. 头脑风暴法的基本特征

头脑风暴法有两个基本特征：一是延迟判断（deferred judgment），是指在提出设想阶段，只专心提出设想而不进行评价。二是量变引起质变。据奥斯本在他的论述中指出，在同一时间内思考出多达两倍设想的人，可以产生两倍以上的好设想，并且，即使是在同一献计献策会议中，后半期也可以产生多达 78% 的好设想。由此可见，该原则不仅是概率论方面的问题，还是显示出量变产生质变的问题。

3. 头脑风暴法的基本规则

在进行头脑风暴时，还必须遵循四条基本规则。这四条基本规则是两个基本特征的具体化，其他附加的规则可以根据具体情况而相应地发生变化。正因为这四条规则是基本原则的具体化，所以，违反这些规则的就不能称为头脑风暴，并且也无法得到头脑风暴所能产生的效果。

这四条基本规则：第一，不做任何有关优缺点的评价。如果对某人的设想提出疑问，那么，这个人往往会保持自己的设想，而不去考虑新的更好的设想。第二，欢迎"自由奔放"。这样可以开拓通往独创性设想的道路，同时要进行自我控制，不要说废话，以免浪费过多的时间。贯彻这一原则，一方面，要防止会上出现那些束缚人思考的扼杀性语句，如"这不可能""这根本行不通""真是异想天开"等,同时,也要禁止赞扬溢美之词的出现,如"妙极了""你这个想法简直绝了";另一方面,一些自我扼杀的,即自谦的语言也要避免,如"我的想法不一定对,请大家指正""我提一个不成熟的想法,目的在于抛砖引玉",这种自谦之语虽然没有直接压制别人的意思,但与会议活跃、热情、畅所欲言的气氛不协调,会影响别人敢想敢说的情绪。此外,主持人对每个人所提设想的评价,如"挺好""不错",以及他的目光、神情所流露的肯定或否定态度,都会不同程度地起到扼杀设想的作用。第三,追求设想的数量。这是基本原则的直接应用。第四,鼓励巧妙地利用或改善他人的设想,对已经产生的设想进行综合和修正,可以不断地引申出好设想来。

4. 头脑风暴行之有效的原因

头脑风暴能行之有效,主要有五条原因:第一,根据禁止批评的规则,消除了过去妨碍自由想象的各种清规戒律,这一点在四条基本规则的前两项中得到了双重的保障。第二,让过去从各自的专业角度参加献计献策会议的成员,站在怀有共同目标的同一立场上提出设想。这一点可以由基本规则的后两项来体现。第三,在开会时带动气氛,使会议轻松愉快。第四,把他人的设想加以综合和修正,造成敢于打破清规戒律的局面,因此,通过综合而进行设想就变得轻而易举了。第五,如能理解规则(排除心理障碍自当别论),那么,在技术上就不会感到太难。

5. 使用头脑风暴的注意事项

头脑风暴的成功或失败在很大程度上取决于领导者是否掌握会议的方法。领导者应当特别注意:第一,必须彻底地实行四项规则。第二,必须注意保持会上的活跃气氛。第三,必须注意让全体成员都能很好地参加。既要深化头脑风暴的经验,又要充分掌握问题的性质。要事先准备好问题性质的检核表,当会议将要偏离方向的时候,主持人要委婉地示意引导。

6. 使用头脑风暴的步骤

第一阶段,准备阶段。准备阶段要选择主持人,理想的主持人应对此法的运用和要解决的问题熟悉,能在必要时恰当地启发和引导大家。

第二阶段,会议人员遴选与会议筹备。参加头脑风暴法会议的人数以5~10人为宜。可根据待解决问题的性质确定人员。人员遴选的原则:专业构成合理,但不宜有很多专家。专家过多容易在头脑风暴过程中发生评论的现象,影响自由思考。多数是熟悉专业和有经验的内行,少数是来自其他专业的"外行";成员之间的知识水平和职务不应相差太悬殊;成员之间年龄差异不宜过大；注意选择对问题有实践经验的人，这对提高会议的效果有益。

指定人员负责做会议记录，记录人员要把会上提出的设想全部写下来。会议的记录最好有两名记录人员同时记录，以保障会议的顺利进行。主持人自己也可以承担记录工作。

会议参加者提出的设想是供改进的素材，必须放在全体参加者都能看得到的地方，所以，要把纸张挂在大画架上，或者将质地较好的纸贴在墙壁上，也可以写在黑板上，不过这要另外有人同时做记录，当然还可以用录像机录像。记录时一定要对提出的设想标好序号。

应选择安静的开会地点，要讨论的题目由主持人在会议的两三天前通知参加人员。同时要加以必要说明，以便于参加人员搜集相关资料和把握正确方向。指定课题的范围不宜过宽，使参加人员能够朝着同一目标集中努力。

例如，会议主题为"新颖电扇的构思"，则可进行如下提示：从外观上考虑，赋予奇特、典雅或豪华的新设计；从方便上考虑，使装拆、收藏、维修等简便，能控制或自动控制；从价廉物美上考虑，如节电、采用新材料、工艺上的改进；从增加辅助功能考虑，能否更富装饰性，兼有照明功能，能产生香味等；从保健角度考虑，模拟自然风，使风的方向、速度均可自动变化，让人体更感舒服。

如果由委托人直接向头脑风暴的参加者解释题目时，在解释完应当离席，完全听凭头脑风暴小组自行处理。

第三阶段，热身活动。为了让与会者尽快进入角色，减少会议中僵局冷场的时间，制造轻松的气氛很重要。可播放音乐或放些糖果、茶水等，使与会者放松心情。之后，主持人便可提出一个与讨论课题对象无关的简单而有趣的问题，以激活与会者大脑的思维。比如讨论"如何纠正孩子迷恋上网的习惯？""如果出差到了一个陌生的城市丢了钱怎么办？"之类的既与会议议题无关又需发挥想象力的问题。待与会者全都积极地投入进来，气氛亦活跃起来了，主持人便可调转话题，切入正题。

第四阶段，明确问题。主持人首先向与会者简明扼要地介绍所要解决的问题，之后，可让与会者简单讨论一下，以取得对问题的一致理解。在这一过程中，把准备好的设想提完，再进一步地把来自经验的想法也全部提出。从这阶段开始就要按照适用、调整等原则提出新的设想。然后，重新叙述问题，即改变对问题的表述方式。目的是加深对问题实质的了解，使问题的重要方面不致被遗漏。同时，启发多种解题思路，为提出设想做准备。在此要鼓励与会者从多方面、多角度去审视问题,然后对每一方面都用"怎样……"语句来表述。例如,假定要解决的问题是如何增加某商场的营业额,则可重新叙述如下:怎样降低成本?怎样扩大货源?怎样战胜竞争者?怎样做广告宣传?怎样完善售后服务?怎样推销高档或滞销商品?等等。这些新的提问方式,要由记录员记下,按顺序编号,并置于醒目的地方,让与会者随时从中受到启发,全面思考。在这一阶段,要注意两点:一是不要急于提出设想,二是应鼓励与会者尽可能多地对问题提出重新叙述形式。

第五阶段,自由畅谈。这是头脑风暴法的核心步骤。要求与会者突破种种思维羁绊,克服种种心理障碍,任思维自由驰骋。应借助与会者之间的知识互补、信息刺激和热情感染,并通过联想和想象等思维形式提出大量创造性设想。

第六阶段,加工整理。会议提出的解题设想大都未经仔细斟酌,也未作出认真评价,须加工整理使之完善才有实用价值。首先,增加设想。会议的第二天,主持人应及时收集与会者在会后产生的新设想。因为通过会后的休息,思路往往会有新的转换或发展,又能提出一些有价值的设想。例如,有的会议提出了100余条设想,第二天又增补了20余条,其中有4条设想比头一天提出的所有设想都更有实用价值。其次,评价筛选。先提出评价标准,诸如新颖性要求、实施条件要求、经济条件限制、市场需求等,然后可把设想分为三类:实用性设想(目前技术手段可实现的设想)、幻想性设想(目前技术手段无法实现的设想)、平凡及重复的设想。最后,形成最佳方案。将被筛选出来的少数方案逐一进行推敲斟酌,发展完善,分析比较,选出最佳方案,或将几个方案的优点组合成最佳方案。

当然,头脑风暴法的程序不是一成不变的,实施时可根据具体情况而有所变化。

(二)头脑风暴法的改进技法

头脑风暴在解决问题方面被广泛应用于各领域。在不同的国家和地区,头脑风暴被因地制宜地改造,形成了如下几种技法。

1. 菲利浦斯66法

这个技法是美国密歇根州希尔斯代尔学院校长菲利浦斯研究提出的。由于这个方法是把大团体分成每6人一个小组,只讨论(智力激励)6分钟的时间,所以就冠以他的名字被叫作"菲利浦斯66法"。

有一次,菲利浦斯在德特罗伊特某制造公司演讲,听众有80人,演讲题目是《独创性的思考方法》。正在演讲时，他突然灵机一动，提出了"黑板擦应当怎样改进"的问题，把听众分为6个小组，进行了6分钟的智力激励会。结果是令人感到吃惊：有的组提出把黑板擦底部改用海绵橡胶来制作，以防粉笔末飞扬；有的组提出把黑板擦芯子设法改换一下；还有的组提出疑问说："为什么不能在黑板擦上安个像熨斗那样的把手呢？"另一个组受到这个疑问的启发，便提出了"制造熨斗形黑板擦"的创造性设想。

菲利浦斯由于一瞬间的主意而举行的智力激励会，仅在6分钟后，就出现了大量具有实用价值的黑板擦改进方案。据说有些方案已被具体实行，在这次演讲后不久，市场上就出现了改进后的黑板擦。

这种分组讨论的做法还产生了其他有利条件。由于各小组在一个大会场上同时实行智力激励，在小组之间产生出一种抗衡意识，使参加者的积极性提高了，人人热烈发言，各自闪现思想火花，会议能够收到良好的效果。

菲利浦斯66法，主要按以下步骤进行：①确定主题。②把大团体分为6～10人的小组。③各组设一名主持人（兼记录），分别举行智力激励会议。④时间6～10分钟。⑤各组作出结论，汇报结果。⑥全体参加人员根据汇报进行讨论，或评价设想。

2. "635法"

"635法"是头脑风暴法被德国引进后，经研究改变了其形态的一种技法。德国人的国民性决定了他们习惯于逻辑性强、有步骤的思维方法，而对于许多人吵吵嚷嚷地开展自由联想的头脑风暴会议，似乎稍有抵触。因此，"635法"既不妨碍别人发言，自己也不需要发言，是一种吸取了头脑风暴法长处的设想法。它的命名来源于以下过程的重复：6人参加，每人提3条设想，在5分钟内完成。

"635法"通常按以下步骤进行：参加者为6人（6人比较理想，但也可以不是6人）。每人面前放一张专用于填写设想的纸。纸张是八开横格，上面标有1、2、3号码，并留有较大空白。每条设想写3行。这当然也可用其他纸张代替。每人必须在自己面前的纸上写出3条设想，而且在5分钟内完成。但事前出题人必须把课题告诉大家，把所有疑问都弄清楚。5分钟后，每人把自己面前的纸按顺时针顺序传给邻座，在下一个5分钟内，每人在传到自己面前的纸上填写3条设想。这样30分钟6次为一个循环，可产生108条设想。

"635法"与头脑风暴法类似之点是同样要遵守四项规则。严禁批评，由于都不作声所以完全不存在这个问题。同样也是自由奔放。从提出的设想越多越好这点来说，30分钟108条设想是不算少的。与其在智力激励会议上不可能几个人同时发言的情形相比，这种6人同时作业的方式，也许可以说是一种强度更大的设想法。在结合与改进他人意见这一点上，由于传到自己面前的纸上就写有他人意见供做参考，同样的可以进行结合与改进。

与头脑风暴法不同之处，最主要的是默不作声。这种方式，可以改变一些人因为地位不同或性格懦弱不敢发言的现状，对于性格内向的人，以及更关注秩序的东方民族更有意义。

3. 是否也许法

新产生的设想，有的很粗糙，有的考虑不周，而最后往往是由最年长、最具权威的人作出决断。久而久之，大家就形成了一个误解，即提出设想不如下判断重要。为了避免在产生设想时过早下判断，可采用是否也许法。其中，"是"意为同意；"否"意为不同意；"也许"意为对事物暂不判断，并创造性地对待它。

是否也许法，即对任何陈述都暂不做"是"和"否"的判断，并以创造性的态度对待它。这一方法，就是头脑风暴法中延迟判断观点的体现。

每一种审慎的创造技巧，都要求对一开始提出的初步设想推迟做最后的判断。没有批评和判断，就不可能挑选出最佳的设想，聪明才智就会被挥霍浪费掉，无法用在刀刃上。在解决问题的过程中，是应该给批评留出余地的。但更重要的是，应该给任何一种意见留有申辩的机会。一边鼓励畅所欲言，一边又横加批评指责，就等于原地踏步，等于一边加大油门，一边踩刹车，那样就永远无法赶超先进水平。

创造性方法的关键在于，当你试图产生新思想、新起点时，应推迟判断。在没有充分考虑你所能想出的尽可能多的观念之前，切莫阻塞向各种观念开放的道路，切莫随意将某种观念拒之于千里之外，切莫作茧自缚，把全部希望放在某一种观念上。

某苹果商人在报上看到这样一个笑话。一群小孩在比谁爬树快。一个说，我光着脚丫爬得快；另一个说，我坐直升机从云梯往下落；还有一个说，在树小的时候，我就直接坐在上面，等树长大后，自然我就坐在上面了。这个商人对此并未觉得可笑，而是采取了"也许"的态度。它在苹果还是青的时候，就在苹果上贴上各种各样的吉祥字。待苹果成熟后揭去这些字，字迹自然留在了苹果上。结果，他生产的苹果身价倍增。"也许"是有意不加判断，而不是无力进行判断。因此，在解决问题的初期，有意使用"也许"是很有用的。

用"是"或"否"的态度判断"有电灯就得有开关",只能得到一个"是"的结论就结束了。因为这几乎是常识。但是,如果用"也许"的态度,不急于判断会怎样呢?普罗克特—甘布尔销售公司的一个排除小组成员,就对在一个待建仓库中安装电灯开关的计划提出异议,主张取消电灯开关。他们认为,如果让电灯一直亮着,一年的电费支出约为300美元。如果安装开关,随手关灯,从节电的角度来看,一年可以省150美元,但开关本身得花去7200美元。就是说,50年节省下来的电费才能抵得上开关的成本。就这样,他们从兴建仓库的计划中排除了电灯开关的支出,从而节约了开支。如果再考虑维修的方便性和平衡开支的方法,所有的灯可以只用一个开关,也可以收到另一个意想不到的效果。

4. 快速思考法

快速思考法是一种用于会议的集体思考法。美国 ATT 公司(美国电信电话公司)的营业负责董事麦克因基,不满意过去会议的开法,觉得既花费时间,又得不到有效的提案和措施,因而研究出这个技法。

它的特点是选出参加成员的办法。一是规定参加成员必须是实际业务经验丰富的企业中层管理人员。二是规定成员人数5~6人,但其中不得包含上级与部下,以免因上下级关系而影响自由发言。三是参加成员必须对讨论的课题不具备专门知识,其目的是不受任何限制地进行设想。因为从专家的固定观念中很难产生最佳的创造设想。

从上述选拔成员的条件可以看出,这个技法是要使会议处于一种非常融洽的气氛,参加成员不为固定观念所束缚,而又具有丰富的实际业务经验,这样的会议其结果必然是成功的。

为实现这个目的,做好周密准备、创造良好气氛是十分必要的,同时这也是这个技法的一个特点。开会日期和时间的安排也应当充分注意。要排除那种心理上不安定的日子,在星期日或节假日的前一天和第二天都不宜开会。会议时间最好定在一天中情绪比较安定的上午,不要超过两小时。要趁着思维清晰的时候迅速进行,这是最要紧的。

会议不设主席或领导人,只有1名工作人员掌握会议的进程并负责记录,以不妨碍成员毫无拘束地进行设想。

使用快速思考法的要求:第一,无论是什么样的设想都可按照自己所想的那样去讲;第二,所想到的设想,用什么方法去实现(解决问题的方法),可以不必考虑;第三,对提出的设想不需要进行细节上的说明;第四,对提出的设想一律不得批评;第五,对最后结论不需要负责。

二、联想技法

某一位经营者在国道边开了一个饭店,但开业以后并不景气,眼看着众多车辆过去,却很少有人光顾饭店。他就思考为什么自己提供物美价廉的餐饮却并不能招揽顾客。后来他换了一个方位和着眼点,在饭店旁建起一个很好的厕所,并做了一个很醒目的标志。这样,许多司机为了方便而停下车,同时也光顾了饭店。

从这个案例中可以发现,正是饭店老板在转换思维角度的基础上大胆地展开了联想,才解决了问题。因此,提高人的联想能力是十分重要的,典型的联想技法有如下几种。

(一) 检核表法

当思考某一问题时,为了不漏掉要点便于逐项检查核对而做成的表,就是检核表。例如,出外旅行时,事先准备一个携带物品明细表,临出发前进行一番检查核对。使用检核表同样可以提出创造设想和解决问题。在进行创造性设想时,检核表法是个很有效的方法。典型的检核表法有奥斯本检核表法、特性列举法和扩大功能法。

1. 奥斯本检核表法

迄今为止所有的检核表法中最著名的是奥斯本最早使用的方法,即奥斯本检核表法,这种方法对于指导学生开展课外活动进行"小发明"很有效。奥斯本检核表法主要选择9个项目作为检核表的核心,具体如下。

(1) 有无其他用途?具体包括:按原有现状有无新的用途?改革后有无其他用途?

(2) 能否应用?具体包括:有无与此相似的其他东西?能否启发出其他创造设想?有无与过去相似的东西?能否仿效什么?能否应用他人的成功经验?

(3) 能否修改?具体包括:有什么新主意?意义、颜色、活动、音响、香味、式样、形状等能否改变?能否进行其他改变?

(4) 能否扩大?具体包括:能否增加什么?时间、频度、强度、高度、长度、厚度、附加价值、材料等能否增加?能否复制?能否扩张?

(5) 能否缩小?具体包括:能否减少什么?能否再小点?能否浓缩?能否微型化?能否再低些?能否再短些?能否再轻些?能否省略?能否改流线型?能否分割化小?能否采取内装?

（6）能否代用？具体包括：谁能代用？什么能够代用？能否用其他材料代替？能否用其他原料代替？能否用其他制造工艺代替？能否用其他动力代替？能否用于其他场所？能否用其他方法？能否用其他颜色？

（7）能否重新调整？具体包括：可否改换元件？能否用其他的型号？能否用其他设计方案？能否用其他顺序？能否倒置因果？能否改变速度？能否改变程序？

（8）能否颠倒过来？具体包括：可否变换正负？颠倒会怎样？能否使它向后？能否上下翻转？能否反向的作用？能否更换形状？能否转动工作台？能否同其他的设置相向？

（9）能否组合？具体包括：混成品、合金、成套东西是否统一协调？单位、部分能否组合？目的能否综合？主张能否综合？创造设想能综合？

2. 特性列举法

特性列举法是美国内布拉斯加大学克拉福德教授所提倡的捕捉问题的分析方法。特性列举法是把"问题越缩小越容易产生创造性设想"以及"各种物件（产品部件）中都有它自己的特性"这两个观点加以组合而研究出来的创造技法。

运用特性列举法，首先要按照名词特性、动词特性、形容词特性对物体的特性进行分类。例如，想要改进一辆汽车时，就可以用特性列举法把汽车分成各种部件来考虑：发动机怎样？底盘怎样？轮胎怎样？车身怎样？设计怎样？速度怎样？这样把问题中心尽量集中到很小的一点上，然后再分别逐个地研究改进办法，这是一种非常有效的思考方法。

下面以改进烟灰缸为例。

第一步，把烟灰缸特性，分名词特性、形容词特性、动词特性三类连续列举出来。当特性列举到一定程度时，按以下两个观点进行整理：第一，内容重复的合成一个；第二，互相矛盾的意见统一到某一个方面。这样，烟灰缸的性质就体现出来了：坚固的、小的、轻的、可作纪念品、容易损坏、不燃烧、材料为金属（玻璃、木、纸、陶瓷等）、不一定用烟灰缸、用烟盒也可以代替烟灰缸、容易把烟蒂丢入、有凹处用于放未吸完的烟、可用作装饰、底部无孔、易清理、易引起火灾、烟灰缸上放烟的地方容易出水珠……

第二步，在此基础上，按各种特性分类。名词特性：材料是金属（玻璃、木、纸、陶瓷等）。形容词特性：坚固的、有凹处、小的、底部无孔、轻的、易清理、容易损坏、易引起火灾、不燃烧、容易出水珠、容易把烟蒂丢入。动词特性：当纪念品、有替代性、可用作装饰。经过如上分类整理之后,再想想每种特性有无遗漏。如有新的,就追加上去。例如,动词特性方面可追加:熄灭烟火、处理烟蒂……

第三步,对每个分类中所列举项目的性质,或者加以利用,或者改变为其他性质,去探索关于烟灰缸的创造性设想。例如,根据特性处理烟蒂,可以产生如下设想:不采取密闭状态熄灭,反而制作一个易燃部分来处理烟蒂,在烟灰缸上装一个乙烷气体的小型简装容器,把烟蒂完全烧掉。根据特性底部无孔,可以产生如下设想:以相反的方式,在底部开个孔,装进一个搅拌器,把丢进的烟蒂完全搅碎。根据有失火风险的特性,可以产生如下设想:把燃着的烟蒂丢进时,烟灰缸自动出水熄灭。

第四步,仔细推敲种种设想,设计出能够实际利用的新型烟灰缸。例如,关于使烟灰缸自动出水的设想怎样实现的问题,可以考虑利用电动吸水管使烟灰缸中的水不断循环,于是这个改革方案就形成了。

3. 扩大功能法

扩大功能法是麻省理工学院教授约翰·阿诺德研究出来的一种面向设计技术工作者的设想检核表。这种方法以待开发产品原有特性为基础,必须以四个典型外展条件为范围,并且把这四个典型外展条件看作是研究产品的总体需要,以扩大功能的方式提出新设想。四个典型外展条件如下。

(1)增加功能。一个产品应当不止于一种功能,应使它具有多种功能。例如,让煮咖啡器具兼有磨咖啡的功能。多功能化已成为产品开发的趋势。在一袋速溶咖啡中,咖啡与砂糖、牛奶包装在一起,把它倒在杯里用开水一冲马上就可以饮用,像这类商品想必也是出于这种设想的。

(2)提高性能。产品要坚固、小型化,要改进它的安全性、准确性和便捷性。此外,其还要容易修理和保管。对于产品开发来说,提高产品性能是理所当然的。如果研制一个咖啡磨,必须要设法使它能磨得又快又细。

(3)降低成本。要考虑能否改变原材料,使零件标准化,减少制造工序,实行自动化,使生产费用进一步降低。

(4)增加对顾客的吸引力。要研究产品的外形、色彩、包装等如何使消费者更加喜爱。许多公司的产品都十分相似,突出差别,就是产品开发人员要研究的范围。

按上述四个典型外展条件,提出创造性设想,或用于教育训练,或用于产品的开发实践。

(二)强制联想法

强制联想法,就是通过媒介,把关系不大的两个事物通过联想进行连接。强制联想法主要有两种表现形式：商品目录法和焦点法。

1. 商品目录法

商品目录法是在思索某一问题的解决办法时，一面迅速翻阅作为资料的目录性质的素材，一面把偶然出现在眼前的情报同正在思考的主题强制结合（强制联想），以期获得创造性设想。由于需要使用目录性质的素材，因此，该方法被称为商品目录法。

使用商品目录法，要根据解决的课题性质，平时多积累，准备好适当的商品目录，这是一件很重要的事情。商品目录最好具有以下条件：一是有许多照片、插图等容易产生联想的东西；二是主题要面宽些，避免偏颇；三是翻阅下去，每页都有主题的飞跃。

2. 焦点法

焦点法是指当研究某种事物时，以一个特定事物作焦点，把任意选出的要素同它强制结合，由此产生出新的创造性设想的方法。使用焦点法，应以强制联想法为重点，把强制联想法与自由联想法合并起来进行联想。

例如，要为某商品写广告词，只依靠对那个商品的联想，很难出现突然的思想飞跃并产生新颖的设想。使用焦点法，就可以设想人们最感兴趣的是什么，把联想到的内容一个一个地作为"由头"，然后全部同商品相联结，就可能写出引人注意的广告词来。

在新产品开发时，也可以从多方面任意选择一些和产品无关的东西，把它们同产品强制地联结一起。就是说，先选出要素特性，然后把这些特性产生的联想联结下去就可以了。如果这样也无法联结起来，那就要进一步地继续联想，不断地引申下去，同输出相联结。

使用焦点法的要领：连续不断地自由联想，巧妙地与输出相结合。作为结合，最好是选择那种能够引起人们兴趣的东西。

使用焦点法的步骤：第一步，确定应成为焦点的商品或课题，这就是输出；第二步，任意寻找可能成为输入的启迪；第三步，把商品或课题同输入用联想结合起来，诱发创造性设想；第四步，如果离得太远不能顺利进行联结时，就再进一步地扩大自由联想试行联结；第五步，归纳成一目了然的思考表，提出结果。

例如，使用焦点法设计一把新式椅子，就可以采取如下步骤。首先，选择"灯泡"作为输入的要素，从灯泡具有的特性想起，由此产生了下列的设想：玻璃、薄、球形、螺旋式插入组装、电气保温、电动……然后，联想进一步发展下去，就会从这个"球形"产生出"球"之类的联想。从"球"

产生的联想，会联想到球茎花卉→镶花的椅子→花香→带香味的椅子→花茎→设计花茎或花叶的椅腿→花名→命名为"玫瑰红"之类的椅子。这样就不仅仅是从椅子的角度进行思考，而是从"灯泡"这个要素想起，并通过这个要素产生出创造性思维的飞跃。

(三) 形态分析法

形态分析法本来是产生于机械工程学领域的一种方法，发明人是加利福尼亚大学宇宙学教授韦克博士。这个方法是把要解决的问题作为几个独立构成要素的组合加以捕捉，然后使之图表化。韦克把这种构成要素叫作独立参数。每个独立参数都成为形态图的轴。假如有几个独立参数，就成为几维图。

例如，要解决问题"使用有动力装置的运载工具将某一物体从某地方移到其他地方"。这个问题的独立参数有3个：一是使用运载工具的类型，这一类参数如果再细分，又可以分为运货车、起重机、椅子、手推车等；二是运载工具移动时的媒介物，包括空气、水、油、坚硬地面、无摩擦阻力的表面、滚轮、轨道等；三是动力，可细分为利用压缩空气在轨道上移动、利用电力在空中移动、利用电缆在水中移动等。建立如图4-1的立方体模型，可能的解决方案就在该模型的"抽屉"里，设计者就可以通过对"抽屉"的内容进行分析从而找到最佳解决方案。

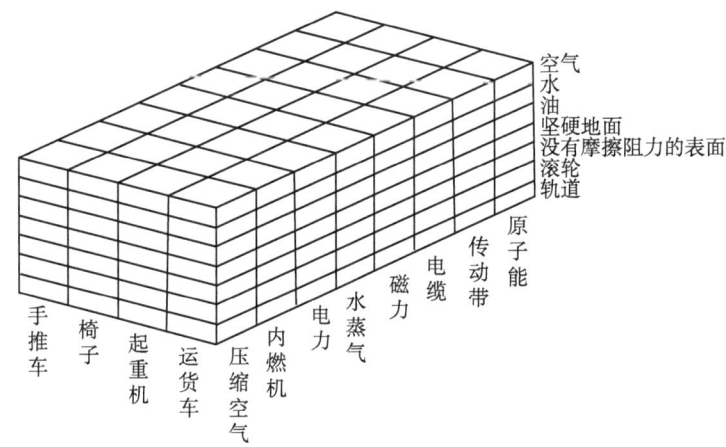

图4-1 运载工具、媒介物、动力的立方体模型

在该例子中，如果将各种目标要求的设计要素及其关系一一列举，必然

能建立多个体系，3个变量就需要建立7种关系。7种关系如果分别考虑，思考的内容较多、思考的工作量也较大。而形态分析法可以在保证问题目标不变的条件下将7种关系组合成一种关系，大大减少思考问题的量。

检查"抽屉"会发现，在这些"抽屉"中有些组合被已经存在的机械所占用。例如，使用内燃机、在坚硬地面上移动、运货车式的运载工具，就是汽车。起重机式、靠电缆在空中移动的运载工具，使人想起滑雪场的上山缆车。当然也有在现实中不大可能存在的那种"抽屉"，但是在空"抽屉"当中，也许有的乍看似乎很荒谬，但那里可能就有至今还未被任何人想到的具有可能性的组合。

使用形态分析法要注意：第一，当解决问题时，要尽量克服先入为主的观念和事前评价的影响；第二，遵从"如果我们要建造一个合理的世界，需要消除一定能够克服的人类意识的重大错误"这一原则；第三，在支配相互作用的一切事物中，无论它们是物质的也好，是精神的也好，都需要看清楚真正的相互关系；第四，要明确理解人的思想、概念及行动的真实性质与相互作用，任何事情除非已确实被证明为不可能者外，都不应该被认为是不可能的。

使用形态分析法的工作步骤：第一步，必须正确记述想要解决的问题。记述尽量周全，而且要用一般化的形式；第二步，要查出可能参与解决问题的全部独立变数，赋予其性格；第三步，做成形态图，即能够包含一切解决问题措施的矩阵；第四步，对形态"抽屉"中所包含的全部解决方案按目的进行分析和评价；第五步，选择最佳解决方案。

三、类比法

东汉时期，我国有个大医学家张仲景。他不仅精通医术、博学多才，而且在行医过程中还勇于实践、敢于创新。相传有一次，他看到一个上吊的人已经断气了，围观的人们都认为这人死了。张仲景心想："这人也许是憋昏过去了，小猪掉进水里憋了气，老农不是有一种急救的办法吗？都是一个理，不妨试一试，看能不能把他救活。"张仲景请了几位年轻小伙子来帮忙，把上吊的人轻轻地放在床板上，叫两个人站在他的头旁，把他的两只胳膊一会儿往上抬，一会儿放在胸前。张仲景又叉开双腿，蹲在床板上，用两只手抵住他的胸部和上腹部，压一下再松一下，反复地和那两个年轻人配合着动作。连续做了二三十分钟，那个人终于慢慢地嘘气了，不一会儿，眼皮也睁开了，最后完全清醒过来。

张仲景不仅救活了这个上吊的人,还为以后的抢救工作开辟了道路。张仲景的成功,就在于他能从猪溺水憋气和人上吊憋气两个从表面看不相同的事件想到了它们是同一个原理,由此提出了救人的办法,这就是典型的类比方法。

所谓类比法,就是把本质上相似的因素当作提示来考虑问题,从而提出解决问题方案。典型的类比法,有综摄法、仿生法、康顿法三种。

1. 综摄法

综摄法是指在进行创造活动时,注意观察前意识心理结构的运用情形,并对此作出解释,做到有意识地运用它。

这个技法同头脑风暴法相反,不是以自由联想为基础,而是以类比作为基本方法,在思考问题时,找出与课题"本质上相似的是什么",用这个作为启示,诱发创造性的设想。

1609年,伽利略发明了天文望远镜,使当时的天文学有了长足的进步。月球的山谷、木星的4个卫星、太阳黑子,以及金星的盈亏现象等都是在随后的一段时间里发现的。但是,望远镜的色差问题始终困扰着人们:在望远镜中物体的像总会出现颜色干扰,使像模糊不清,越是镜的边缘就越严重。

白光是由七色光组成的,这些光线的折射程度各不相同,因此,一束白光通过透镜后就成了一条色带。望远镜是由一系列透镜所组成,所以星光经过透镜到达人眼就会有色差。牛顿经过研究后,断言透镜的色差不能消除,于是,他转向研制反射式望远镜,而另外一些人继续改进由透镜组成的望远镜。为了使白光经过透镜时色散得不太厉害,发明家们就采用了折射率较小的透镜。这样一来,望远镜的尺寸必须加长,有的竟长达3.66米。

数学教授格雷戈里把望远镜与人的眼睛作对比:光线在眼睛里反复折射,人眼看到的物体没有色差。所以,如果处理得当,望远镜也应该能够达到色差为零的效果。人眼由角膜、晶状体、玻璃体等几种不同折射率的组织组成,望远镜也应该用折射率不同的几种玻璃透镜搭配起来。在这样的思想指导下,发明者进行了多次计算,提出了用两种折射率不同的玻璃适当配合,以制成无色差望远镜的方案。又过了一些年,业余科学家霍尔于1733年第一个制成了无色差的折射望远镜。

从天文望远镜的改进过程看,发明者不仅从结构组成方面把望远镜和眼睛作了类比,而且从眼内各部分的不同折射率得到启发,证明只要各部件的折射率搭配适当,就可以制作出无色差的望远镜。这一思维过程,正是综摄法思维的典型表现。

2. 仿生法

在漆黑的夜晚，无论田鼠怎样轻手轻脚地爬出洞口，远处的响尾蛇都能准确无误地一口吞掉它。是响尾蛇的眼力特别锐利吗？不。根据试验，响尾蛇眼睛的视力并不太好，能够准确判断田鼠位置的不是它的眼睛，而是它眼睛下面颊窝处的两只"热眼"，称作频窝。"热眼"其实并不是眼，而是一个灵敏的红外线接收器。远处的动物如果有一定温度，随之而生的红外线就会在蛇的"热眼"中得到反应。"热眼"把信息传给大脑，蛇便根据热眼传来的信息准确无误地捕食猎物。

军事科学家们根据响尾蛇热眼的启示，给导弹装上了人工制造的"热眼"——红外线自动跟踪制导系统。导弹一旦发射升空，它专门寻找喷气式飞机喷出的热气流的红外线，顺着红外线射来的方向前进。飞机拐弯，热气流也拐弯，导弹就自动朝着热气流拐弯后的方向前进，直到撞上目标爆炸。这就是人们常说的"响尾蛇导弹"。人工制造的响尾蛇导弹"热眼"要比实际的响尾蛇热眼灵敏得多。它不仅能接收飞机喷出的热气流红外线辐射，还能接收到喷出的二氧化碳废气的红外线辐射。

长时间以来，人类就一直这样有意识或无意识地把从自然界得到的启示应用于人工制造的原理。仿生法，就是利用仿生学原理，从生物的行为得到启发，进而拓展思路，实现发明创造的思维方法。

仿生学是从生物学中派生出来的一门新的科学。从它的命名可以理解，它是从生物界获得启示而为人工制造服务这个观点出发的。仿生学是一门系统的科学。这个系统以生命系统作为基础，具有生命系统的特征，与生命系统相似。对于仿生学的研究者来说，具备生物学、动物学、植物学等方面的知识，当然是必要的。为了使仿生学发展下去，仿生学的研究者和理解研究目的并对其有兴趣的生物学者之间的合作已成为重要问题。

利用仿生法实现发明创造主要有动物仿生法和植物仿生法两种。

第一次世界大战期间，德军在比利时的伊普雷战役中，使用了 180 吨的液态氮气攻击对方阵地，致使英法联军的 15 万人中毒，5000 多人丧命。同样，大量野生动物也相继中毒而亡。但令人吃惊的是，唯有野猪安然无恙。这一现象引起了英法联军的重视。他们派出了最优秀的化学家深入实地考察研究。通过反复调查，化学家们发现野猪特别喜欢用嘴巴拱地，当它们嗅到强烈的刺激气味时，常拱地以躲避刺激。后经进一步分析发现，正是因为野猪拱地时，松软的土壤颗粒吸附和过滤了毒气，才使得它们幸免于难。这使化学家们受到了很大启发。根据这一原理，化学家们想到让人们所吸的空气也先经过松软物质的吸附和过滤。于是他们设计了头盔,把人的面部与外界空气隔开,只留一个呼吸空气的通道,并且在通道口放上既有吸附、过滤功能,又能保持空气流通的木炭。这就是世界上第一批防毒面具。

公元前500年左右,在我国春秋时期的鲁国有一个著名的能工巧匠,人称鲁班。有一次,鲁班受命去建造一座大宫殿,这在当时是一个非常大的工程,需要很多木料,由于工期很紧,鲁班每天都派人上山砍伐大树以获取木料。但当时的砍伐工具十分落后,除了斧子以外,几乎没有其他砍伐树木的工具,用斧子来对付一棵棵大树,效率之低是可以想象的。一大群人每天起早摸黑地砍树,累得筋疲力尽,可是砍下的木料还是远远不能满足工程的需要,严重地影响了工程的进展。在当时的社会,完不成或没按时完成国家的工程,将受到严厉的惩罚甚至被处死。看到因木料不继而拖了工程的后腿,鲁班心急如焚,寝食难安。一天,工程又因木料短缺而停工了,鲁班在工地实在待不住了,就想上山亲自督促伐木工作并寻求良策。在上山的路上,他为了攀上一处山岩,就顺手抓住一把长在石缝中的野草,因草上有水发滑没有抓紧,使手与草相对滑动了一下。上了山岩后,他感到手有点痛,一看原来是手被草划破了。鲁班很奇怪:一把小草竟如此锋利!要知道,鲁班的手经过长期劳动的磨炼,结下了又硬又韧的老茧,一般的硬物是划不破的。于是鲁班就停了下来,把那株野草折下来仔细观察。他发现这种草与别的草差别不大,只是两边都长着许多尖利的小齿,他的手就是被这些小齿划破的。鲁班想:既然弱小的小草有齿就足以划破我的手,那么若在一根铁条上也做很多小齿,用它来锯断大树应该没有问题吧?有了它,不是就可以加快伐木进度,解决工程木材供应不上的问题了吗?

想到这里,鲁班非常兴奋,立即向山下跑去。到了山下,他马上找来了加工金属工具的工匠。在他们的帮助下,鲁班先做成一根片状铁条,又在这根铁条上制作了许多齿。做好后,试着用它伐木,果然既快又省力。世界上第一把实用的锯子就这样诞生了。随后,他们又做成了很多这样的锯子,并立即将它们送到山上的伐木现场,并指导伐木工用这种简陋的锯子来锯树,果然,比用斧子伐树效率高多了,从而保证了工程按期完工。锯子就这样被发明并迅速普及开来。后来又经过鲁班及后人的不断改进,锯子越来越好用,品种也越来越多。但万变不离其宗,其原理与鲁班发明的锯子一样,都有与那株小草类似的齿。

防毒面具的发明,正是动物仿生法的成果;锯子的发明,正是植物仿生法的成果。不仅如此,通过模仿蝙蝠,人类研制了"超声眼镜";通过研究苍蝇，人类开发了"复眼相机"；由于受到鬼针草种子的启发，人类研制出了"尼龙搭扣"。这些产品都是利用仿生法发明的成果。

3. 康顿法

康顿法是从头脑风暴法派生出来的一种使用自由联想的技法。它与头脑风暴法有所不同，头脑风暴法明确提示课题，并要求课题尽量具体化。康顿法与此相反，它不明示课题，而是提出抽象性的课题，寻求根本性的解决办法。

例如，谋求一个关于烤面包器的方案时，如果用头脑风暴法，那就会是"新的烤面包器的设想"之类的课题。可是康顿法认为这样的课题拘于一般形式，不易产生出新奇的设想。所以只用一个"烤"字做课题，寻求各种各样有关烤的方法的设想。使用这个技法时，先不让成员们知道真正的课题是什么，只有主持人自己了解和掌握课题，他从成员的发言中去获得启示。

下面引用一个创造学界熟知产品——"割草机"的发明实例，来说明康顿法的工作过程。

主持人：这次会议的议题是个分离的观念。请考虑能够把某种东西从外部分离开来的所有方法。有没有什么疑问？如果没有，现在就开始。

参加人甲：用离子或电解可以把盐从盐水中分离。

主持人：这是利用电化学反应使它分离的意思啊。

参加人乙：利用化学反应也可以做到。

参加人丙：筛子能把大小不同的东西分离。

参加人丁：利用离心力能把各种固体从液体中分离。

这时主持人抓住利用离心力这个设想，形成这样一种想法——使用一种利用离心力旋转的带有冲孔的滚筒。主持人赶紧把这个记录下来，并让会议继续开下去，以得到第二个启示。

参加人丙：离开船坞的船是分离的一种形式。

参加人丁：做糕饼时，从蛋白中取出蛋黄来。

主持人：棒球投手在投球时是怎样地分离呢？球离开球手的手时，会发生一种什么现象呢？能用的力是……

参加人丙：那时会有两种力量啊，一种是投的力量，再一种是分离的力量。如果不松开手指，即使用最大的力气，球也不会从手中离去。

参加人甲：假若是雪球的话会怎样呢？握久了就融化了。（笑声）

参加人乙：那可是真的分离啊！

主持人：那是由于热或温度的分离。利用热使东西分离还有别的方法吗？

参加人甲：电焊工用高温的方法使金属分离为二。

这时主持人已经得到了利用乙炔火焰和利用红外线把草烧割掉的设想。

主持人就是这样地引导着把会开下去，到最后阶段才说出真正问题。然后以会上提到的启示为基础，同成员们一起思考如何实现的具体对策。

康顿法实质就是从待研究的事物中抽象出一些符号来，这样更便于类比，实现创造性解决问题的目标。

牛黄是一种贵重药材，由于牛黄是牛的胆结石，只能从屠宰场偶然得到，获得的数量很少，因此价格很高，比鹿茸还贵。有关科研人员想提高牛黄的产量。他们查阅资料，了解到牛胆结石的形成与胆囊受到刺激后引起胆汁成分异常有关。但应如何恰当地刺激胆囊呢？他们百思不得其解。查阅资料时，科研人员又发现了河蚌育珠的方法，将少量异物塞入河蚌内，在异物的刺激下蚌内会慢慢地形成珍珠。这使科研人员联想到，如果在牛的胆囊中埋入异物，也许也能形成胆结石——牛黄。科研人员给牛施行外科手术，在牛胆里放进一段异物。一年后，剖开牛胆，果然发现牛黄。增产牛黄的方法找到了。这一创举是在河蚌育珠启发下进行类比作出的尝试，启发过程是从育珠联想到形成胆结石，产生类比的原因是猜测到异物对河蚌和牛胆有类似的刺激作用。在这一过程中，"异物"这一类比的概念，就是从"将少量异物塞入河蚌内，在异物的刺激下蚌内会慢慢地形成珍珠"这一现象抽象出的可供类比的概念。

康顿法大多用于解决科学和艺术问题。在科学、技术、艺术的创造性工作中，人们常常无意识地使用着康顿法。应用好康顿法的关键就是选择可供类比的概念。下面两个例子就是比较典型的证明。

19世纪20年代，巴黎的一所盲童学校请来了法国海军，为孩子们介绍夜间战地通信的情况。舰长巴比尔介绍说：在伸手不见五指的夜晚，要秘密地把信息传出去，不暴露目标，就不能靠眼睛看信号了。他们是把上级命令先翻成电报码，再在厚纸上戳出各种凸出来的圆点表示这种电码。接到厚纸的战士凭着手摸凸点来接受命令，像用眼睛看电报文一样。

介绍完了之后，巴比尔舰长离开了学校。可是听这场报告的盲童学生布莱叶却久久不能忘怀。他想,这真是个好办法。无论是在厚纸上戳出凸点,还是用手摸凸点,都可以不用眼睛。盲人用这种办法不就能写字、读书了吗?

接着,他就考虑用凸点表示文字的方案。巴比尔将每个字母用12个位置来表示。布莱叶把它简化成用横2竖3的6个位置来表示,即在6个位置中,用凸点的不同数量和不同位置代表不同的字母或符号。用手抚摸着一连串的字母,就能理解它们所组成的单词、句子以至整篇的文章。这就是人们所说的点字盲文。

盲人读书的问题解决了,怎样用这种文字去写字呢?

布莱叶又进行研究,发明了盲人书写的模板。在这种模板上,预先按照每组6个位置排着许多打好的小孔。写字时,把模板压在厚纸上,用一种像锥子一样的尖笔插进小孔,在不同的位置上戳出凸点。这样,自己想写的话就能用点字盲文写出来了。

1854年,布莱叶发明的盲文被法国确认为法定盲文。1887年(布莱叶逝世的35年之后),点字盲文得到国际公认。

盲文的发明,正是布莱叶从电报码中抽象出"凸点"这一概念,才取得了成功。不仅如此,应用康顿法不仅需要抽象概念,更需要进行概念整合。2008年北京第二十九届奥运会的会徽——中国印,就是用中国印和"京"字这两个代表中国与北京文化的概念,进行了整合形成的成果。这两个事例都说明了通过抽象符号可以引发更高层次思考,进而产生创造性成果。

四、依靠预测能力解决问题

1944年4月,苏联卫国战争已经进行到第四年。苏联以一个集团军的兵力,试图消灭彼列科普的守敌,解放克里木半岛。彼列科普是通往克里木半岛的要道,易守难攻。德军妄图凭借天险,依托坚固的阵地,用一支4万多人的部队长期坚守,以吸引一定数量的苏联部队,阻止其全面进攻。为了保证战役的胜利,苏军决定用一周的时间对德军实施侦察。4月6日夜,天气骤变,彼列科普突然降了一场大雪。早晨,集团军炮兵司令在掩蔽部里,注意到刚从外面进来的参谋长双肩上落着雪花,其边缘部分有些融化了,水珠清晰地勾画出肩章的轮廓。炮兵司令通过这个现象想到,气温转暖了,敌人掩体内的积雪也将融化。他进一步推断,为了避免泥泞,德军必然要清理掩体里的积雪。带雪的湿土被抛到掩体周围,容易与其他自然积雪的地方区分开来。通过湿土就能够了解到敌军的兵力部署。于是他立即命令对德军阵地上的湿土实施侦察和航空照相。果然不出司令员所料，一会儿，德军开始清扫掩体里的积雪了。从掩体旁的湿土看得出来，原来德军的第一道防线并没有多少兵力。大部分兵力都集中在第二道和第三道防线。从外表上看到的许多碉堡，有些是虚设的。这样，苏军只用3个小时就查明了德军的真正兵力部署。于是骤然发起了准确而猛烈的炮火攻击，经过8天的殊死战斗，取得了俘获约3.8万名敌军的辉煌战果，解放了克里木半岛。

炮兵司令的决策能以较短的时间、较小的代价取得重大战绩，成功的关键是他以尽人皆知的事实根据，积雪即将融化，推导出不寻常的战役决策。炮兵司令的准确判断，是通过一系列正确推理进行大胆预测得出的结论。在使用预测技法时，选择好推理的出发点，通过连锁推理，就可以创造出辉煌的成绩来。

思考者提出问题、分析问题、解决问题的过程中，要借助人的直观、飞跃的设想、逻辑的展开等作为辅助。在此基础上，利用问题之间的关联性对所研究的问题进行整理，经过对问题进行合理的整理，就可以对问题进行有效预测。要更好地进行预测，主要按照如下步骤思考问题：第一步，提出并界定待解决的问题；第二步，对待解决问题的重要性、紧急性、互相关联性进行初步分析；第三步，以对问题的初步分析为依据对课题的若干问题进行分析，到专家和有识之士那里去请教，进行测验调查；第四步，根据测验调查的结果进行问题间的关联分析，归纳课题。典型的预测方法很多，一般来说可以分为定性分析预测方法和定量分析预测两种方法。

在计算机专业领域中，对数据的处理是以成对互相对应的逻辑关系来实现的，这在该领域中被称为离散型变量。要把这些离散型变量形象地表现出来，研究人员根据树木的特点，以树根、树枝、树叶的关系设计了一种树形结构，在实际应用中，比较典型的结构的"树"往往由"树根"开始逐步被分成两"枝"（专业术语中被称为"二叉树"），"树根"往往被称为"根节点"，与"树根"相连的两个元素分别被称为"根节点"的"左孩子节点"和"右孩子节点"；而由两个节点作为"根节点"形成的相对小的"树"分别被称为"根节点"的"左子树"和"右子树"。当然，树木的叉也可以更多，专业术语中被称为"多叉树"。

利用这一方法，人们借助这一类结构形式，用它来辅助定性分析预测；因此，这种方法又称关联树木法。使用关联树木法进行分析预测时，一般选用的是"多叉树"。

关联树木法有很多种类，比较典型的有如下几种。

第一种，决策树木法。当企业要对产品开发、销售战略、技术引进等各方面作出决策时，就可以应用由关联树木法派生出来的决策树木法。使用决策树木法进行决策时，通常按照如下步骤操作：首先，把问题界定清楚，确定一个待解的目标；其次，提出与原有的解决问题方案不同的代替方案；最后，对提出的代替方案进行评价。通过上述三个阶段的工作，决策树木法对互相关联的若干问题，拥有了各种各样的解题方案，进而根据不同外界环境，选出最适合的方案付诸实施。

第二种，目标树木法。当要解决的问题确定之后，可以以问题的目标为出发点，分析为了达到这种目标必须考虑什么样的战略，而为了实现这种战略必须有什么样的战术，按顺序把目标分解，分开的同时制成的东西就是目标树。同时评价各个级别之间的相对重要程度，根据这种评价得出的关系，确定它们在整个项目中的地位，并且假定其在各个级别中总和（即整个项目的重要性）为1，确定每一个问题在整个项目中的重要性，这一量化指标称为它的"权"，将一个子项目涉及的每一个问题的"权"值相乘，就可以计算这个子项目在整体中所占的值。

第三种，远景树木法。企业在开发新产品时，有必要预测这种产品销售时的环境。这种方法称为远景树木法。

第四种，森林法。对于大型的项目，可以将小问题建成树木，再将这些树木转化成更大树木的"枝叶"，这样树木就变成了森林。

第五种，定量化关联树木法。使用这一方法，就是在定性分析的基础上，把相关参数细化、量化。进行相关的计算、推导，提出解决问题的方案。

五、角色扮演法与游戏教学方法

1. 角色扮演法

角色扮演法是通过戏剧的形式来再现实际生活当中可能会遇到的各种情境。在"大思政课"教学中使用角色扮演法参与教学，通过展示一个观点或程序，给出处理情况的练习或经验，获得某些学生对别人的行为、活动与态度的反应，为实际生活中正确对待这些问题提供了指导准则。这种方法的主要优点：增强学生处理实际问题的信心，提供角色扮演者的表演技能，为其他学生提供借鉴。但是，模拟问题与实际问题的偏差是不可避免的，同时，开展角色扮演也要求表演者具备比较高的表演天赋，如果处理不好上述问题，将会影响教学效果。

使用角色扮演法，应当注意以下三点：首先，教师需要做好"导演"；其次，角色扮演者需要做好"演员"；最后，鼓励其他学生做好"观众"。

在具体的教学工作中，教师应当首先设计教学需要的"剧本"。需要说明的是"大思政课"所需要的"剧本"都有明确的教学目的，这与一般的戏剧和小品剧本是有本质区别的。因此，应保证逻辑严谨，剧本内容与所要反映的知识点相吻合。

在此基础上，在课前要选择"演员"，要求被选中的学生依照剧本进行排练。教师要全程参与学生的排练工作，对学生的即兴发挥要控制，即便出现"演员"提出修改剧本的要求，也要权衡是否与教学目标相悖，如果与教学目标一致，可以适当修改。但必须要求学生按照定稿剧本演出。

在课堂上，学生开始表演前，教师要适当交代背景，同时要求其他同学带着思考观看"演出"，提出一些供讨论或总结时使用的问题。当"演员"表演结束后，可以由学生进行讨论，然后选择学生代表发言，对教师预先提出的问题进行回答，表达个人的看法。教师在学生发言的基础上进行总结，引出需要学生掌握的知识点。

使用角色扮演法，教师要牢牢控制整个教学进程，保证不偏离教学方向，实现角色扮演需要达到的教学目标。

2. 辅助教学游戏

采取体验式学习方式，在教学中更便于学生掌握人类实践中的一系列复杂问题。例如，在开展以预测、决策、计划三种表现形式为代表的劳动者决策教育时，可以通过课程理论的讲授实现，但要让学生更好地理解和掌握劳动者决策技能，就要首先分析劳动者决策的本质，在使用讨论、角色扮演等体验式学习方式的基础上，引入模拟商业等实践活动的游戏环节开展教学。

在"大思政课"中使用辅助游戏的优点：消除隔膜，建立友谊；消除疲劳，活跃课堂；突出主题，启发思考。但是，如果游戏设计过于简单则不利于实现教学目的；同时，如果学生只关注游戏本身，也会影响教学效果。因此，在引入游戏参与教学时，应当注意：首先，制定明确完整的游戏规则；其次，游戏与教学主题相匹配；最后，引导学生积极参与，还要注意做好游戏后的总结。

"大思政课"所使用的游戏一般包括破冰游戏、暖场游戏和主题游戏。破冰游戏适用于课程开始时打破隔膜、互相认识；暖场游戏适用于课程中调动大家的积极性，活跃课堂气氛。主题游戏适用于特定主题，有助于启发学生深入思考，寓教于乐。

"大思政课"所使用的主题游戏即教学游戏模块是课程的核心游戏，它是经过有关专家论证过的教学内容，也是教师帮助学生提高实践能力的有效方法，这是其他大班型教学活动难以实现的。游戏模块与理工农医学科教学中的实验环节有许多相似之处，但也有差异。相同之处在于通过这种模拟，实现验证理论的目标，因此，必须采取小组组合方式，让更多的人通过实践环节掌握教学目标所要求的知识。不同之处在于，理工农医学科教学中的实验是验证性的，学生只要严格按照教师要求进行实验，所得出的结论，尤其是实验数据的精确程度能够与理论教学要求所描述的高度一致，而且的实验的精度要求是比较高的；"大思政课"所使用的游戏模块，一般要模拟变化的职场活动，游戏目标要求并不是追求一个数字上的精度，而是让学生通过游戏，掌握未来工作中可能面临问题的本质，这是一种以追求"质"的研究而不是以追求"量"的研究为目的的实验。出现这种差异是"大思政课"的性质所决定的。

从一定程度上说，辅助教学游戏与角色扮演法有相似之处，也有差异。两者相似之处在于：一是通过模拟事件，让学生掌握知识点；二是都存在"剧本"，活动过程都依据教师设计的流程进行，活动结束后都有学生发言、教师总结环节。两者差异之处在于：一是辅助教学游戏的"剧本"是一个流程提纲（因此，也有人认为这不算"剧本"），并且不会事先告知学生；二是竞赛分组是在课上进行，游戏活动前讨论时间也比较短，学生所订立的计划虽然可以通过数学方法进行计算，但由于游戏活动过程存在诸多不可预知因素，实际上最佳的方法应该是估值，这种模糊性与角色扮演法中尽可能精确的要求有很大不同；三是角色扮演法中教师会对"演员"进行大量提前布置，同时严格要求"演员"按照"剧本"演出，属于典型事前干预。辅助教学游戏中教师介绍"剧本"只讲明流程，并可以适当隐藏一些问题，希望学生通过思考、讨论、向教师提问的方式找到自己所需的信息；同时，在游戏过程中教师可以设计"障碍""突发事件"等，改变游戏的走向，属于典型的事中干预。

在开展游戏教学中，教师须注意如下几方面问题。

第一，规则、流程要讲清。在游戏教学中，教师首先要向全体学生介绍游戏规则，这个时候教师一定要把关键的、可能产生歧义的规则、流程讲清，以防止因为上述信息交代不清导致出现冲突。

第二，游戏要"入戏"但不要"入戏"太深。在游戏教学中，教师也要参与其中充当一个辅助角色。教师可以通过自己的行为，引导学生积极进入游戏中各自被定位的角色，但是，教师时刻要提醒自己是起引导作用的，不能深陷角色，被游戏环境带离教学方向。同时，教师也要注意不要让学生"入戏"太深，如果学生过度专注于游戏，而忘记了思考游戏背后的东西，游戏的效果就会受到影响。

第三，要有脚本，同时有预案，防止突发性事件的发生。在游戏教学中，学生进入游戏中被定位的角色后，会以积极竞争的心态进入游戏环境。这时，教师要根据场地情况作出预案，对可能出现的潜在隐患要作出预判，消除不安全因素（如在游戏环节中发生的碰撞等），保证学生在安全环境中开展游戏。对游戏教学中可能出现的争执，教师要提前预见，及时处理，保证游戏环节的平稳进行。

第四，教师对游戏的掌控要注意"度"。例如，在结合创业教育开展"大思政课"的过程中，可以用制作帽子为表现形式，其中，产品质量检验问题是一个可以设计的游戏环节，有的教师故意暗中制造一些质量问题，以期达到提醒学生的效果。实际上，应当慎用此方法，因为一旦教师处理不当，学生"入戏"太深，必然引发不必要的冲突。教师想通过游戏提醒学生细心，大可以在原材料质量、现金数额等方面做文章。此外，游戏情景卡派发时间和组别选择也要掌握"度"，情景卡最好在同一游戏环节每组都派发，以示公平，同时，情景卡最好由学生抽取，以体现随机性。

第五，教师总结要有现场感。"大思政课"游戏模块总结环节十分重要，教师开展总结时要将游戏现场出现的问题与备课准备的提纲有机结合，切不可按照预先准备的讲稿自说自话，这样总结不仅没有现场感，而且容易漏掉学生参与游戏过程中产生的关键问题，让学生失去认识自身不足的机会，不利于学生能力全面提升。

第五章 创新创业"大思政课"建设探索

在 2014 年 9 月的夏季达沃斯论坛上,李克强总理(时任)在公开场合发出"大众创业、万众创新"的号召。此后,他在首届世界互联网大会、国务院常务会议和各种场合中频频阐释这一关键词。

2015 年,李克强总理(时任)在政府工作报告中又提出"大众创业,万众创新"。政府工作报告中指出,推动大众创业、万众创新,"既可以扩大就业、增加居民收入,又有利于促进社会纵向流动和公平正义"。在论及创业创新文化时,强调"让人们在创造财富的过程中,更好地实现精神追求和自身价值"。

2015 年 5 月 13 日发布的《国务院办公厅关于深化高等学校创新、创业教育改革的实施意见》(国办发〔2015〕36 号)指出:"2015 年起全面深化高校创新、创业教育改革。2017 年取得重要进展,形成科学先进、广泛认同、具有中国特色的创新、创业教育理念,形成一批可复制可推广的制度成果,普及创新、创业教育,实现新一轮大学生创业引领计划预期目标。到 2020 年建立健全课堂教学、自主学习、结合实践、指导帮扶、文化引领融为一体的高校创新、创业教育体系,人才培养质量显著提升,学生的创新精神、创业意识和创新、创业能力明显增强,投身创业实践的学生显著增加。"

2017 年 10 月 18 日,举世瞩目的中国共产党第十九次全国代表大会在北京开幕,习近平总书记在十九大报告全文共提到创新 58 次,提到创业 6 次。

在党和国家高度重视创新创业问题、教育部提出具体要求的背景下,开设创新创业课程是高等院校必须完成的工作,在创新创业课程中开展"大思政课"建设实践,需要根据创新和创业的不同特点开展相关的工作。

第一节 创新创业课程中融入马克思主义哲学内容

创造是人类语言中最有魅力的词汇。创造是人类最美好的行为,是推动人类文明历史向前的最重要、最高尚的行为。人类社会的文明史,就是一部创造发明史。席卷全球的技术、经济竞争,与其说是人才的竞争,不如说是人才创造力的竞争。我国在这场竞争中的最大优势，在于拥有丰富的人力资源，如果全民族的创造力得以开发，中华民族必将永远立于不败之地。在许多人的印象中，创造是那些在人类历史上留下浓墨重彩一笔的伟大人物的事情。事实上，对于普通人来说，创造不仅可能而且是十分重要的。掌握创新创业知识，是现代社会对每一个人的要求，对于高校在校大学生更是必不可少的教学内容。

在创新创业课程中融入马克思主义哲学思想是提高创新创业课程理论高度和水平的重要手段，在具体的教学实践中，从如下两个方面进行了探索。

一、结合破解传统观点认识的误区融入马克思主义哲学思想

马克思主义基本原理课程是本科生思想政治理论课中难度比较大的一门，借助创造创新教育可以进一步帮助学生理解马克思主义哲学原理。

在开始对大学生进行创造创新教育之前，对传统观点中关于创造的认识进行分析十分必要，这也为进一步讲解哲学原理创造了机会。

在传统的观念中有一种观点认为：创造是一种天赋，无法教授。这种观点使人认为创造力开发是没有意义的。然而，中外的种种成功的例子证明了这种观点的局限性。但是，这种观点的支持者仍然会从一些在人类历史上作出卓越贡献的创造型天才，尤其是那些在自己擅长领域中作用突出的成功者案例中找到佐证。莫扎特、爱因斯坦或米开朗基罗都成为他们的好例子，进而说明对人类历史产生重大影响的天才是没法人为培养的。

数学能力、艺术表达能力乃至运动天赋都有各种有用的级别，即使在缺少天才的时候也是如此。就像一组人参加百米赛跑。发令枪响后，比赛开始。必然有人跑得最快，有人跑得最慢。他们在比赛中的表现依赖于天生的奔跑能力。现在，假设有人发明了自行车，并让所有赛跑者进行训练。比赛改为自行车比赛再次开始。每个人都比以前运动得更快。但是，仍然有人骑得最快，有人骑得最慢。如果不为提高人类的创造力做任何努力，显然个体的创造能力只能依靠天赋。但如果为被训练者提供有效和系统的训练方法，就可以提高创新能力的总体水平。仍然有人比其他人好，但每个人都可以学会创造技能，提高自己创造性解决问题的能力。天赋和训练之间根本不存在矛盾。每位教练员或教师都会强调这一点。

事实上，学习创造学理论与方法和学习其他知识之间没有什么区别。一方面，教学可以将人们培训成有创造能力的人，另一方面，受教育者已有的

天赋可以通过训练来提高。因此，可以看出"创造无法学会"的观点站不住脚。创造力具有可教性和不可教性。天赋是无法训练的，但训练可以激发潜能。也许教育工作者不可能训练出天才，但是有很多有用的创造并不是天才的功劳，要提高全民的能力，创造教育工作必不可少。

在马克思主义哲学中，实践是人的生存方式。"实践活动是创新性与常规性的统一，从实践的内容与形式、目的与手段、过程与结果等方面看，与原有实践具有同质性和重复性的是常规性实践，而具有异质性和突破性的就是创造性实践。"（庞元正和董德刚，2004）人类的创造创新活动是人类活动中的典型形式，既然如此，创造创新活动属于实践范畴，而实践活动是认识的基础，是可以学习的。这就为前述的案例找到了理论依据，也帮助学生理解马克思主义哲学原理的价值。

创造创新与遵循传统两种不同性质的实践恰好代表着将来和过去，他们以现在为契合点，一个执着于未来，一个坚守于历史，构成人类生存的张力。

在传统的观点中另一种观点认为：创造来自传统观点格格不入的思想。由于有许多创造是在打破旧有观点、观念基础上实现的，有的人就会产生上述观点。而且，这一观点也很容易在生活中找到佐证。例如，一些在学校里成绩不佳的学生在实际工作中却能有所创造。有创造性贡献的人必然拥有与传统观念有差异的观点，但是，没有前人的积累，有创造价值的观点，又从哪里来呢？没有旧有的事物作基础，任何新事物都无法产生，创造本身就是一个辩证否定的过程。批判地继承绝不等于全面打倒，与传统观点有差异更不等同于与传统观点格格不入。创造创新活动主要表现为实践活动本身的创造性和进取性，正如马克思在《德意志意识形态》中说："已经得到满足的第一个需要本身、满足需要的活动和已经获得的为满足需要而用的工具又引起新的需要。"人类不断以前人的实践成果为基础进行创造创新活动，这是人类科学技术发展的规律，也是人类进步的必由之路。

还有一种传统观点认为：有创造力的人往往在右脑/左脑的使用习惯和开发上有一种明显的倾向性。于是，就产生了左脑或右脑主动性的观点。这种观点进而认为：惯用右手的人的左脑是大脑中"受过教育的"部分，识别和处理语言、信号，按已知的事物应该存在的方式来看待事物；右脑是未受教育的"无知"的部分，因此，在与绘画、音乐之类有关的事中，右脑单纯无知地看待事物，右脑可以允许人有更完整的视图，而不是一点一点地构造事物。于是，在提到创造性思维时，这种观点认为，创造只发生在右脑；为了具有创造性，应停止左脑思考，开始使用右脑。

事实上，所有这些事都有其价值，但当涉及关于改变概念和认知的创造时，也需要使用左脑，因为这是概念和认知形成并存放的地方。通过正电子发射断层成像扫描（positive emission tomography，PET），有可能看出在任何给定的时刻，大脑的哪一部分在工作。在胶片上捕获到的放射线闪光表明了大脑的活动。可以很清楚地看到，当一个人在进行创造性的思考时，左右脑会同时处于兴奋状态。马克思主义哲学认为，世界是普遍联系的，如果割裂事物之间的联系对世界的认识就不全面，综合考察所有认识对象才能全面认识事物本质。左右脑开发就体现出这种思想。

有关创造力开发的误解很多，上述观点比较典型并值得注意。

对于如何认识创造本质的问题，根据一些学者的理论观点，在此有一个不成熟的想法，权且称之为"问题反动论"，也可称作"刺激论"或"问题引导论"。就广义的创造理念而言，创造的本身就是创造性地提出问题和创造性地解决问题，是根据要解决的问题所确定的目的和任务，运用一切已知条件，产生出新颖、有价值的成果（精神成果、社会成果和物质成果）的认知和行为活动。如果不苛求"创造性"的定性来对待"问题"，则"问题"将随时随地出现在每个人的生活与工作之中。问题以其"反动"作用（即反作用）阻碍了人生活与工作的前进脚步，因而每个人都必须面对问题、解决问题。在解决问题的过程中就蕴含着不同程度的创造机理和创造成果。既然生活与工作中出现"问题"是必然的，因而每个人都必须承担解决问题的任务。针对个人环境和条件，每个人都在从事创造性工作，因而每个人也都具有不同程度的创造能力。创造与创造力对生活与工作中的人有普遍性，因而也存在可教性。

树立问题意识还有利于用马克思主义哲学思想去正确理解和认识假象。在人工、人为领域，人们有时更会故意制造能迷惑人的假象，如军队战士穿的迷彩服和在武器装备上涂的迷彩色，人们被假象迷惑的事情更是经常发生，这也是实事求是的困难所在，但时间一长，真相总会浮出水面，不必为假象过分忧虑。而且，人们的认识能力、认识水平和认识方法还会不断提高，认识手段还会不断强化，一切伪装都不可能永远保持下去。

二、用马克思主义哲学理解生产实践系统的演化

全面系统地看问题是马克思主义哲学的重要原理，生产实践是创新创业

的基础，用正确的哲学思想看待生产实践系统的演化是提高创新创业者哲学素养的有效途径。

一个产品或物体都是生产实践系统的产物。系统由多个子系统组成，子系统由零件、部件甚至元素构成，并通过子系统结构的相互作用来实现一定的功能。以大系统观论，系统处于超系统之中，超系统是系统所在的环境，环境中其他相关系统可以看作超系统的构成部分。

生产实践系统的进化是指实现系统功能的技术从低级向高级变化的过程，不管客观规律是否已经被创新者所认识，进化都必须遵循客观规律进行。认识和掌握系统进化的客观规律将有利于生产实践系统的进步，以提高生产实践系统水平和产品开发能力，提升产品的竞争力。

生产实践系统的进化取决于其自身的成长、变异和环境选择。环境变化改善了系统功能建构的基础条件和需求应用范围，对系统的进化，影响更为显著。任何系统的进化机制可以归结为正、负反馈的某种往复循环过程，正反馈是系统变异产出的条件，而负反馈是系统变异稳定的条件，只有通过"正反馈——自生成"和"负反馈——自稳定"反复循环，系统的变异才能经选择而稳定存续下来。这一点也支持了系统是循序渐变进化的理论。生产实践系统进化的逻辑结构主要决定于其内部各子系统之间的相互作用，也受更大系统环境内外相互作用的影响。相关事物之间不平衡是常态，平衡是趋向。工艺进化也就在子系统间或大系统环境的相关关系和条件作用下，在平衡与不平衡间循环变动、螺旋上升以形成生产实践系统的进化。

（一）生产实践系统进化过程

生产实践系统的进化规律是由创新者所掌握的工艺特点及生产实践系统本质特性所决定的，并贯彻其发展进程的始终，有总结过去、指引未来的双重作用。生产实践系统的进化受到客观环境制约和人主观能动性的影响，形成循序变化和突变两种机制，但是其演化机理是客观的，是不以人的意志为转移的。因此，深入了解生产实践系统进化的理论与规则，是从事创造创新活动不可或缺也不可回避的问题。

通过生物进化与生产工艺进化法则的类比，可以认识到生物进化是通过遗传变异和自然选择进行的。基因变异是进化本体的内部因素，而自然环境则是影响进化的外部因素。生物进化当然也包括人类的进化。生产工艺是人类征服和改造自然最基本、最重要的手段之一。生产工艺进化，也同样存在内部和外部两方面的影响因素，并可以划分为主观和客观两方面，客观的外部环境包括自然环境和已参与了主观因素的社会环境，客观的内部因素则是事物的自然特性和科学规律。主观因素则是社会的基本需求与人主观意识的直接参与。这种人的参与，既表现为生产工艺的进化形式，也表现为生物的改良和异变。

下面将就生产实践系统中的进化法则进行分析。

1. 以功能为基础的生产实践系统演化过程

生产实践系统的存在以需求功能为目的。功能的实现过程必须符合自然规律，即得到了科学原理的支持。系统的功能原理是客观存在的，并不以人们是否已经认识到这种原理的内涵为存在条件。违反科学原理的系统功能是不可能实现的——如永动机。因此，可以认为系统功能原理是系统演化的基础。

钻木取火与轮子应用是人类科学史具有重要意义的两项活动。也展现了科学原理——功能原理应用的典型事例，作为"縻母"的技能演化进程。

发现"天火"造就的熟食和用火是人类文明史上重要的里程碑，当保存自然火种的方式已无法满足生存需求时，掌握取火技术便成了当务之急。在生产劳动实践中，人类得以掌握钻木与撞击两项取火技能。

钻木（以木钻石或钻木）是摩擦生热（物理原理）和可燃物质达到燃点后自燃（化学原理）两项科学原理的融合。木材通过摩擦力转化的热能，首先碳化降低燃点，并在热量达到燃点后燃烧，达到了取火的功能。火柴的发明改变几千年的取火方式，其进化表现为摩擦表面与可燃物质的改变——用不同颗粒度的砂纸取代了木材（或石块），而对应的摩擦兼易燃物用黏结有易燃的磷、硫黄、石蜡的细木棍（一般为白桦）所取代，而取火技术的基本原理却没有改变，这足以彰显取火技能演化的"縻母"特征。安全火柴则是以磷（红磷）砂纸取代了石质砂纸，实现易燃物的结构转移，以避免了一般火柴在粗糙表面均可取火的安全隐患。

以冲击力为能量转化媒介使物质自燃的取火技术，也是使用得比较久的一种生产实践系统。其原始的技术是以石块击打燧石（俗称火石）或含有燧石成分的石头来实现取火功能的。燧石中含有稀土元素铈、镧等，属于易燃金属，在冲击力作用下产生碎屑，因其比表面很大，与空气接触即可燃烧并释放出大量热量——即火花及颗粒达到高温炽热状态，进出的火花能点燃易燃物达到取火功能。冲击取火技术是沿用比较久远的一种取火技术，直至火柴出现前，也在不断地演化，最早的演化方式是铁刀取代了石头以增加打击力强度和耐磨性，并以碳化棉（火绒）作为易燃物以降低燃点使取火更为容易。打火机作为一项实用的取火产品，采用有齿摩擦轮使燧石颗粒更加细化、易燃，而燧石也被人造燧石所取代，增加了稀土金属的含量，更易于火花的产生和集聚；易燃物则使用燃点更低的汽油、燃气，实现了取火的现代化。然而，必须指出打火机取火的基本功能原理并没有改变，只是通过分功能的演化与科学化，提高了取火的技术含量与质量，提高了功能效率。

从以上例子可看出，原理不变，工具和技能进步是生产实践的重要途径。轮子乃至车的应用是人类历史上又一项重要进步，也是科学原理应用推动工艺进步的典型案例。轮子的应用是从古保持至今的一项技术，已有6000余年历史。通过实践中的认识和经验总结，使轮子的应用进一步扩大，主要有三个方向：行走机械、动力机械与加工机械。

古人移动重物是在支撑面上用人力直接拖曳完成的，滑动的摩擦力过大，费时、费力、功效也低。在重物下垫上圆木（滚杠），由滑动摩擦转变为滚动摩擦，不仅省力，功效也大为提高。最早的滚动技术是一根根整体的圆木（滚杠），虽然起到减少阻力的作用，但也出现小圆木直径小、大圆木使用不方便等矛盾。将大型圆木锯成饼形，便成为轮子的雏形。把两个轮子中心掏空，中间穿上细一点的圆木轴，代替滚杠进一步达到省力、便捷的目的。在轴上装上平板则成为"车"。这就是轮子作为实用技术的起源。考古学家发现表明，约公元前4000年有轮子的运输工具（车）在美索不达米亚平原被发明，在很短的时间内便得到迅速传播。人力车、畜力车用于战争、运输长达近6000年，直至生产出汽车、火车，而轮子的功能基本是一致的，这不能不说是技术历史的奇迹。

轮子滚动是通过外力（推或拉）与支撑面（地面等）的支持力形成的力矩实现的，是以基本力学原理为技术基础的。如果引用"縻母"概念，轮子的性状——形状才是"縻母"，是技术进化的"根本"；至于轮子的尺寸、结构，则是系统结构的问题，仍然在不断进化之中。轮子结构的进化引起性能的变化，且与车厢结构变化的相关性并不十分重要。

例证表明应用同种原理的生产实践系统，由于外界自然条件、工艺条件、知识、工具的产生等环境和需求的变化，生产实践系统也在不断地演化。具体有以下几种方式。

第一，系统（子系统）结构的改进、完善促进生产实践系统的演化。车轮自身的结构演化更为明了和直接。最原始的轮子为整体切断的圆木制成，不仅笨重而且不圆，使用功能和性能受到影响。为了使用需求，轮子的结构首先由整体轮改进为拼装轮，使圆度得到改进，对原材料的选择也有了较大的适应性。轮子（车轮）进一步进化为组合结构：由轮毂、轮缘、轮辐（含辐条幅板）组装而成，增强轮毂强度的同时也起到减重作用。随着新材料和新技术的产生，轮毂内嵌装了金属套并在轮轴嵌入了金属条（间断、均匀分布），演化为初级滑动轮承，继而为滚动轴承所替代。而轮辋结构中，首先在轮辋表面加装了金属辋，增加了轮辋强度和耐磨性。随着橡胶材料的使用，金属辋被胶车胎和充气胶车胎取代，完善了车轮结构，也增加了轮子的附着性（轮表面有花纹）、耐磨性和减振性。上述例证显示了单一功能的基本结构随需求、材料、工艺等条件的变化而产生相应的进化。在复杂的生产实践系统中，由更复杂的结构变化带来的功能性提高与进化，是一种较为普遍的生产方式进化形式。

第二，生产实践系统材料的替代促进了生产实践系统的演化。随着生产与科学技术的发展，新材料层出不穷。作为系统输入的物理材料的替代，使系统功能的性质、效能不断地改善与提高，是生产实践系统演化的又一种形式。打火机在系统原理不变的情况下，以天然气取代碳化棉乃至汽油，使取火技术由低级步入高级；以橡胶充气轮胎替代刚性轮胎，不仅提高了轮子的附着力、驱动性，也改善了车的减震性，并为提高车速创造了良好的条件。上述变化自然也带动了生产实践技能的进步。

第三，先进的工艺性是促进系统演化的又一项重要原因。一个切实可行的科技原理和接近完美的结构设计要实现系统的良好功能，必须以先进的生产工艺为依托，由能工巧匠来实施，才能实现并不断地向高层次演化。例如要实现打火机的小型化、便捷化，储气机体和出气口的密封，以及打火与喷气的协调问题都须有精密加工工艺作为保障，这些都要由创新者去实现。汽车行驶中风阻占动力消耗的 50%~70%（随速度变化而变化），流线型的车身可减少风阻，而好的造型，必须以良好的冲压工艺为依托和保证，只有掌握先进的工艺技师，才能保证车辆生产实践系统不断的优化、推陈出新。

第四，子系统进步引起的生产实践系统演化。生产实践系统功能原理与主体功能结构不变的情况下，对个别子系统功能原理与结构的改变是生产方式进步的又一条可行途径。例如，在汽车传动系统子系统中采用液力变扭器与行星变速系统取代机械离合器与分级有机齿轮变速，即可减少变速时的冲击与操纵的复杂程度，无疑是汽车系统制造有效的演化进程。

2. 技术转移中的生产实践系统演化过程

一个生产实践系统的进步与完善都是有目的、有针对性的，一般限于一定的领域甚至一个相对较小的应用范围。所谓技术转移是根据系统日趋完善的功能及其结构直接或稍稍改动调整后，应用于其他领域发挥作用并继续发展的一种生产实践系统演化方式。技术转移是在人的主观参与引导下进行的，是建立在对客观环境的观察证实与实践经验基础上的。生产实践系统转移演化有以下三种主要方式。

（1）产品功能演化。产品进化与生物进化最大的不同点在于，产品进化有人的主观参与和引导，而人的主观参与引导并非异想天开，是建立在对客观环境的观察认识所积累的知识与经验基础上的。以轮子为例，产品功能演化主要表现为以下两种形式。

第一，作为动力转换的轮子功能的演化。施加外力可以使轮子转动。流水是一种自然动力，水轮也就成为轮子的一种生产实践系统结构，而其功能却是实现动力的传递。水轮是在轮辐边缘固定叶片的一种结构，通过流水冲击叶片使轮子转动，并由轮轴输出转矩以带动其他机械系统做功。水轮也是一项古老的工具，水轮的异变体现在叶轮及叶片结构改变、外动力介质性能改变等方面，并由叶轮不同结构与不同动力介质的组合产生进一步的演化。

第二，作为加工技术轮子结构功能的演化。轮子的旋转运动特性，作为加工系统首先应用于陶瓷器具（毛坯）成形工艺，这也是一项古老的工艺。陶土毛坯在轮上同轮子一起旋转产出径向（轮子经向）离心力，操作者用手对泥坯施加适当的作用力，同时向上沿着预定陶制器具形状（母线轨迹）移动制成毛坯，经烧制而制成陶器。这种应用于陶、瓷制品的旋转制坯技能一直被沿用到现在。按照器具基本成形原理，制坯转轮逐步演化为木工旋床、金属加工机床等。

（2）工具结构演化。成熟的结构，无论是元素还是组件都有其相广泛的应用范围，如轴、曲轴、偏心轴、凸轮轴、曲柄连杆机构、偏心连杆机构等都在转移技术领域发挥有效的功能效用。这便是技术结构演化的现实反映。轮子的单体应用于动力的传动工具，也在不断地进化，由最早应用于中间传动的绳轮、圆柱形齿轮（如图5-1所示的牛转翻车），发展为皮带轮、链轮、齿轮等，也体现了技术进化的多样性。

（3）生产实践系统功能扩展演化。一些生产工具系统是为某些生产实践目标研制开发，并经实践所验证而成为经典的生产工具，如各类机床、粉碎机等。随着人类生产生活的需求范围扩展，将典型的生产实践工具稍稍改进即可演化为适应其他领域的生产实践系统。例如，根据机床"球"加工技

第五章 创新创业"大思政课"建设探索

图 5-1 牛转翻车

资料来源：宋应星《天工开物》，万卷出版公司，2008年，31页。

制成苹果削皮制瓣机，根据粉碎搅拌技术研制的家庭用豆浆机、搅拌机等，均使原有生产实践系统实现了扩展演化。

（二）生产实践系统进化的基本原则

生产实践系统进化过程中，创新者有时可以通过生产技能和工具进化实现生产技能的提高。这个过程中应当关注如下基本原则。

1. 生产技能进化中的自我增长原则

生产技能本身是为满足社会需求用以改造自然（含人工自然）的重要手段，而对于具体技能也有明确的需求，两者各自需求的目的是有区别的。社会需求通常是原则性的、定性的，掌握生产技能目的则是具体的、明确的甚至是有定量指标的。生产实践的目的与生产技能之间存在矛盾是客观的必然。

技能的发育有其内在的根据和机制，因此创新者是原动者，创新者技能的自我增长决定于内在矛盾机制。内在矛盾主要表现为生产目的与手段的矛盾、继承与创造的矛盾、结构与功能的矛盾、专门化与综合的矛盾、规范与实践的矛盾等，这些内部矛盾也就构成了创新者技能发展和进步的原动力。对于生产技能发展进化，生产目的与生产手段等相互作用、相互转化导致了创新者生产技能本身的自我增长。

应用这一法则促进生产提升应注意以下问题：一方面，生产目的不能脱离生产手段，两者必须相互依存、相互制约。另一方面，生产目的的合理性、可行性与生产手段的完善性、有效性互为依存。

2. 进化的连续性原则

生产实践的本质是根据需求完成某种功能。当需求功能不变的情况下，随着环境及需求品质要求的不断提高，生产实践系统进化则保持连续的变化过程。在满足基本功能的情况下不断提高品质，而产生连续性的进化过程。

如锤子是用来粉碎（脆性物）和锻打（韧性物）的，以使被作用物体产生整体变形（尺寸或性状改变），这一过程中是用冲击力来实现系统功能的。古人最早使用石锤，为了增加打击力，改造为加柄石锤；当有了金属材料后，石锤演化为金属（铜、铁）锤；为了适应不同的打击需求，锤头部的结构发生了性状变化。锤的进一步发展是由机械动力、流体动力代替了人力操作，演进为由偏心轴、曲轴带动的机械锤以及由高压空气或蒸汽为动力的空气锤和蒸汽锤。

3. 创新者所使用的工具进化多样性原则

如果说进化的连续是由于科技的进步使得对功能提出了更高的要求，导致生产实践所使用的工具向复杂、高效发展，进化的多样性则反映了根据需求的广泛性向适应性与专业化发展和进化，反映同类系统近似功能类型应用多种技能的发展趋势。

工具的多样性可分为纵向和横向两种进化趋势。现以运输生产实践系统这样一个庞大的体系来说明。

运输生产实践系统的基本功能是运送人和物，早期运输只有水上和陆地两种运输方式。运输工具包括人、畜力、车辆、船舶，原动力除人力、畜力外，尚有风力、水力。随着科学技术的发展，又出现了火车与飞机，原动力机也逐步为蒸汽机、内燃机、电动机、燃气轮机所取代，先进的磁悬浮列车采用的则是电磁原理，这也是车辆原理一次质的突变。运输生产实践系统作用力分析如表5-1所示。环境对系统的共同作用包括支持力、支持面阻力和空气阻力，为保证系统在适应环境的同时达到行进的目的，就要求系统具有相应的特性与功能。

表 5-1 运输生产实践系统作用力分析

项目	汽车	火车	船舶	飞机
支持力	地面支持力	地面—铁轨支持力	水浮力	空气浮力
阻力	地面阻力、空气阻力	铁轨阻力、空气阻力	水阻力、空气阻力	空气阻力
驱动力	电动机、内燃机	蒸汽机、电动机、内燃机	蒸汽、内燃机、风力（帆）、水力（桨、橹）	内燃机、涡轮喷气机
类型	客车、货车、特种功能车	客车、货车	客船、货船、特种功能船	客机、货机、直升机、特种功能机

以船舶为例可以概略表述为：应用阿基米德原理制成中空适型结构（一般为流线型），利用水的浮力浮于水面，在桨、橹、帆、轮机驱动下，在水面上沿纵向前进，实现运送人或物的功能。而船舶具体样式的差异，也对使用者提出不同的操作技能要求。

三、理解"洋为中用"促进创新创业活动的价值

在全球一体化的时代研究创新、推动创新，研究中国与世界关系，把其他国家的先进理念、知识、技术、方法应用到中国的创新中去，这就是"洋为中用"。

要实现"洋为中用"推动创新，就要正确理解"洋为中用"的内涵，分析"洋为中用"的应用范畴，这是对于大学生"三观"的要求。

1964年，就读于中央音乐学院音乐学系的二年级学生陈莲，关心国家大事，思考一个问题：京剧界出现了前所未有的新气象，走在了文艺革命的前列，音乐界怎么办呢？基于思考陈莲给毛泽东主席写了一封信，反映学院存在的问题和自己的看法。希望音乐教育也要革命化，跟上这热气腾腾的新形势。

陈莲这封信发出后，由中共中央办公厅秘书室将信的内容摘要，刊登在1964年9月16日编印的《群众反映》第79期上，题目是《对中央音乐学院的意见》。毛泽东主席从这期刊物上看到陈莲信的摘要，认为信是写得好的，正符合他当时领导的社会主义教育运动的大方向。9月27日，毛泽东主席决定将这封信反映的问题，批给当时主管意识形态的陆定一去办理，并在这个刊物的空白处给中央书记处书记、中宣部部长陆定一（时任）写了下面这段批示文字。

定一同志：

　　此件请一阅。信是写得好的，问题是应该解决的。但应采取征求群众意见的方法，在教师、学生中先行讨论，收集意见。

　　古为今用，洋为中用。

毛泽东主席关于陈莲来信摘要的批示是目前从文献资料上可以见到的最早的关于"洋为中用"的表述。这里所谓"洋"一般泛指外国的、外国来的。因此，"洋为中用"意思是指批判地吸收外国文化中一切有益的东西，为我所用。

在面对"洋为中用"理念的时候，人们往往会首先想到另外一个观点："中体西用"。"中体西用"是"中学为体，西学为用"一语的缩词，是洋务派思想家与实践者对待中西文化的总原则。甚至有人认为这两种观点有很多相似之处。因为，两者都强调了"中"这个主体的作用，不同在于论述所处的时代和阶级立场不同。

除了时代和阶级立场不同，两者还有一个差异就在于"西"和"洋"的区别。"中体西用"中的"西"指的是所谓"西学"，也就是西方的科学体系。而"洋为中用"的"洋"可以泛指一切外国的、外国来的事物，这里就蕴含着两层含义：第一层含义，这里的"洋"不仅包括科学技术，也包括一切可以为中国发展所用的先进理念、知识、技术、方法；第二层含义，这里的"洋"不仅包括西方国家，也包括一切国家。

不仅如此，"洋为中用"与"中体西用"另一个重大区别，在于两者对于外来事物的接受程度。

"中体西用"坚持"中体"也就是"中学为体"。这里的"中学"指以三纲八目，即明明德、亲民、止于至善，格物、致知、诚意、正心、修身、齐家、治国、平天下为核心的儒家学说。相对应，"西学"指近代传入中国的自然科学以及商务、教育、外贸、万国公法等社会科学，它主张在维护清王朝封建统治的基础上，采用西方造船炮、修铁路、开矿山、架电线等自然科学技术以及文化教育方面的具体办法来挽救统治危机。

"洋为中用"则是在不放弃中国传统优秀文化的同时，吸收一切国家的所有优秀可用的事物，而不是在思想领域抱着中国传统，一点也不借鉴和引进外来优秀事物。中国选择了马克思主义思想，并把马克思主义思想与中国具体实际相结合实现的历史性飞跃，本身就是意义重大创新。

对于人类而言，不论是整体还是单一的个体都是一个系统。人类所处的自然界是系统，科学技术体系则是人类建立起来的系统，创造创新活动更无法抛开系统而实现，研究系统与系统观思维是揭示系统理论本质的关键，也是开展创造创新活动的基础。系统是由若干可以相互区别（独立）相互联系而又相互作用的元素组成，在一定层次结构中分布，在给定的环境约束下，为达到整体目的而存在的有机集合体。

系统本身往往又是它所从属的一个更大系统的组成部分。由于系统概念是逐步形成的，并且对系统的认识也还没有结束，系统的概念还在发展。因此，对系统概念的理解应持发展的观点。用系统理念理解"洋为中用"必须从以下几方面去考虑。首先，系统必须由两个或两个以上的要素组成。要素是构成系统最基本单位，因而也是系统存在的基础，系统离开了要素就不成其为系统。构成系统的要素随系统的不同而不同，要素的目的多少是由系统的复杂程序所决定的。在世界这个系统中，"洋"与"中"就是系统的两个组成要素。其次，系统是按一定方式结合的有机整体。系统整体与要素、要素与要素、整体与环境之间，存在着相互作用和相互联系的机制。同样，"洋"与"中"也是相互作用和相互联系的两对矛盾关系。最后，任何系统都有特定的功能，是整体具有且不同于各个组成要素的新功能。这种新功能是系统内部有机联系的要素以及系统以整体方式和系统环境之间相互作用所决定的。系统如何来组织以满足特定的系统功能是系统发挥最大作用的关键。

任何事物都是系统和要素的对立统一体，系统与要素的对立统一是客观事物的本质属性和存在方式，它们相互依存、互为条件，在事物的运动和变化中，系统和要素总是相互伴随而产生，相互作用而变化。

1992年午初邓小平发表南方谈话时提出了著名的"三个有利于"的论述，成为中国改革开放的指导思想。"洋为中用"理念中的"洋"恰恰体现出系统的综合性，"洋为中用"思想时刻提醒着创新者，只要是好的、正确的都是可以引进的。中国把马克思主义思想确立为指导思想，就是因为马克思主义思想符合中国国情、符合"三个有利于"。而实现马克思主义中国化，恰恰是"洋为中用"不断创新的表现。

从根本上说人类社会是从自然界发展起来，属于自然界的部分。但从另一个角度，在社会的生产活动中，自然界又是人类开发的对象。表面看来自然界与人类社会是你中有我、我中有你的镶嵌关系，而实质上应当区分的两种"自然界"的概念。包括人类社会和人类自身的自然界，可称为广义的自然界；而作为人类开发对象的自然界范围较为狭隘，称为狭义的自然界。逻辑上狭义的自然界不应包括人类自身，而是人类的生存环境。虽然有时也说人类的自我开发（如智力、能力、体力等，尤其是智力开发）本质上是发展，但与向自然界索取性开发（如开采等）意义是不同的。狭义的自然界，不等于已开发的自然界，而是"要开发"的自然界，如海洋、宇宙空间等。

因此，"洋为中用"必然与上述内容的全部范畴密切相关。在确立正确的指导思想不动摇的前提下，"洋为中用"理念就可以为促进创新、推动国家各项事业发展作出贡献。

一个国家的发展需要技术，不断引进新技术并在此基础上进行创新实现技术进步是一个在技术上落后的国家崛起的必由之路。这样，模仿创新就成为后发展国家和企业的必然选择，于是学者施培公先生对模仿创新给出如下定义："模仿创新是指企业以率先创新者的创新思路和创新行为为榜样，并以其创新产品为示范，跟随率先者的足迹，充分吸取率先者成功的经验和失败的教训，通过引进购买或反求破译等手段吸收和掌握率先创新的核心技术和技术秘密，并在此基础上对率先创新进行改进和完善，进一步开发和生产富有竞争力的产品，参与竞争的一种渐进性创新活动。简单地讲，模仿创新是后发者的创新。"

沿着模仿创新具体思路可以实现企业的发展。施培公先生这样论述："模仿创新的例子比比皆是，如家用磁带录像机是由索尼公司于1975年率先推向市场的，当松下公司意识到家用录像机巨大的市场潜力后，马上组织力量对索尼的Betamax牌录像机的结构造型、功能原理、工艺材料及其他技术参数进行全面剖析，并从中找出关键性的毛病：录像容量小，放映时间短。松下公司对此产品进行了模仿和进一步开发，不仅加大了放映容量，提高了性能，更使机型趋于小型化，并且在价格上低于索尼同类产品的10%~15%，销售量很快超过了索尼公司，占据日本录像机总销售量的2/3。再如1952年，创办不久的日本三洋公司看到洗衣机市场存在巨大潜力，而市场上销售的洗衣机性能却很不完善，质量也很不稳定，便打算生产自己的洗衣机。该公司从市场上购回各种不同品牌的洗衣机进行解剖研究，最后决定对英国胡佛公司最新推出的涡轮喷流式洗衣机进行仿制和改进，并巧妙地解决了专利权问题，于1953年研制出日本第一台涡轮喷流洗衣机，并于同年夏天成批生产。这种性能优异、价格只及传统搅拌式洗衣机一半的崭新产品，一上市便引起巨大的轰动，为三洋公司带来了巨大的经济利益。"

对于一个国家而言，实现模仿创新有很多种路径可以选择。但是，在一个科学、技术、经济、生产都相对落后的国家，在开始发展自身经济时，以"洋为中用"为指导采取引进购买型模仿创新是最能迅速取得效果的。对这个问题施培公先生这样论述："新中国成立以来的发展历史已证明了这一点。

早在'一五'期间，我国对苏联技术和设备进行了大规模的引进。在苏联专家的帮助下，我国工程技术人员对苏联技术进行了积极的消化吸收，对苏联的产品和设备进行了大规模的仿制和部分改进。这样的仿制对全面发展我国的工业技术体系，使我国的工业技术在短期内从一穷二白走向基本自立起到了十分重要的作用。改革开放以来，我国更是开展了大规模的技术引进，与此同时，引进基础上的模仿创新也在大量涌现。引进购买型模仿创新对我国若干支柱工业的发展和新兴产业的发展也起到了重要的作用。我国家电行业近年来的迅速崛起正是引进基础之上大力推进模仿创新的结果。轿车工业也是如此，从20世纪90年代初开始，我国轿车生产厂家在吸收消化国外先进技术的基础上，尝试进行模仿创新，取得了一系列的成果，极大地促进了我国汽车工业的发展。如中国一汽在消化吸收美国、德国先进技术的基础上，推出了'小红旗'轿车，形成了自己的特色，其整车性能与'奥迪'相比并不逊色，而价格仅为奥迪100C3GP型车的3/4。该车一投放市场就供不应求，受到了市场极大的欢迎与关注。再如上海大众汽车公司在引进消化德国大众汽车公司轿车生产设计技术基础上，经多年国产化的努力积累了丰富的经验，掌握了轿车生产中的关键技术。从1992年开始，上海大众便在德国大众车的基础上联合巴西大众的设计力量，进行模仿创新，于1994年成功地推出了桑塔纳2000轿车。该车推向市场后，以其优良的品质、先进的功能设计而深受广大消费者欢迎，使我国轿车工业的发展上了一个新的台阶。"

在技术创新领域，创新者可以通过申请专利，以法律为武器保护自己的权利。但是，专利保护一般有一定范围（图5-2）。

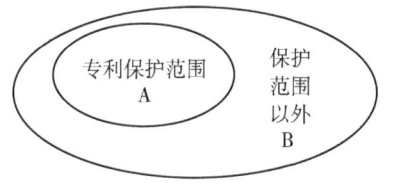

A部分是专利保护范围，模仿者在专利期内合法获得该技术的方法只能是购买专利

B部分是不受专利技术保护的范围

图5-2 专利保护范围

现行的知识产权制度对率先创新的保护是不完全的，而且也不可能是完全的。侵权企业必须首先消化吸收受到知识产权保护的专利技术，在其获得技术要领后，在被保护范围之外的部分寻求技术突破。此外，由于处理专利侵权问题，需要耗费大量的人力、物力、时间，要对技术发明实施更有效的保护，企业就必须形成自有的核心技术，即在生产或工艺流程等关键环节上

保留一些技术诀窍,不申请有关专利,以免公开(图5-3)。

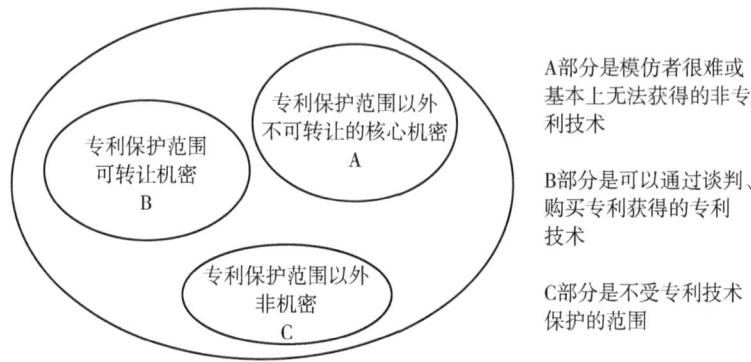

图5-3 技术机密与专利保护范围

如果企业能将技术核心机密长期保持下去,那么它自身因此获得的利益的时间将远远长于专利有效期。这方面最著名的例子就是"可口可乐"饮料的秘密配方。在长达100余年的过程中,该饮料的配方曾多次被改进,但它一直是可口可乐公司的最高核心机密,只有个别最高首脑才能接触到。可口可乐饮料的独特口感、风味和质量使其至今仍称霸于世界饮料市场。

作为一个模仿企业,以合法手段获得A部分技术、B部分技术均是可能的。但是,以不合法手段获得A部分技术要比获得B部分技术难得多。模仿企业可能通过"反求破译"的方式,由C部分信息获得B部分技术或设计思想,但要获得A部分技术或设计思想"反求破译"的难度必然加大。这样,发明保护的风险就会随之降低。

"洋为中用"是实现创新的基础,但是,创新者要时刻提醒自己要实现"中用"就需要不断创新,形成自己的核心技术,这样才能够实现追赶甚至反超的目标。

实用主义思想在中国古代的生产领域的影响很大,但是,这丝毫没有影响中国接受外来的物种和生产技术。以下中国历史上的创新实例就是比较典型的代表。

张骞两次出使西域,接触到各种充满异域风俗的生产生活信息,带回许多有特色的物产,同时也包括很多食物。这些物种的传入并逐步本地化,丰富了中华食物和药材的宝库。汉代从西域传过来的物产有鹊纹芝麻、胡麻、无花果、甜瓜、西瓜、石榴、绿豆、黄瓜、大葱、胡萝卜、胡蒜、番红花(藏红花)、芫荽(俗名香菜)、胡桃、酒杯藤,还有很多药剂等,不仅丰富了统治者的生活，也让普通民众得到了实惠，尤其是一些产量高、价格便宜的蔬果。这可以说是在农业生产领域的典型创新，物种的丰富本身就是"洋为中用"。

"洋为中用"在手工艺领域的典型案例就是珐琅工艺的引进到景泰蓝的产生。古代波斯帝国发明了珐琅工艺，这项发明通过丝绸之路传到了中亚国家，然后又传到中国。当被称为"佛朗嵌"的西亚珐琅艺术传入中国后，与中国固有的青铜、玻璃、釉料、陶瓷、掐焊丝镶嵌、金银器等多门技艺结合，在元末明初形成了景泰蓝（掐丝珐琅）这种综合性艺术。

第二节 创新创业课程中融入社会责任和传统文化内容

当前学生中存在个别人只考虑个人利益不重视社会公德，这是一个令人担忧的事实，这样的学生毕业走上社会以后，难免不会为了私利而损害公共利益。

不仅如此，一些学生学习态度不端正，养成好大喜功，常常拿出一些不切合实际、经不起检验的方案去完成教师的作业，同时，部分教师不重视实效而只看重所谓工作数量的评判行为导致学生不愿意实践。这种学生毕业走上社会以后，一旦掌握社会资源，很容易在所谓"出成绩"的理念指导下，大量编制无法实现的虚假方案，一旦实施就会给国家、人民带来巨大损失。

解决上述问题，就需要从系统论理念出发，在思想政治教育领域加强社会责任教育的基础上，其他学科和教学环节积极配合形成合力。然而，在笔者的调研中发现，由于我国高校创新创业教育起步较晚，师资结构不合理，需要引起重视的社会责任感问题往往被创新创业教育工作者所忽视。

创新创业者的社会责任感是一个意义重大的问题，也是"大思政课"建设工作很好的切入点。在"双创"教育课程中融入社会责任感内容，教师是关键，因此，提高教师的素养是做好"双创"教育课程中融入社会责任感内容工作的基础。要提高教师创新创业教育素养，需要重点做好两方面的工作。

一方面，教师需要提高自身的理论水平，丰富教学内容。笔者在创新创业类课程的开篇绪论中会加入一些关于社会主义核心价值观和责任感内容的讲述。

党的十八大以来，以习近平同志为核心的党中央，团结带领全国各族人民，紧紧围绕实现"两个一百年"奋斗目标和中华民族伟大复兴的中国梦，举旗定向、谋篇布局、攻坚克难、强基固本，开辟了治国理政新境界，形成了一系列治国理政新理念、新思想、新战略。习近平总书记在十八届中共中央政治局第一次集体学习时的讲话中指出："中国特色社会主义道路，是实现我国社会主义现代化的必由之路，是创造人民美好生活的必由之路。中国特色社会主义道路，既坚持以经济建设为中心，又全面推进经济建设、政治建设、文化建设、社会建设、生态文明建设以及其他各方面建设；既坚持四项基本原则，又坚持改革开放；既不断解放和发展社会生产力，又逐步实现全体人民共同富裕、促进人的全面发展。"引导学生在理论层面思考，就可以使学生理解民族的发展方向是与创新创业相关的，创新创业只有与时代的方向紧密结合才会充满希望。

在"双创"教育中帮助学生树立社会责任感和公民使命感，就要引导学生理解中国梦与青年自身使命的关系，教学中可以引用习近平总书记与青年代表座谈时讲话内容："青年兴则国家兴，青年强则国家强。我们党自成立之日起，就始终代表广大青年、赢得广大青年、依靠广大青年。各级党委和政府要充分信任青年、热情关心青年、严格要求青年，为青年驰骋思想打开更浩瀚的天空，为青年实践创新搭建更广阔的舞台，为青年塑造人生提供更丰富的机会，为青年建功立业创造更有利的条件。各级领导干部要关注青年愿望、帮助青年发展、支持青年创业，做青年朋友的知心人，做青年工作的热心人。"课后跟踪调研显示，学生感觉这种讲授方式更能激发使命感和责任感，更能把创新创业理想与民族未来有机结合。

另一方面，教师要汲取中华民族历史上的优秀创新创业案例教育学生。

习近平总书记指出："如果一个民族、一个国家没有共同的核心价值观，莫衷一是，行无依归，那这个民族、这个国家就无法前进。"中华文明绵延数千年，有其独特的价值体系。中华优秀传统文化已经成为中华民族的基因，植根在中国人内心，潜移默化影响着中国人的思想方式和行为方式。今天，我们提倡和弘扬社会主义核心价值观，必须从中汲取丰富营养，否则就不会有生命力和影响力。

中华民族传统文化博大精深，思想源远流长、内容丰富、影响深远，它以其深刻的哲理性、广泛的应用性、长久的可鉴性，跨越历史留传至今依然光彩照人。中国文化博大精深，影响着东方乃至整个世界。中国乃至东方的管理思想，莫不以中国文化为源。西方商界人士长期以来信奉的"黄金法则""人类行为的伟大法则"中有一条准则就是孔子的一句至理名言——"己所不欲，勿施于人"。

在讲述创新理论的相关精神方面，通过讲述科学家的理想、信念、科学精神激发学生社会责任感。例如，通过一句大家耳熟能详的名言"科学无国界，但科学家有祖国"导入，进一步分析：科学是人类智慧的结晶，是属于全人类的财富，理应为全人类服务，因此，科学无国界；但是，科学事业的发展和科学家的命运都与自己的祖国有着密切的关系，科学知识的运用却离不开具体的国家，而且当今综合国力的竞争，集中体现为科技的竞争和人才的竞争，自然科学家和社会科学家都对国家的繁荣富强担负着重大的责任；在此基础上，以国防工业的杰出科学家群体为例展开教学内容，介绍中华人民共和国成立后毅然回国报效祖国的科学家，重点介绍辗转回国的钱学森先生，为了国家事业奉献终身的邓稼先先生，以及1968年12月5日因乘坐的飞机失事而牺牲的郭永怀先生的感人事迹。

在讲述企业家精神相关内容的教学中，从分析国内外企业高级管理者拿"一元年薪"这个现象入手，通过我国现行个人所得税税率计算纳税额让学生理解"一元年薪"的奥秘。在此基础上采取比较教学法，重点介绍陈嘉庚先生和卢作孚先生两位爱国实业家的故事，从探讨企业家精神的角度帮助学生提高社会责任感。介绍陈嘉庚先生从1913年在家乡集美创办小学开始的捐赠办学经历，尤其是"宁可变卖大厦，也要支持厦大"的壮举；同时，介绍陈嘉庚先生带领南洋华侨支持抗战的事迹，引出毛泽东主席给予的"华侨旗帜，民族光辉"高度评价。在此基础上进一步分析陈嘉庚先生提出的做人原则：公——永无止境的奉献，忠——永不动摇的爱国，毅——永不言败的坚强，诚——永不毁诺的铮铮傲骨。在介绍陈嘉庚先生的同时，介绍卢作孚先生所领导的民生公司在抗战时期抢运各类人员、物资的情况，用统计数字说明其对国家的贡献和个人损失情况；在此基础上分析卢作孚先生被毛泽东主席誉为旧中国实业界"四个不能忘记"人物之一的原因。通过讲述企业家的最高境界是报效国家，创业者的第一门功课是爱国和回馈社会的观点就比较容易得到学生认可。

大学生社团活动是课堂教学的延展，笔者从2009年起依托学会资源组建北京创造学会大学生志愿者服务团并指导大学生社团开展各类活动，逐步拓展创新创业者社会责任感教育空间，形成特色。在具体的工作中，重点开展了以下三方面的工作。

首先，积极申请和执行政府资助的公益活动，拓展学生社团发展空间。2009年起每年全国科普日期间，北京创造学会大学生志愿者服务团在北京郊区乡镇针对大学生村官开展"三创（创造、创新、创业）"公益活动形成品牌。2010年作为承办方,协助北京创造学会完成北京市科技周重点活动"创新方法京郊行——千人公益大讲堂"活动,获得2010年全国科技周优秀活动奖。为北京创造学会在北京市首次社会团体评估位列所有5A级社团综合排名第七名作出了巨大贡献。北京创造学会大学生志愿者服务团成为共青团北京市委社会工作部重点关注的跨不同高校的社会组织。北京农学院大学生科普志愿者协会是北京创造学会大学生志愿者服务团的骨干。北京农学院大学生科普志愿者协会从2011年起执行北京市政府购买社会组织服务项目4项,累计执行经费16万元(表5-2)。经过几年的努力,该社团在团中央全国学联、中国青年报、KAB全国推广办公室主办的寻访2016年大学生创业社团活动评选中荣获百佳社团第二十六名;在公益创业类社团中名列前茅。

表5-2 北京农学院大学生创业社团执行过的公益项目情况

项目名称	起止时间	资助方	资助总额(万元)	备注
新兴创意产业功能区加油站	2011年11月至2012年6月	北京市委社会工委	5	
志愿服务助力"八个高端"建设	2014年11月至2015年6月	石景山区委社会工委	5	
新社区新青年携手共进工程	2015年11月至2016年4月	北京市委社会工委	3	
浅山地区村民(草根)组织文化建设与乡村(社区)服务管理项目	2015年6月至2016年3月	北京市民政局	20	实际执行经费3万元

其次,积极组织学生参与高层次创业论坛并开展辅助活动,拓宽学生视野和思路。KAB全国推广办公室创业大讲堂是一项有影响力的品牌活动。笔者充分利用学校地处北京的优势,组织学生用课余时间参与讲堂,聆听创业成功者和创业青年的经验分享,拓宽了学生的视野。在此基础上,笔者利用手机微信群等方式加强交流,进一步拓展学生的思路。学生在活动中不仅可以通过与创业者面对面交流领悟到创业中的社会责任,而且可以站在全国层面拓宽视野,体会国家责任与创业教育的关系。

最后,积极支持学生开展微创业活动,把社会责任感与创业实践有机结合。北京市密云区冯家峪镇西白莲峪村是地处北京市生态涵养区和水源地的一个低收入村,村域自然环境优美,面临保护环境和发展生产提高村民收入的矛盾。笔者积极引导学生社团深入实地调研,学生提出依托笔者科普合作单位学伴科技（北京）有限公司技师帮助农家乐的经营者"自己推广自己"的微创业思路。笔者积极斡旋，帮助学生团队获得免费使用"学伴微课"技术的授权，为学生开展微创业、践行社会责任解决了关键性技术问题。该项目在与西白莲峪村达成合作公益创业意向后，逐步实施具体活动，经过几年的努力，团队协助该村开展旅游策划，成功入选"乡愁的力量"2017国际慢食全球大会，大学生创业团队也3次在中国"互联网+"大学生创新创业大赛获得省级以上奖励。

第六章 体育、艺术、劳动教育与"大思政课"建设

在传统的观念中,体育、艺术、劳动教育活动,不属于文化理论课程教学范畴;但是,这些活动却是开展思政工作的重要阵地。因此,本书将体育、艺术、劳动教育领域"大思政课"建设工作作为一个主题,进行分析。

第一节 体育和艺术教育"大思政课"探索

一个在职场上有竞争力的人,需要有健康的身体和良好的心态。要实现这一目标,就要加强体育和艺术教育工作,结合体育和艺术教育开展"大思政课"建设工作,有利于实现学生道德、心态、健康全面进步的目标。

一、结合艺术鉴赏教育与实践活动开展"大思政课"建设

艺术鉴赏教育是许多高等院校面临的新课题,构建一个相对独立又与原有教学体系相结合的学生培养体系是实现艺术鉴赏教育目标的关键。因此,从指导学生课外艺术鉴赏活动和组织优秀学生开展艺术实践两方面入手促进大学生成长,是发挥教师专业特长开展"大思政课"建设的有效途径。

(一) 指导学生课外艺术鉴赏活动提升学生思想政治水平

随着经济的发展,经济在文化事件中的影响力越来越大。一些不利于青年人世界观形成的事件经常被娱乐界热炒。如何在文化事件出现的第一时间,向学生传播正确的理念,是高校教育工作者的重要责任。一场美国小调的评选,可以成就数以亿计的利润,一晚没有营养的喊麦,可以囊括数十万元现金的打赏。赚钱无可厚非,可是,钱赚了,留下的不良影响谁来买单?大学生拼命地对着电脑练饶舌的问题谁来解决?学生"偶像"的不当言行,谁来负责给他作出解释?要解决这些问题,就要分析问题的根源,对大学生

开展全方位教育。

当下中国，无论是电视上还是网络上，某些地区的亚文化尤其盛行，如美国的嘻哈文化。以打击乐（DJ）、说唱（MC）、街舞、涂鸦为载体的嘻哈文化是从非洲传播到美国的地方文化、街头文化，并不是美国的主流文化。高校教师，如果人云亦云地将这种一个地区部分人表现出的文化形式当作该地区的主流文化就会显得偏颇而没有说服力。就像说每个地区都会有好人也有坏人一样，每个地区的文化现象也都会有高尚也有低俗，某些地方的某些组织、某些人对它进行市场运作并推广开来，从而导致这些小众群体文化的虚假繁荣本来也不应该大惊小怪。

中国历来不缺文化，但近代以来由于一段时间的落后，一部分中国人缺乏文化自信，其背后深层次的问题，是我们的文化表现方式出问题了，我们对传统文化的认知理解出问题了，我们对价值导向的把控程度出问题了，我们对人民群众的文化服务出问题了。关注了不该关注的，支持了不该支持的，传播了不该传播的，给予了不该给予的，脱离了不该脱离的。要建立文化自信，就要兼容并包，在这个过程中，就要整合多种力量、利用多种手段帮助学生建立文化自信，绝对不能把这个问题简单推给学生辅导员和思想政治理论课教师了事。

通过前文的分析不难发现，让非艺术专业的教师对上述文化现象进行解读是有一定难度的。虽然在学生思想政治教育工作领域，艺术教育工作者不是第一责任主体，但是，艺术教育工作者完全可以利用自身的优势，通过指导学生开展艺术鉴赏活动传播正能量。

要在保证指导学生课外艺术鉴赏活动的效果，建设艺术鉴赏类社团是重要的保障。高校的大学生社团组织是学生自愿组成，为实现会员的共同愿望，按照其章程开展活动的非营利性群众组织。学生社团的活动以保证完成学生的学习任务和不影响所在学校正常教学秩序为前提，以有益于学生的健康成长和有利于学校各项工作的进行为原则。学生社团组织和活动的目的是活跃学校的学习气氛，提高学生自己管理自己的能力，丰富学生的课余生活。学生社团可以根据学校的不同情况利用学生的课余时间开展各种形式的活动，以交流思想，切磋技艺，互相启迪，增进友谊。

在高等院校中，一般由同级党组织授权团的组织对学生社团进行管理和具体的指导，学生会应该积极配合和支持学生社团的工作，丰富校园文化生活。同时，也要求学生社团必须自觉接受学校团委、各院系团委的领导，必须遵守宪法、法律以及学校各项规章制度。社团活动不得妨碍学校各类正常工作和教学、生活秩序。学生社团的会员应当是具有正式学籍的在校学生。学生社团应当适应社会发展需要，积极开展健康有益、丰富多彩的课外科技文化艺术活动，促进学生德、智、体、美、劳全面发展。然而，历史上一些学校由于在社团管理上的疏漏，导致个别学生社团活动不规范，甚至出现接受一些不明身份组织资助，从事一些不利于学生成长的活动。个别学生社团的偏离轨道，导致个别高校的团组织为了避免隐患，大量审核批准一批娱乐性学生社团。在访谈调查中，发现在个别高校中学生素质教育类社团比重很低，娱乐性学生社团充斥高校第二课堂，看似风平浪静，实则对学生影响较大。一方面，部分学生的学习态度和学习习惯相对较差，第二课堂社团活动过度娱乐化，必然影响学校学习风气。另一方面，看似娱乐化的学生社团活动，也容易成为西方思潮和习惯传播的温床，例如，"动漫社"学生身着带有典型日本暴力文化服装行走于校园，感恩节、万圣节、圣诞节等大量带有西方宗教文化特点的节日庆祝成为一些社团的例行活动，上述现象以及前文提到的社会现象必须引起高校教育工作者的高度重视。因此，开展学生社团活动帮助更多学生掌握艺术鉴赏方法，形成与艺术鉴赏类公共选修课教学互为补充的教育平台，挤压对学生有负面影响事物在校内的空间，是符合时代发展的选择。

艺术鉴赏类社团是大学生社团的一个重要组成部分，教学型高校的实际状况决定了大学生艺术鉴赏类社团的发展模式。在扶植大学生艺术鉴赏类社团的过程中，应该讲究方法、寻求特色。在大学生艺术鉴赏类社团建设工作中，要做好学生教育和实践活动两方面的工作。

博物馆、美术馆、剧院等机构作为进行公共艺术教育的重要阵地是学校艺术教育的有益补充。充分利用上述资源开展艺术鉴赏活动，是帮助学生提高艺术鉴赏水平，进而树立文化自信的有效途径。然而，对于大多数非艺术专业学生，参观博物馆、美术馆时，如果选择自行参观是比较难以理解很多艺术作品的内涵的。虽然，很多博物馆、美术馆组建了志愿者讲解团队，但是，由于志愿者讲解时间固定，在非讲解时段参观没有机会听讲解的情况也时有发生。组织学生周末集体去文化艺术类博物馆参观并为学生进行专业讲解，可以为学生提供更加形象、生动的学习场所和学习机会。

剧院作为一个城市传播文化艺术的场所和市民欣赏艺术的殿堂，代表着一座城市乃至一个民族的文化品位，除演出、服务、交流等传统功能外，开展公共艺术教育既是剧院本身发展的需要，也是政府建立公共文化服务体系的需要。剧院可以通过举办与演出相配合的拓展活动、艺术普及教育活动、公益活动、配合学校艺术教育的活动、走出剧院的活动等,进行公共艺术教育。因此,组织学生观摩戏剧是拓展学生学习空间的另一有效手段。在具体工作中,可以组织学生去剧场观摩戏剧,也可以邀请艺术团体进入学校演出,在学校开展剧场教育。

依托大学生艺术鉴赏类社团建设为学生创造实践活动的机会,主要是引导学生参与到艺术类场馆的志愿服务活动中去。志愿服务(volunteer service)和志愿者(volunteer)是人类社会文明、社会进步的重要标志。志愿服务的原始意义为"因自由的意志而行事",志愿服务的解释和定义因时间、空间、群体等因素而纷繁复杂。总体来说,志愿服务是一种自愿的、不计报酬和收入、协助他人、改善社会的服务行为。依据中国青年志愿者协会给出的定义:志愿者是指不为物质报酬,基于良知、信念和责任,自愿为社会和他人提供服务和帮助的人。

志愿者活动始于欧美国家的博物馆。1907年,美国波士顿艺术博物馆开始使用义工(即志愿者),至今志愿者活动已有100多年的历史。如今志愿者在发达国家已普遍存在,如澳大利亚志愿者人数占全国18岁以上总人口的31%,志愿者组织在澳大利亚社会生活方面起着巨大作用。社会学家认为,志愿者数量的多少、志愿服务水平的高低,一定程度上反映一个国家、一个地区、一个社会的文明水平。中国青年志愿者行动由共青团中央于1993年12月启动,并伴随建立社会主义市场经济体制的进程发展,虽然只有30余年的历史,但发展迅速,志愿服务涉及社会诸多方面,呈现出生机蓬勃的局面。其突出特点是在短时期内青年志愿者行动即获得广大青年的广泛认同和积极参与,同时,在弘扬友爱、奉献、互助、进步的社会风气,提高全社会的道德水平方面发挥了不可替代的作用。

大学生在博物馆、美术馆从事志愿者工作,主要是为了得到"自我内心"的快乐和成就感,让"分享艺术的快乐"始终伴随着学生成长是教师引导学生参与艺术类志愿者活动的目标。不仅如此,艺术类课程教师还可以发挥自己的特长,在大学生参与志愿者活动的全过程辅助博物馆、美术馆开展培训,帮助学生在实践活动中提高艺术欣赏水平。

(二)通过指导学生鉴赏艺术作品和带领优秀学生进行艺术创作开展"大思政课"建设

红色文化是指自中国共产党成立以来,在长期的革命战争年代形成的一系列的革命文献、文物、革命歌曲、革命战争遗址、革命纪念地、革命根据地、革命领袖人物故居以及凝结在其中的革命精神、革命传统和文化氛围等。红色文化本身就是一种优秀的、传统的、民族的文化。它承载了中国共产党波澜壮阔的革命史、艰苦卓绝的斗争史、可歌可泣的英雄史以及不懈追求的奋斗史，体现了中华民族的精神品质和党的优良传统作风，是建设和发展中国特色社会主义的强大精神支柱。

因此，可以在开展艺术作品鉴赏活动时，举办"红色文化"说唱会，实现开展"大思政课"建设目标。依托活动，热情讴歌中国共产党领导中国革命和建设取得的伟大成就，展现时代风貌；在开放的、友好的、情感式、体验式的艺术情境中，在情理交融的氛围中，增进大学生对于"三个选择"的认同，表达对革命先烈的崇敬和怀念；通过交流合作和舞台展示，增强参与者的自信，提高其表达与表演能力，增进大学生相互之间友谊和集体凝聚力。具体活动可以采取多样化形式，例如，唱红歌、朗诵红色诗词，分享红色旅游的照片、见闻，讲述革命战争时期的故事，讲述红色影视剧的精彩片段，表演话剧小品等。鼓励原创的以红色文化为背景的作品。演出服装、演唱或朗诵CD伴奏、小品道具等相关材料由参赛选手自行准备或制作。表演内容必须是传承经典的红色作品，主要包括五四运动以来中国各历史时期的革命歌曲、社会主义建设时期和改革开放以来的新民歌等各类健康进步、励志向上的歌曲，以及战争革命、改革开放题材的诗词、散文、故事、影视剧观感、红色旅游见闻讲述等。

非艺术类院校的学生中，也有一些学生艺术素养是比较好的。教师可以通过指导艺术作品展演等活动，让学生参与艺术作品创作。艺术作品的创作是一种非常复杂的人类实践活动，很多现代艺术都在向综合艺术发展。一些艺术门类的创作属于个体创作，如绘画、诗歌等。而舞台和影视作品的创作却包括了多种艺术门类，如编剧艺术、导演艺术、美术设计艺术、音乐艺术、表演艺术、摄影艺术、剪辑艺术、录音艺术等。很多艺术作品的创作是一个大的生产过程，而且缺少哪一门类都没有办法完成创作。在艺术创作中，这些艺术门类一般没有非常分明的界限，艺术的综合性，最大限度地吸取了这些艺术门类的手段和技巧。

艺术作品创作是指艺术作品创作形成的全过程，在普通高等院校，拍摄影视类艺术作品是比较难的，因此，舞台剧目的创作是比较典型的形式。这个过程一般要经历前期筹备、指导排练、正式演出（比赛或评比）三个阶段。当然，在高校中有时还会包括后期展演环节，笔者认为这四个环节都是提高包括大学生思想政治素质在内的综合素养的过程。下面以北京农学院获得第四届北京大学生戏剧节独幕剧优秀剧目奖的独幕剧《杀鸡》为例分析上述过程。

一方面，在前期筹备阶段做好剧本创作。

剧本是戏剧艺术创作的基础，参赛剧目的指导教师首先面对的任务就是剧本创作。剧本是以文字形式表现未来剧目内容的一种文学式样，它是所有戏剧作品的文学基础，其优劣取决于作者的素养及其对戏剧特性和社会生活的熟悉程度，属于戏剧文学创作范畴。剧本的创作过程，大的方面与小说创作相似，同样需要丰富的生活根基和写作技巧。其表述与结构，则要求精练严谨，要有很强的视觉形象感。完美的戏剧剧本，可以使人像是在观赏一组活动的画面，可以激发起丰富的想象和创作激情。

演员的选择和剧本同样重要，在专业的影视和戏剧创作中，往往都是先有剧本后有演员。从演员本身的素质来讲，演员有本色演员和性格演员之分。性格演员是指善于运用表演技巧来塑造各种各样不同性格人物的演员。这类演员具有很强的可塑性，戏路较宽，擅长通过独特的表演进行人物形象的再创造，塑造出的角色不同于演员自己，不同于自己扮演过的其他人物形象，也不同于其他演员扮演过的同一人物形象，同时，每一个形象都具有不同的性格。本色演员是指演员的形象比较接近于生活。在普通高等院校没有艺术表演类大学生，在非专业演员中很难挖掘出性格演员，只能寻找本色演员。不仅如此，还要根据学生的情况开展文学剧本的创作。

指导教师充分考虑普通大学生没有演技也没经过专业训练的实际情况，选择让学生演自己身边的事情或人物是取得成功的关键。因此，在准备时间十分紧张的情况下，第一时间邀请教研室内外的教师举办了剧本创作座谈会。支农是北京农学院的一大特色，学校全方位、多层次、多功能地服务政府决策、服务产业发展、服务涉农企业与新型职业农民和市民需求。全国人大常委会原副委员长韩启德为学校题词："把论文写在京郊大地上，把成果凝结在农民的收获里。"依托技术开展支农工作是学校特色，但是以独幕剧形式展示难度很大，同时演员主体是低年级本科生，没有参加过支农工作实践活动。一位参加座谈的教师提出：低年级本科生虽然没有参加过支农工作但是参加过支教活动，可否成为创作方向？沿着这个思路进一步分析，就会发现，北京农学院学生参加的支教活动多是农民工子弟学校的课外活动，典型性不强。为了挖掘典型性材料，创作人员开展了文献调研。

在查阅大学生支教优秀事迹的过程中，创作人员发现了赵小亭的事迹。赵小亭1990年5月21日生于江苏如皋，是武汉大学电气工程学院大三学生、支教志愿者。赵小亭把她年轻的生命永远留在了贵州那片倾注了她无限热爱的土地上——2010年7月21日,赴贵州支教的赵小亭被一块飞落的山石砸中头部遇难。武汉大学校团委、武汉大学青年志愿者协会决定,追授赵小亭"武汉大学杰出青年志愿者"荣誉称号。2010年7月26日,湖北省委常委李春明(时任)作出批示,盛赞赵小亭是全省乃至全国青年志愿者的楷模,要求深入推进向赵小亭学习的活动。赵小亭的先进事迹也改变了社会对于"90后"的偏见,人物形象也容易被学生演员所理解。但是,没有深入了解也不可能创作好人物形象,经过头脑风暴式的讨论,一个方案逐步形成:以其他支教大学生在得知赵小亭遇难后的表现为主题,进行独幕剧《杀鸡》的创作。

2010年7月22日,一个静静的夜晚,发生在贵州省都匀市平塘县拉全乡的一间破旧的小屋里,4名来支教的大学生各自做着事情。他们或静卧在床上,或翻动着本子,或择菜,或烧水,一只被绑着的老母鸡即将被宰杀下锅。面对一天前赵小亭突然遇难,没有社会经验的大学生产生恐慌心理是正常的,于是一个装病的支教女大学生成为故事的焦点,就此引发了不同环境、家境、地域下生长起来的4个大学生不同的心理活动。通过剧目,演绎了大学生关于理想、社会、人生观多层面的思考。

另一方面,在剧目排练阶段指导学生理解剧本。

学生对剧本的理解是最关键的一环。虽然,在开始排练之前,指导教师邀请了本校参加支教活动的学生介绍了组织农民工子弟学校课外活动的体会,但是,学生还是对贫困地区吃住条件较差理解得不够深刻,甚至有个别学生提出了北京超市一只鸡价格并不贵的疑问。为了解决这一问题,指导教师为学生系统介绍胡焕庸线及其相关问题。

胡焕庸线,即中国地理学家胡焕庸在1935年提出的划分我国人口密度的对比线,最初称"瑷珲—腾冲线",后因地名变迁,先后改称"爱辉—腾冲线""黑河—腾冲线"。该线从中国东北地区的黑龙江省黑河市(原名瑷珲)一直延伸到中国西南地区的云南省腾冲市,大致地划分出了中国人口在区域上的分布,体现了中国人口东南和西北的分布区域之悬殊。胡焕庸线,在中国人口地理上起着画龙点睛的作用,在地理学(特别是人口地理学与人文地理学)以及人口学上,具有重大意义。

首先,它是一条人口地理的分界线。由东北至西南,从黑龙江黑河市到云南腾冲市做一条直线,以此线为界,约有96%的人口居住在约占全国土地面积36%的东南部地区,约4%的人口居住在约占全国土地面积64%的西北部地区。

其次，它是一条自然地理的分界线。它基本上和我国400毫米等降水量线重合，两边地理、气候迥异，所以它不仅是我国人口地理的分界线，也是我国自然地理的分界线。线东南方以平原、水网、丘陵、喀斯特和丹霞地貌为主要地理结构；线西北方人口密度极低，以草原、沙漠和雪域高原为主。

再次，它是历史地理分界线。从这条线的周边，可以清晰寻找到中华文明的影响是如何从中原地带逐渐拓展到西部与北部的踪迹。

最后，这条线不仅是人口的分界线、地理的分界线、气候的分界线、历史的分界线，它还是一条文明分界线：它的东部，是农耕的、宗法的、科举的、儒教的……而它的西部则是或游牧或狩猎区域，有着多元信仰和生活方式。当下，这条看不见的线仍然主宰着中国东部和西部的人口地理分布，与提出时相比，西部有些地区的人口增加了，但东多西少的格局基本上没有变化。

教师在向学生介绍上述背景知识后，从提高学生思想政治素养和保证演出效果两个角度进一步要求学生查阅贵州省、都匀市、平塘县三个层面的国内生产总值（GDP）、人均收入、文化环境等数据。这样，学生虽然没有机会去实地体验生活，却比较容易理解剧本创作者所要表达的思想，为学生在评比和后期展演活动过程中把握人物形象、取得演出成功奠定了基础。

二、传播体育文化开展"大思政课"建设

现代体育教育是现代教育的重要组成部分。现代教育理念的进步也对体育教育起到了促进作用，同时体育事业的进步也丰富了体育文化的内涵。

现代奥林匹克运动会已经成为世界上被人关注最多的社会事件之一。每4年一届的夏季奥运会和同样每4年一届的冬季奥运会，在带给人们高水平的比赛的同时也成为传播体育文化的载体。现代奥运会承载的体育文化是对古希腊时代兴起的古代奥运会文化的继承和发展。每次奥运会的圣火采集点燃仪式都会把全世界的关注目光聚集在雅典，传统奥林匹克的圣火采集，是一次形象生动体育文化教育与传播活动。

"更高、更快、更强"的奥林匹克格言，"互相理解、友谊、团结和公平竞争"的奥林匹克精神都充分体现出"为建立一个和平美好的世界作出贡献"的奥林匹克最终目标。

帮助学习者在身体健美、均衡和体态端正的基础上达到意志品质高尚、身心尽善尽美的境地，是体育教育尤其是体育文化教育的重要目的。现代竞

技体育规则对于竞赛时间、竞赛流程都有明确的规定,这样,体育活动的参与者通过参与体育活动,就比较容易通过遵守体育比赛规则,养成遵守时间的习惯,同时,通过参与团体比赛,养成团结配合意识、互助协作意识等团队精神。这种在体育比赛中养成的习惯逐步内化到人的行动之中,就可以逐步变成体育活动参与者自身人文素质的一部分,对于形成健全向上的人格意义重大。个体人格的养成对于职业生涯会有所帮助,而更多人素质的提升,是整体国民素质的提升的基础。因此,可以说体育文化是大国民素质养成的重要组成部分。

  体育文化特性与体育文化的形式密切相关。竞技体育文化,追求的是向人类极限挑战的过程,同时也会承载着为国家和团体争取荣誉的任务。因此,为实现运动目标而忍受伤痛参加比赛获胜或完赛的例子不胜枚举。1968年,墨西哥城奥运会的马拉松比赛,坦桑尼亚运动员阿赫瓦里在距离起点19千米处因碰撞而摔倒,膝盖受伤,肩部脱臼,但他并未就此退出,而是一瘸一拐地继续向终点跑去。他那句"我的祖国,把我从7000英里①外送到这里,不是让我开始比赛,而是要我完成比赛。"成为体育文化领域的名言。群众体育文化则主要体现在体育活动给参与者带来的快感和美感,并给社会带来健康和活力,全面发展及和谐发展就成为群众体育文化的核心理念。中国传统体育文化则是与历史悠久、博大精深的中国传统文化密切相关,追求与自然的和谐是其真谛。中国传统文化认为健康和长寿的根本因素在于人体的内部而不在于外部,人可以通过与自然的交换排除身体内部的浊气、吸取真气、五脏通达、六腑调和;中国传统体育虽然动作简单且很少有强烈的肌肉运动,却内涵深刻,重视自身的修炼、追求内在和谐之美是中国传统体育文化的精髓。

  因此,在开展体育文化教育时,应当与本民族的地理环境、人种特点、风土人情、经济条件、生产水平乃至和社会结构相适应。要充分考虑文化的如下特点:首先,要坚持体育文化教育的时代性,充分考虑所处时代的文化特征,关注所处环境以及时代的性质、内容和特定的形态;其次,要关注体育文化的社会性,也就是重视体育文化教育的群众性特点,考虑普通民众的习惯,考虑人、文化和社会三者之间关系;再次,要重视体育文化教育的差异性,考虑体育文化教育在地区、民族的行为习惯上,以及价值标准和价值观念上的差异;最后,要考虑体育文化的继承性,中国历史上的传统体育项

---

① 1英里≈1.61千米。

目重视修身养性、强身健体，继承上述理念并结合现代休闲文化，就可以使舞龙、舞狮、气功、武术等中国传统体育活动发展成影响力巨大的全球性运动项目。

要更好地在具体的大学生体育教育活动中帮助学生理解中国特色社会主义文化自信的内涵，就需要结合诠释奥林匹克精神对学生进行爱国主义教育，把中国体育史教育融入文化自信的教育之中。一般来说，大学生体育文化教育主要包括如下几方面内容。

第一，要在体育课程和校园体育活动中宣传奥林匹克精神，帮助学生深刻理解奥林匹克精神。

奥林匹克精神是奥林匹克运动的实质内容。《奥林匹克宪章》指出，奥林匹克精神就是相互了解、友谊、团结和公平竞争的精神。通常它包括参与原则、竞争原则、公正原则、友谊原则和奋斗原则。参与原则是奥林匹克精神的第一项原则，参与是基础，没有参与，就谈不上奥林匹克的理想、原则和宗旨等。"参与比取胜更重要"这句格言最早是美国一位主教提出来的。1908年伦敦举办第四届奥运会时，顾拜旦引用了这句话。后来，顾拜旦在1936年奥运会演讲时也说过："奥运会重要的不是胜利，而是参与；生活的本质不是索取，而是奋斗。"这一原则已被世界各国运动员和广大群众所广泛接受。竞争原则表明奥林匹克运动是一项倡导挑战与竞争的社会活动。竞争是奥林匹克运动的基本形式，也是推动人类社会进步的基本形式之一。人类在竞争中，勇于向世界强手和先进水平挑战，不断超越自我、超越他人，有所发展、有所创新、有所前进。公正原则是参与奥林匹克竞争的行为规范。奥林匹克精神蕴含了公正、平等、正义的内容，承认一切符合公正原则的优胜，唾弃和否定一切不符合道德规范的行为。公正原则使奥林匹克精神具有极大的魅力。友谊原则是奥林匹克运动的目的。奥林匹克运动不仅仅是一项单纯的体育活动，其最高目标，是要通过体育活动的手段，把世界上不同国度、不同种族、不同语言、不同宗教信仰的人凝聚在一起，使大家相互交往，增进了解和友谊，进而达到促进世界团结、和平、进步的目的。奋斗原则是奥林匹克精神的灵魂。奋斗精神是人类得以繁衍生息、繁荣昌盛的重要品质，是人类最伟大、最可称颂的内在力量。赛场的奋斗是人类奋斗的一个缩影。奥林匹克精神要求人们具有坚忍不拔的进取精神和克服一切困难的英雄气概。

体育运动是人类文化现象之一。奥林匹克精神是奥林匹克运动文化意识形态的本质内容。人类的各项竞技运动成绩和运动纪录，是社会文化的一部分。在这部分社会文化的积累、更新和创造过程中,奥林匹克运动起了重要作用,众多凝聚着人类智慧和体能的历史记载,多半是经过奥运会确立的。奥林匹克运动属于全人类,只有帮助学生真正了解奥林匹克精神,才能使学生真正拥有奥林匹克精神,为理解体育活动与文化自信打下基础。

第二,要在体育课程和校园体育活动中宣讲中国体育历史,帮助学生理解体育和文化自信的关系。

1908年,一家名为《天津青年》的杂志向所有中华儿女提出了三个问题,这就是:中国何时才能派一位选手参加奥运会?中国何时才能派一支队伍参加奥运会?中国何时才能举办奥运会?这三个问题在当时的中国引起了极大的轰动,激起了很多有识之士的深思。在中国近代体育史上,东北大学学生刘长春独闯奥运会,为民族精神而战的事迹,是通过参与体育竞技发扬爱国精神的有力证明。

东北大学学生刘长春运动成绩优异,九一八事变后,严厉拒绝了代表伪满洲国参加奥运会的要求,并于1932年代表中国参加了奥运会。1932年7月8日,刘长春和他的教练宋君复自上海搭乘邮轮,出发前往美国洛杉矶,邮轮在7月29日抵达洛杉矶,刘长春参加了7月30日下午举行的开幕典礼。但遗憾的是刘长春在经过3周海上航行后,体力早已大受影响,100米、200米短跑项目均未能晋级。

以刘长春为典型案例开展纵向对比,就可以拓展教育空间,帮助学生理解文化自信。首先,可以分析刘长春优异运动成绩产生的原因。1933年在第五届中华民国全国运动会上,刘长春以10.7秒和22.0秒的成绩打破100米、200米短跑两项全国纪录,其中10.7秒的100米短跑纪录保持长达25年之久,直到1958年才被新中国运动员梁建勋打破。刘长春成绩的取得,一方面源于他出色的运动天分,另一方面源于较好的训练环境。爱国将领张学良将军关心体育,曾经以800银元的月薪邀请德国田径教练奥运冠军步起来东北大学任教,这是刘长春成功的另一原因。

在此基础上,进一步分析当代中国体育竞赛中的保障工作,分析刘长春在奥运会失利的原因。从体育比赛辅助保障工作是竞赛胜负的关键因素分析,让学生反思刘长春奥运会失利的外界因素。国家遭遇厄运,训练不系统,准备不充分,是刘长春奥运失利的主要原因。这样,就很容易让学生理解体育与国家命运息息相关。

第三,加强中国传统体育文化教育,帮助学生理解中华文化的博大精深。

文化自信必然来自对文化的理解，因此，开展中国传统文化教育十分必要。受中国传统文化的影响，中国传统体育在价值上表现出"中庸"的价值原则。在整个体育过程中，强调"养生化"的价值主线，不刻意追求外在的负荷与强度和肌肉的收缩方式。力求通过养生，使人体与自然相互交融，汲取日月精华，天地灵气，而使得五脏通达，六腑协调。而西方体育在价值取向上崇尚力量，力求通过体育达到肌肉与力量、速度的完美结合，强调通过剧烈的大负荷肌肉训练，来塑造完美的人体形象理念，中国传统体育文化与西方体育文化能够形成互补。中国传统体育文化中人与自然、人与社会和谐的思想，对于解决现代竞技体育领域出现的诸如"无道德竞争"等弊端意义重大。因此，可以在体育课程和校园体育活动中推广中华武术，并以此为平台开展传统武德教育。在教学和校园活动中，教育学生继承传统武德中的精华，把习武同发扬祖国灿烂文化、热爱祖国联系起来，培养强烈的民族自豪感，维护中华民族的尊严；有宽广的心胸，要以礼待人，不恃武伤人，不以强凌弱；对危害祖国、人民利益的坏人坏事要敢说敢管，见义勇为；保持不盗名、不夺利、不保守、乐于助人的美德；尊老爱幼，尊师重道，对前人和长辈的著作和经验要虚心学习、认真钻研、刻苦练功，培养慈、勇、智、恒的坚强意志，拥有良好的身体素质，文武双全，为社会作出贡献。

竞技体育强调更快更高更强。为了更好地结合体育文化教育开展"大思政课"建设，还可以引导学生课下观看一些展现运动员拼搏精神的影片。例如，反映中国女排的电影《沙鸥》《中国女排》，就展示了可贵的女排精神。

和女排精神一样被中国人铭记的是中国乒乓球乃至中国体育界第一个世界冠军容国团。电视剧《阿团》就是这样一部反映容国团的作品。《阿团》这部电视连续剧，依据真人真事描写了一个运动员的成长道路，集中笔墨塑造了乒乓健将阿团的形象，作品是动人的、令人振奋的。阿团出身于我国香港的一个穷苦人家，自幼就刻苦学得一手高超的球艺，被人称为"乒乓小霸王"，后来成长为有名的球星，在第二十五届世界乒乓球赛中，连克 7 名强手，为祖国捧回了世界冠军的奖杯。阿团年幼时生活艰难，不得不去当"富二代"的陪练，受尽屈辱；条件好一些了，却险些坠入情网不能自拔；有了荣誉，也曾自傲，败于外国强将之手；失败了，又一度觉得丢人，哑口缄默……《阿团》这部电视连续剧描写了父子、母子之情，恋人之情，教练与运动员之情，以及生死关头的内心之情……所有这些情，都用爱国之情贯穿。影片中阿团一口气连赛 7 人，最后登上冠军奖台，情节起伏跌宕，扣人心弦。充分展现了人物原型容国团的那句脍炙人口的名言："人生能有几次搏，此时不搏，更待何时？"

在中国国力衰弱的近代，中华体育人依旧选择努力去捍卫民族荣光，影片《一个人的奥林匹克》就通过中国奥运第一人刘长春赴美国参加奥运的故事反映了这样的事实。在前往洛杉矶的轮船上，他在大风大雨中跑步、训练，即使风吹倒了他、雨淋湿了他，船身猛烈地摇晃，他也从未放弃过。他的心中只有一个信念："一定要赢得奥林匹克的冠军，为国争光，让中国在世界面前抬起头。"这个信念占据了他的全部身心，周围的风声、雨声、雷声、浪涛声仿佛都不存在，他似乎已经到了另一个世界。"不许放弃，不能放弃，去追梦吧，为梦想一定要坚持！"好像真的有这样一种声音在他耳边回响。他一直刻苦训练着，坚持、努力、奋斗、执着……海上漂泊23天，严重影响了刘长春的体能，1932年洛杉矶奥运会男子100米跑预赛，刘长春在前半程领先的情况下，被对手赶超，没有进入复赛，但他已经尽力了，在关键时刻，他丝毫没有放弃，一直坚持着，他虽败犹荣，在他永不言弃的精神中，观众看到了他为梦想而执着努力的优秀品质。当东北大学被迫流亡时，当遭到日本人阴谋污蔑时，刘长春无时无刻不记着他的奥林匹克之梦，就像他所说的"跑步乃余之生命"一样，为梦想努力。追梦奥林匹克，这是一种执着、一种坚持、一种勇气。刘长春以自己永不言弃、不屈不挠的追梦精神，以中国奥运参赛先行人的身份，成为中国奥运史上闪耀的明星；他披荆斩棘，把执着与勇气锻造成阶梯，留给后来的攀登者。奥运之梦是刘长春自己的梦，更是全世界华人的梦。

第二节 理解劳动教育内涵，建设劳动"大思政课"

要处理好劳动教育与"大思政课"建设的关系，就需要熟悉劳动相关的核心概念与基础问题，下面首先介绍这些内容。

一、劳动及劳动的意义

劳动是人类不可缺少的实践活动，是人类运动的一种特殊形式。劳动是人类社会生存和发展的基础，主要是指生产物质资料的过程，通常是指能够对外输出劳动量或劳动价值的人类运动，劳动是人维持自我生存和自我发展的唯一手段。按照传统的劳动分类理论，劳动可分为脑力劳动和体力劳动两大类。

劳动是人类基本的存在方式，也是人类社会形成和发展的决定性力量。

劳动既创造了社会物质财富，也创造了精神财富。人类历史上的一切文明成果，都可以最终归结为劳动创造。

人与动物最本质的区别在于人类可以劳动。蜜蜂制蜂巢、河狸在水中筑坝等行为只是消极被动地适应自然界的一种动物的本能，而非在自觉劳动意识驱动下的劳动行为。而人类可以通过劳动活动主动改变自然界，通过有意识地制造工具，并利用工具改变自然对象，以满足自己的需要，这种有目的、有意识的能动性活动就是真正意义上的劳动。对此，恩格斯深刻指出两者的区别："动物仅仅利用外部自然界，简单地通过自身的存在在自然界中引起变化；而人则通过他所作出的改变来使自然界为自己的目的服务，来支配自然界。这便是人同其他动物的最终的本质的差别，而造成这一差别的又是劳动。"

马克思关于劳动的定义是这样的："劳动——是人类区别于其他动物的本质活动，劳动首先是人和自然之间的过程，是人以自身活动来中介调整，控制人和自然之间的物质变化的过程。"不难发现，马克思关于劳动的定义首先告诉人们，劳动是人的客观物质活动。其次，这个定义强调劳动是以人作为劳动主体的有目的地认识和改造自然的能动活动。再次，马克思强调应将劳动活动视为人类社会实践活动。最后，马克思认为劳动不仅改变了作为人的劳动对象——客观世界，同时在这一过程中也改变了人的主观世界，正如他提出的："当他通过这种运动作用于他身外的自然并改变自然时，也就同时改变他自身的自然。"

习近平总书记在深刻阐释劳动创造的重大意义时指出："劳动创造了中华民族，造就了中华民族的辉煌历史，也必将创造出中华民族的光明未来。"习近平总书记的这段重要论述深刻阐明了劳动创造在5000年中华文明发展史上乃至对未来发展的作用。

在理解了劳动的定义之后，可以从两个方面认识劳动的价值。

一方面，认识人类劳动的本质可以帮助我们深刻理解劳动的价值。

2015年4月28日，习近平在庆祝"五一"国际劳动节暨表彰全国劳动模范和先进工作者大会上，阐释了唯物史观的一个重要论断："劳动是人类的本质活动，劳动光荣、创造伟大是对人类文明进步规律的重要诠释。"这段重要论断揭示了劳动的本质。因为，劳动是人类基本的存在方式，也是人类社会形成和发展的推动力量。劳动不仅创造了社会物质财富，也创造了精神财富。人类历史上的一切文明成果，都可以归结为劳动的创造。

劳动的主体是人，人类通过劳动实践活动创造了人类文明，这是人在劳动中的能动意义。劳动可以生产物质和精神产品并创造价值；同时，通过劳动人类社会也实现了由低级阶段向高级阶段不断发展的过程，这是人类发展历史的客观规律。

不同类型的劳动所创造的成果，成为人类的生产资料和生活资料、物质产品和精神产品，随着时代的变迁，劳动的成果的形式也在不断丰富，与传统劳动成果相对应的数字化劳动成果也层出不穷，这些成果成为人类社会成员可以消费的产品。

劳动巨大的创造作用，还表现在人类社会的分工上，从原始人单一的狩猎或采集的劳动形式到当代社会数以万计的职业门类承载的劳动形式，都来源于劳动；不仅如此，劳动形式也是不断变化，在旧有的劳动形式逐渐消失、新的劳动方式不断诞生的过程中，这些因素不仅实现了人类劳动实践形式由低级到高级的不断进步，也使劳动系统更加庞大、不断完善，呈现出专门化、精细化特征。

由于劳动，人类得以走出茹毛饮血的野蛮时代，彻底告别刀耕火种原始落后的生产方式。同时，人作为劳动主体，在改变客体并使其满足主体需要的同时，也在改变作为劳动主体的人类本身；劳动生产力的发展决定生产关系，以及建立于经济基础之上的上层建筑和意识形态。这是人类不断进步的客观规律。

另一方面，劳动中带来的劳动技术和工具的进步，实现了人类技术领域的进步。

劳动工具被马克思称为劳动的"中介"，是劳动实践活动不可或缺的参与物，也是全面了解劳动的重要因素。每一次新的劳动工具产生都会带来劳动形态的重大变化，进而引发生产方式划时代的变革，推动社会生产力不断发展，推动社会历史形态的进步。

从旧石器时代简单的砍砸器、刮削器、石锤等原始工具到新石器时代的磨制工具、钻孔和生火技术，原始社会的技术和劳动工具的进步记录了人类的发展。

正是源于劳动技术和工具的进步导致生产力的发展，原始社会晚期出现了剩余劳动产品，少数人占有剩余产品，生产资料由原来的氏族集体公有逐渐转变为个体家庭私有，私有制引发了阶级差别和矛盾，出现了国家，奴隶社会应运而生。

奴隶社会技术和劳动工具的典型代表是制作和使用青铜工具，青铜工具迅速提高了人类社会的劳动生产力，主要表现为我国夏、商、西周时期农业、畜牧业、商业和手工业依托青铜工具的进步和发展。

铁器的出现引发了劳动技术和工具的进一步发展。铁矿石更容易被开采、冶炼，更方便进行锻造加工，以铁为原料的工具比青铜工具更加结实、锋利和耐用，劳动生产效率更高。铁制农具提高了农业生产水平，铁制兵器提高了军队的战斗力。我国春秋战国时期，以铁为原料的工具使用范围迅速扩大所导致的劳动效率提高和社会生产力进步，加速了奴隶制社会的瓦解。

西方工业革命同样是源于劳动技术和工具的进步。在英国，1765年哈格里夫斯发明的珍妮纺织机和1776年瓦特改造升级的蒸汽机引发了第一次工业革命。第一次工业革命中，劳动技术和工具的进步实现了以机器代替手工劳动的过程，也形成了资产阶级和无产阶级，并导致资产阶级革命，人类进入资本主义社会。

马克思主义思想认为：在资本主义社会中劳动技术和工具的进步，与资本家依靠旧的生产方式获得更高利润是存在矛盾的；这种来自资本主义社会内部的基本矛盾是无法通过资本主义社会自身解决的，这就必将导致人类社会向社会主义进步。

二、劳动的特征、属性和价值

马克思主义理论认为：劳动是身体的行为，劳动满足的是生命的最基本需求，是人类生存发展的第一需要。马克思主义在《哥达纲领批判》一文中论述共产主义时指出："劳动已经不仅仅是谋生的手段，而且本身成了生活的第一需要。"

（一）一般来说劳动具备三个特征

首先，劳动具有必然性。马克思和恩格斯在《德意志意识形态》中提出："我们首先应当确定一切人类生存的第一个前提，也就是一切历史的第一个前提，这个前提是，人们为了能够'创造历史'，必须能够生活。但是为了生活，首先就需要吃喝住穿以及其他一些东西。因此第一个历史活动就是生产满足这些需要的资料，即生产物质生活本身。"也就是说，人类开展生产劳动是由人类物质生活需要决定的。

其次，劳动具有持续性。一个人的成长中工作经验的积累、个人性格的形成、生产和生活资料的获得等很多因素都与劳动相关。劳动往往会伴随着一个成年劳动者的整个职业生涯。

最后，劳动具有社会性。马克思指出："人的本质不是单个人固有的抽象物，在其现实性上，它是一切社会关系的总和。"人的劳动具有群体性的特征，离开了整个人类社会，个体是无法劳动的。

（二）劳动的属性主要包括劳动的自然属性和劳动的社会属性

马克思指出："劳动是不以一切社会形式为转移的人类生存条件，是人和自然之间的物质变换即人类生活得以实现的永恒的必然性。"正是由于劳动，人类的大脑逐渐发达，肢体逐渐灵活，人类才得以逐渐从动物界脱离出来。正如恩格斯在《劳动在从猿到人的转变中的作用》中提出："劳动是整个人类生活的第一个基本条件，而且到这样的程度，以致我们在某种意义上不得不说：劳动创造了人本身。"不仅如此，人类劳动所生产的产品中有一部分属于维持着人类生命延续的基本生活资料；同时，随着劳动生产力水平的提高，人类物质、文化等方面的需求也越来越高，这就需要通过劳动生产出更多、更好的产品。

世界是普遍联系的，因此，人类在生产劳动中既需要面对自然界，还需要面对社会中的各种事务。马克思指出："孤立的一个人在社会之外进行生产——这是罕见的事。"例如，当代社会中的一个成年劳动者的劳动过程都是以加入（就业）或组建（自主创业）一个劳动组织开始的，这说明人的劳动不可能孤立存在，需要在特定劳动关系中实现。在劳动生产过程中，不同的关系会被联系起来，这种关联形成了人类社会的劳动分工与合作，并外在表现为生产、分配、交换、消费等社会关系。只有充分理解社会分工、融入社会分工，企业和个体的劳动价值才会被更加充分地体现。

（三）劳动的价值主要体现在两个方面

一方面，劳动的价值体现为维持基本生存和生活需求。人类最初的生产劳动首先是维持自身最基本的生存需要，在社会生产力水平低的情况下，依靠简陋的生产工具进行的打猎、捕鱼、养殖、采集等生产劳动活动是古代社会的主要劳动形式。随着劳动技术、劳动工具的进步，新的劳动产品不断产生；同时，人类对于产品的需求也越来越高，追求更高质量、更有"品味"的生活成为人类的理想和目标；于是，对于劳动产品又提出了更高的要求。

另一方面，劳动的价值体现为促进人类发展的价值。新的劳动产品的产生，也导致了人类劳动对象和方式的进步；人类社会的不断进步，首先直接导致劳动内容发生了更大范围、更深层次、更广领域的改变，同时，也导致人类的生活水平向着更丰富、多元的方向发展。例如，互联网民用化以后，迅速渗透到人类生产、生活的各个方面，同时，也迅速改变了人类的生活、学习和工作方式，这种改变最明显的表现之一就是改变了人类生产方式，很多劳动者的工作方式从线下劳动被转移到线上劳动，体力劳动开始相对减少、脑力劳动开始逐步增加。因此，人类的劳动是一个自身实现不断发展、不断完善的过程，劳动实现了劳动者自我的价值，使劳动者成为一个全面发展的人。正如马克思指出的："劳动创造着具有人的本质的这种全部丰富性的人，创造着具有丰富的、全面而深刻的感觉的人。"

三、不同阶段人类劳动地位

因此，理解劳动在人类发展历史上不同阶段的价值和地位，有利于更好地理解劳动的本质。大致上可以从以下两个方面去理解这个问题。

（一）劳动是人类历史上特有的基本社会实践活动

在马克思主义哲学中，实践是人的生存方式。劳动是创造物质财富和精神财富的过程，更是人类特有的基本社会实践活动，人们的日常生活和生产活动都离不开劳动。正如马克思在《1844年经济学哲学手稿》中说："整个所谓世界历史不外是人同人的劳动而诞生的过程，是自然界对人类说来的生成过程。"

人类的古代社会，包括原始社会、奴隶社会和封建社会三种具体形态。

在原始社会，生存是主题。人们为了生存当然要从事生产和再生产，而要实现生产和再生产的目标就需要劳动。蒙昧时代的人们发现了火，发明了石器和弓箭，拥有了分节语，建立了氏族组织；野蛮时代，人们发明了陶器和冶铁术，饲养家畜或者栽培谷物，发明文字，建立部落和部落联盟。

当人类在与自然的斗争中取得初步的胜利之后，生产就有了剩余，出现了私有制。私有制是奴隶社会产生的基础。马克思对此有过如下论述："正如古代国家的自然基础是奴隶制一样，现代国家的自然基础是市民社会以及市民社会中的人，即仅仅通过私人意义和无意识的自然的必要性这一纽带同别人发生关系的独立的人，即自己营业的奴隶，自己以及别人的私欲的奴隶。"在奴隶社会，奴隶主把奴隶作为会说话的工具，不合理的人与人之间的关系使得奴隶只能从事简单劳动。亚当·斯密就曾说过："这类职业（手工业者和制造业者劳动者的职业，在许多古代国家），被看作是适宜于奴隶，而市民则不准从事这类职业……但是奴隶很少有发明；工业上一切减轻劳动和缩短劳动的最重要的改良，无论是机器还是更好的劳动组织和分工，都是自由民发明的。即使有的奴隶想出了并且提议实行这类改良，他的主人也会认为这是懒惰的表现，是奴隶企图牺牲主人的利益来减轻自己的劳动。可怜的奴隶不但不能由此得到报酬，还多半会遭到辱骂，甚至惩罚。因此，同使用自由民劳动的企业相比，使用奴隶劳动的企业，为了完成同量的工作，通常要花费更多的劳动。因此，后一类企业的制品通常总要比前一类企业的制品贵……"

奴隶最终推翻了奴隶主的统治，在春秋时，中国思想界出现了"百家争鸣"的局面，这促使中国在世界历史上率先完成了从奴隶社会向封建社会的过渡，成为世界公认的强国。中国2000多年的封建专制制度的发展过程在某种程度上就是中央集权制度发展的历史。封建专制制度对人民实行残酷的愚民政策，焚书坑儒、"女子无才便是德"等思想，都是希望百姓顺从统治；封建专制还对人的身体进行直接的摧残，一是体现为严刑峻法，二是体现在日常生活中的裹足等畸形的社会现象上。古代中国科举制度的创立，虽然存在程式化、保守性的特点，但是在封建社会的条件下确实为普通百姓通向社会上层铺设了一条可行的道路，这不但缓和了阶级矛盾，而且也选拔了人才；同时，也用制度方式认可了与体力劳动相对应的脑力劳动。同样，封建的官本位制度、领导的家长作风、教师的灌输式教育等都会产生同样的后果，蕴含在人类劳动中的创造力也遭到摧残。

资本主义社会是近代重要社会形态。资本主义的民主制度给人们提供了一条通过资本积累获得财富，获得民主权利的道路，这本身就是一种自由。在人们追求财富的过程中，劳动形式也日趋多样化。人类劳动中产生的创新成果和技术在资本主义生产中的应用必然成为资本的力量，而与工人相对抗。马克思说："如果说以资本为基础的生产，一方面创造出一个普通的劳动体系，即剩余劳动，创造价值的劳动，那么，另一方面又创造出一个普遍利用自然属性和人的属性的体系，创造出了一个普遍有用性的体系，甚至科学也同人的一切物质的和精神的属性一样，表现为这个普遍有用性体系的体现者，而且再也没有什么东西在这个社会生产和交换的范围之外表现为自在的更高的东西，表现为自为的合理的东西。"工人在强大的科学技术面前，变得更加渺小，只能沦为服从于"头脑"的"躯体"，从事异化的单一而简单的劳动。恩格斯在《自然辩证法》中也指出："到目前为止的一切生产方式，都仅仅以取得劳动的最近的、最直接的效益为目的。那些只是在晚些时候才显现出来的、通过逐渐的重复和积累才产生效应的较远的结果，则完全被忽视了……在西欧现今占统治地位的资本主义生产方式，这一点表现得最为充分。支配着生产和交换的一个个资本家所能关心的，只是他们的行为的最直接的效益。"

(二) 社会主义和共产主义是劳动形式融合与升华的必然出路

无论是农业社会人们的手工劳动，还是工业社会的机器操作，都是人们利用客观规律，科学地改造客观世界的行为。

资本主义不是人类生产的最高形式，更不是人类自由的终点，社会主义和未来的共产主义，都会为劳动创造更加宽松、自由的环境，从而极大地激励人们的劳动热情。

马克思指出按劳分配仍然是一种"资产阶级权利"。因为"它不承认任何阶级差别，因为每个人都像其他人一样只是劳动者；但是它默认，劳动者的不同等的个人天赋，从而不同等的工作能力，是天然特权。"资本的逻辑最终必然导向一个异质的结果，那就是社会主义和共产主义。

计划经济其实是马克思所设想的未来共产主义社会的经济形式。马克思设想社会主义革命同时在多个发达国家取得成功，国家实现公有制，国家按照社会需要统一安排生产和分配。但是社会主义革命的历史事实却相反，在俄国首先取得了胜利，列宁的一国胜利论创造性地为社会主义打开了一个缺口。随后中国、东欧等国家都相继建立了社会主义制度，并实行了计划经济体制。如果说马克思所设想的资本主义进入共产主义社会的具体步骤发生了变化，那么在资本主义经济没有得到充分发展的社会主义国家实行计划经济体制就是一个基本变化。没有发达的生产力、完善的制度基础和自由而全面发展的主体条件，建立计划经济体制虽然可以在特定时期内实现集中力量办大事的目的，但是从长期来看，就需要一些手段促进经济发展。发展经济是一个充满风险和辛苦的创造性活动过程，它的原始动力是人的需要，它的直接动力是人的利益，与发展经济密切相关的知识创新实践、技术创新实践和制度创新实践都是在它们的推动下主体行为的具体展开。在生产力不发达，经济发展无法满足人们日益增长的物质、精神需要的情况下，劳动者的创新实践最切实的动力是解决这个矛盾，而不是行政命令。

社会主义是一个过渡阶段，它在本质上属于共产主义，但是还保留了一些诸如"按劳分配"等原则。我国在社会主义的实践中终于认识到了这个真理，于是积极地改革自己的经济体制，并参考西方市场经济的经验和教训，提出了建设社会主义市场经济体制的目标。社会主义市场经济体制的最大特点就是，在以市场为基础的前提下，充分发挥社会主义国家宏观调控的优势，使两种经济手段相互补充，相得益彰。从劳动实践的角度来看，社会主义和资本主义的本质区别是，劳动的主体和劳动的价值主体空前一致。社会主义公有制保证了按劳分配的实现，按劳分配保证了劳动主体和劳动价值主体的统一。

社会主义社会仍然需要发展，它的目标就是实现更加合理的共产主义社会。在社会主义社会中，生产和流通进一步社会化，社会的进步更加依靠社会整体合作的力量，劳动的普遍主体得到落实。"在共产主义的高级阶段，在迫使个人奴隶般地服从分工的情形已经消失，从而脑力劳动和体力劳动的对立也随之消失以后；在劳动已经不仅仅是谋生的手段，而且本身成了生活的第一需要之后；在随着个人的全面发展，他们的生产力也增长起来，而集体财富的一切源泉都充分涌流之后，——只有在那个时候，才能完全超出资产阶级权利的狭隘眼界，社会才能在自己的旗帜上写上：各尽所能，按需分配！"

四、从中国历史和现实角度，平等看待不同类型劳动的意义

2016年一篇《不是总理说出来 我还不知道中国竟连圆珠笔头都生产不了！》的文章中提到：2016年1月4日，李克强总理（时任）在参加一个有关钢铁煤炭行业产能过剩的座谈会时，他举例说，中国至今不能生产模具钢，比如圆珠笔的"圆珠"都需要进口。

于是，在2016年3月5日召开的第十二届全国人民代表大会第四次会议上，国务院总理李克强（时任）作政府工作报告时提到："鼓励企业开展个性化定制、柔性化生产，培育精益求精的工匠精神，增品种、提品质、创品牌。"

关注工匠精神是一个很有意义的话题，也有人认为关注工匠精神是国家重视劳动教育的前兆。笔者在2017年上半年出版的《工匠精神与工匠精神养成引论》一书中也论述过，关注工匠精神就要尊重工匠的劳动成果，开展向工匠学习的活动，也可以帮助学生树立"劳动最光荣"思想。

但是，不论是探索工匠精神，还是围绕工匠精神和工匠文化开展劳动教育时都会发现很多很有趣的事情。在回眸中国历史上灿烂的农业和手工业文明时，就会发现，无法绕过世界上第一部关于农业和手工业生产、中国古代的一部综合性科学技术著作——《天工开物》。《天工开物》是一部中国古代工农业生产的百科全书，是一部实用性很强的技术专著。在这本书的序言里有这样一段文字："丐大业文人，弃掷案头！此书于功名进取毫不相

关也!"

在我国漫长的封建社会里,到明朝时,封建时期的儒家思想已经居于绝对统治地位,儒家思想教育人们要做君子,君子是什么样的人?要才能卓著、品德高尚,最起码的要求就是不能是个低级趣味、道德败坏的人。"君子喻于义,小人喻于利""奇技淫巧,君子不为",文化人本身已经养成一种高贵感、优越感,并不尊重从事劳动生产的工匠和农夫。进一步说,当时决定读书人前途的科举,有考科技类或实践工农业应用知识吗?没有。先贤们的伟大思想、道德操守、修身齐家治天下的本领才是真正重要的。读书人高人一等的优越感和他们教化苍生造福黔首的理想互相印证,加之科举的导向作用,哪个卖书人还会去看一本内容明显应该是写给工农业生产者看的杂书呢?总之,在当时社会看来,有理想的年轻人应该多看夫子大义,学习教化民众、治理一方,《天工开物》这类图书被视作记述"奇技淫巧"的书。

中国的改革开放使中国经济迅速发展,市场经济的深化也影响着人们的价值观。在关于高考的新闻中也会提到某些考生不愿意学习技术专业,而更愿意读经济、金融、管理类专业现象,这些新闻似乎显示注重技术和工艺水平的工匠精神正在被忽视,因此,站在国家发展的角度看,研究工匠精神意义重大。而重视工匠和工匠精神,也使得一些教育工作者在开展劳动教育时,大谈体力劳动和技能型劳动。这就很可能从一种倾向导向另外一种倾向,从轻视体力劳动和技能型劳动,到只谈体力劳动和技能型劳动,这显然也不是劳动教育的真谛。

一个国家要加强科学技术的竞争力是无法回避的,一个迅速崛起的经济体需要一大批高水平的科学家和一大批优秀的工匠。目前欧洲发达国家应用技术型人才与学术型人才培养的比例一般为8∶2,然而在我国,这一比例已经失衡。2015年10月21日,教育部、国家发展改革委、财政部联合发布《关于引导部分地方普通本科高校向应用型转变的指导意见》,对该项工作的意义阐述如下。

"当前,我国已经建成了世界上最大规模的高等教育体系,为现代化建设作出了巨大贡献。但随着经济发展进入新常态,人才供给与需求关系深刻变化,面对经济结构深刻调整、产业升级加快步伐、社会文化建设不断推进特别是创新驱动发展战略的实施,高等教育结构性矛盾更加突出,同质化倾向严重,毕业生就业难和就业质量低的问题仍未有效缓解,生产服务一线紧缺的应用型、复合型、创新型人才培养机制尚未完全建立,人才培养结构和质量尚不适应经济结构调整和产业升级的要求。"

"积极推进转型发展，必须采取有力举措破解转型发展改革中顶层设计不够、改革动力不足、体制束缚太多等突出问题。特别是紧紧围绕创新驱动发展、中国制造2025、互联网+、大众创业万众创新、'一带一路'等国家重大战略，找准转型发展的着力点、突破口，真正增强地方高校为区域经济社会发展服务的能力，为行业企业技术进步服务的能力，为学习者创造价值的能力。各地各高校要从适应和引领经济发展新常态、服务创新驱动发展的大局出发，切实增强对转型发展工作重要性、紧迫性的认识，摆在当前工作的重要位置，以改革创新的精神，推动部分普通本科高校转型发展。"

如果不能解决如何培养出生产服务一线紧缺的应用型、复合型、创新型人才的问题，地方普通本科高校向应用型转变的目标将无法实现。在培养人才的过程中需要解决的三大问题首先是人才的思想品质，其次就是职业所需的精神，然后才是具体的技术能力。对于应用型人才职业精神往往表现为工匠精神，既相对独立，又与思想品质和技术能力培养密切相关。因此，研究工匠精神的本质和培养手段是当前高等教育，尤其是应用型高校无法回避的话题。

同时，在基础教育阶段，通过教师开展劳动教育告诉学生，中国发展中在科技领域取得的成就既来源于科学家的辛勤劳动，也来源于工程师的辛勤劳动，还来源于技术工人的辛勤劳动，这是劳动者的主体，而为其形成保障的劳动者群体都是有功者，他们都是同等重要、缺一不可的。要为国家作出贡献，就要根据自己的兴趣、爱好、特长选择自己适合的职业，成为一名光荣的劳动者。这才是劳动教育的目标。

陈昌曙在《技术哲学引论》中对哲学与技术关系的论述如下。

"哲学之所以能对其他领域、其他学科有影响，是因为哲学有着从总体性、根本性和普遍性上来思考问题的特点，或哲学乃是穷根究底思考的结晶和表现。也可以说，凡属从总体上、根本上、共性上进行反思，凡属对问题的穷根究底的追溯，都属于哲学意识的范畴。"

"从相互影响看，哲学与技术是有缘相会的，在技术领域、技术活动和技术过程中，不仅存在着要靠物质手段和实际经验来解决的具体问题（如装备、工艺、测试、能源、控制、原材料、专利等），又包含和渗透着要靠穷根究底的思考来回答的哲理性问题。技术和技术人员并不是非哲学的或反哲学的因素，工程师和哲学家在许多问题上，特别是在有关技术的地位与作用、技术发展战略与技术政策的认识上，应当很可能有共同语言。技术哲学可以看作是工程师的哲学，为工程师说话的哲学，与工程师对话的哲学，当然也是需要由工程师来说话（参与）的哲学。"

既然与工程师有关的技术和相关活动需要哲学工作者参与，那么与技师有关的技术和相关活动也同样需要哲学工作者的参与。因此，从马克思主义哲学基本原理出发开展劳动教育相关问题的哲学研究意义重大。不仅如此，在马克思主义中国化理论指导下，研究当下教育规律，围绕教育的规律提出劳动教育的体系，是思想政治教育学科、基础教育学科和一般专业学科教育三类教师都要面对的话题。

在当代的生产和生活实践中，人们每时每刻都面对各种形式的劳动，简单劳动和复杂劳动、体力劳动和脑力劳动、传统劳动和数字化劳动、重复性劳动和创造性劳动。我们可以沿着与工匠从事的劳动密切相关的领域继续思考。要从系统论观点出发认识劳动，才能全面厘清劳动的范畴，避免挂一漏万；同样，从系统论观点出发认识劳动教育，才能从思想政治教育、基础教育、专业知识教育三个维度出发，解决基础教育和职业能力培养两个阶段的劳动教育所面临的问题。这样，才能全面系统地认识劳动和劳动教育，进而将大学、中学、小学，乃至学前教育的劳动教育内容实施有机整合，形成一个系统，完成劳动教育一体化的目标。

五、开展劳动教育需要关注哪些问题

教育部关于印发《大中小学劳动教育指导纲要（试行）》的通知中明确提出："劳动教育是发挥劳动的育人功能，对学生进行热爱劳动、热爱劳动人民的教育活动。当前实施劳动教育的重点是在系统的文化知识学习之外，有目的、有计划地组织学生参加日常生活劳动、生产劳动和服务性劳动，让学生动手实践、出力流汗，接受锻炼、磨炼意志，培养学生正确劳动价值观和良好劳动品质。"上述内容，不仅给出了劳动教育的权威定义，也指明了劳动教育的工作范畴与方向。

开展劳动教育是一种新的教育形态，因此，在结合劳动教育建设"大思政课"时有如下一些问题是需要回答和思考的。第一，劳动教育和劳动有什么区别和联系？第二，如何在劳动教育中"实现全程育人、全方位育人"，融入思想政治工作元素，并努力实现大学、中学、小学，乃至学前教育结合劳动教育开展思想政治教育工作一体化？第三，劳动主要活动是具体的，但是否学生参与或体验劳动就算进行了劳动教育？如果认为学生参与具体劳动就是进行劳动教育了，那么这种活动和由来已久的义务劳动活动有何区别呢？如果认为学生体验了某种劳动就是进行劳动教育了，那么这种活动和职业体验、专业学生实习有何区别？第四，正如前文提到的在当代的生产和生活实践中存在各种形式的劳动，如简单劳动和复杂劳动、体力劳动和脑力劳动、传统劳动和数字化劳动、重复性劳动和创造性劳动等，对其是分门别类进行教育还是寻找共性的规律？第五，我国的教育方针强调"德智体美劳"全面发展，在努力实现劳动教育和德育工作有机结合的同时，是否还应努力实现劳动教育和智育、体育、美育三方面工作的有机结合？第六，劳动技术和工具的发展是社会进步的关键要素，是否需要在教育中揭示劳动的创新价值和创新规律，并且帮助学生掌握创新所需的知识？第七，劳动所产生的产品蕴含着文化要素。劳动过程中是否也蕴含着文化？如何在教育中传播优秀文化？第八，劳动教育与学生未来选择职业和专业有无关系？是否需要在劳动教育中加入劳动者职业生涯规划内容？如果需要，在哪个阶段加入是比较合适的？第九，在劳动教育过程中应当选择哪些教学方法？第十，对于已经进入非基础教育阶段的学生，在劳动教育中还需要增加哪些知识为学生未来就业服务？

人们或许会说，上面讲的这些虽然与劳动教育有关，也很重要，但涉及内容宽泛，应当以何为主？前文列举的十个方面是开展劳动教育工作会涉及的一些问题，也是结合劳动教育开展"大思政课"建设工作需要关注的问题。

六、正确认识"劳动"和"劳动教育"，把握课程育人方向

前文已经分别给出劳动和劳动教育的定义。但是，一个值得注意的话题是：在开展劳动教育时，简单地用职业教育和职业教育体验来代替劳动教育的观点，如"让职业院校担纲策划、设计所在区域所有学校，包括幼儿园、中小学甚至大学的劳动教育课程""让职业院校的师生到本地区所有学校，包括幼儿园、中小学甚至大学担任劳动教育课的授课教师"等观点也越来越盛行。

2020年3月20日印发的《中共中央 国务院关于全面加强新时代大中小学劳动教育的意见》明确指出："根据各学段特点，在大中小学设立劳动教育必修课程，系统加强劳动教育。"文件同时指出，"小学低年级要注重围绕劳动意识的启蒙，让学生学习日常生活自理，感知劳动乐趣，知道人人都要劳动。小学中高年级要注重围绕卫生、劳动习惯养成，让学生做好个人清洁卫生，主动分担家务，适当参加校内外公益劳动，学会与他人合作劳动，

体会到劳动光荣……初中要注重围绕增加劳动知识、技能,加强家政学习,开展社区服务,适当参加生产劳动,使学生初步养成认真负责、吃苦耐劳的品质和职业意识。普通高中要注重围绕丰富职业体验,开展服务性劳动、参加生产劳动,使学生熟练掌握一定劳动技能,理解劳动创造价值,具有劳动自立意识和主动服务他人、服务社会的情怀……高等学校要注重围绕创新创业,结合学科和专业积极开展实习实训、专业服务、社会实践、勤工助学等,重视新知识、新技术、新工艺、新方法应用,创造性地解决实际问题,使学生增强诚实劳动意识,积累职业经验,提升就业创业能力,树立正确择业观,具有到艰苦地区和行业工作的奋斗精神,懂得空谈误国、实干兴邦的深刻道理;注重培育公共服务意识,使学生具有面对重大疫情、灾害等危机主动作为的奉献精神。"

领会文件精神,不难发现,"参加生产劳动"是中学阶段的工作,小学生直接"参加生产劳动"存在安全隐患,存在风险。普通高等学校要明确劳动教育主要依托课程,事实上,很多历史悠久的本科院校是十分重视劳动教育和义务劳动等活动的,清华大学等高校就有组织学生开展义务劳动的传统,而且这种传统义务劳动在改革开放以后还逐步丰富成为志愿者服务的一种特色活动,而且,很多"985""211"学校的义务劳动就是以体力劳动形式存在的。因此,"让职业院校担纲策划、设计所在区域大学的劳动教育课程"显然没有发挥本科生的聪明才智设计义务劳动活动更有教育价值。大学生本科院校可以邀请职业院校的老师和社会各界的劳模为大学生讲课,而那种"中职生站上了高中生、大学生的劳动教育课的讲台,给自己的同龄人,给自己曾经的同学,甚至给自己曾经仰望的'学霸''学神'讲课"的观点更是值得商榷的,让没有教学训练或工作经验的在校中职生讲课,教案设计、课堂组织等很多问题如何去解决本身就是一个难题,但是,如果由教师准备上述内容让学生去讲,无异于一场"走秀"。

习近平总书记强调:"要树立正确的世界观、人生观、价值观,掌握了这把总钥匙,再来看看社会万象、人生历程,一切是非、正误、主次,一切真假、善恶、美丑,自然就洞若观火、清澈明了,自然就能作出正确判断、作出正确选择。"

人生目的、人生态度、人生价值构成了人生观的核心内容。一个人为什么而活动,一生的理想和目标是什么,正确的人生观会帮助人们作出正确的人生决定。例如,笔者母校东北大学就有"1955届冶金、机电和建筑系毕业生在毕业离校前夕用自己的义务劳动开辟运动场作为毕业礼物奉献给母校"的事迹，这座体育场也被学校命名为"五五体育场"。在中国经济并不发达、学生可支配的生活费用不多的时代，很多毕业生不可能像当代大学生那样购买一件有纪念意义的商品，作为集体留给学校的礼物。但是，东北大学（当时学校名为东北工学院）的1955届毕业生，却用自己辛勤的汗水，无私奉献，为母校留下了至今还在使用的运动场。可以说，"五五体育场"不仅是1955届毕业生留给学校的珍贵礼物，也是让后来的东北大学学生肃然起敬的劳动教育实例，更是他们自己树立在母校的一座丰碑。东北大学1955届毕业生一个阶段的义务劳动，看上去似乎平凡，但是，却是正确人生观的体现。

劳动观是劳动者对劳动的基本看法和基本态度，是劳动者在劳动过程和择业过程中的具体表现，决定了劳动者对劳动的价值判断和价值选择。劳动者为什么要劳动？或者说劳动是为了什么？首先是为了生活，为了更美好、更幸福地生活；更高境界的劳动观就是为了更多人更美好、更幸福地生活。前文提到的东北大学1955届毕业生就不是为自己的生活而劳动，而是为了未来在这所学校工作的老师和读书的学生锻炼身体有更好的场地。同样，在那些为祖国建设而远赴条件艰苦地区的建设者以及为了国家而隐姓埋名多年的"两弹一星"元勋的身上，都体现了为了更多人更美好、更幸福地生活而付出劳动的理念，这种思想带有明显的利他性，也是当今社会需要倡导的劳动观。

不仅如此，在中国共产党的发展历史上有很多有名的劳动运动，不仅可以成为劳动教育课的教学内容，而且可以成为劳动教育课程融入德育观点的典型案例。例如，抗日战争进入相持阶段后，由于日军作战逐步转向敌后战场和国民党"消极抗日"的政策，陕甘宁边区在经济上、财政上日益困难。1940年冬，国民党政府不仅完全停发八路军的薪饷、弹药和被服等物资，而且调动几十万军队对陕甘宁边区和其他抗日根据地实行军事包围和经济封锁。在这种情况下，中共中央把发展生产作为解决经济财政问题的关键，在边区开展了大生产运动。中央领导人身先示范、参与生产，成为中国历史上一笔宝贵的精神财富。在这个过程中，毛泽东、朱德带头开荒种菜，周恩来、任弼时带头学习纺线，陈云、张闻天带头参与生产的故事都被传为佳话。

第七章 素质教育"大思政课"建设探索

现代社会的发展对各行各业工作人员的素质要求越来越高，社会主义经济建设需要的人才，是理想、道德、知识、智力与技能，以及体质、心理素质等诸多因素全面发展、相互协调的人才。人才素质的构成是全方位的，它包括人的知识储备、职业素养、表达能力等。

要成为高素质的人才，适应社会的要求，就要全面提高自身能力。适应现代社会的人才要有人文与传统文化知识，还要有思维能力、表达能力（书面表达能力和口头表达能力）和解决问题能力。人的思维能力和解决问题能力可以结合创新创业能力培养和专业课程学习培养。接下来本章将介绍结合提升传统文化知识和表达能力的相关公共选修课程"中国传统文化"和"表达能力训练"开展"大思政课"建设探索。

第一节 中国传统文化类"大思政课"建设探索

"中国传统文化"课程作为一门选修课既不需要占用理工农医类学生过多的课时，也不涉及过多的专业历史知识。这门课不仅完全可以让粗通历史，甚至已经忘却在中学时代所学历史知识的理工农医类大学生听得懂、接受得了，而且还要引发他们对中国传统文化的浓厚兴趣。尤为重要的是，通过学习，可以让学生从中学到许多知识、经验教训，提高他们应对未来社会生活挑战的能力，增强社会竞争力，这对他们自己，乃至社会、国家都是件有益的事。因此，结合该课程开展"大思政课"建设探索要从如下几个方面入手。

一、理解中国传统文化基本问题

（一）什么是中国传统文化

研究和学习中华优秀传统文化是帮助当代大学生全面掌握中国文化、树立文化自信的关键。

在汉语中,"传"字主要含义是传承、传递,"统"是指事物的连续状态,也就是一以贯之的意思。《现代汉语词典》将"传统"一词解释其为:"从历史上沿传下来的思想、文化、道德、风尚、艺术、制度以及行为方式等。它通常作为历史文化遗产被继承下来,其中最稳固的因素被固定化,并在社会生活的各个方面表现出来。如民族传统、文化传统、道德传统等。"美国社会学家爱德华·希尔斯认为传统是指世代相传的东西,就是从过去延传至今或相传至今的东西,传统的标准是:"传统是人类行为、思想和想象的产物,并且被代代相传。"因此,可以说,传统就是指由各个历史时代特殊的自然地理环境、经济形式、政治结构、意识形态等综合作用而自然形成、积累并世代相传直至今天的,且在当代仍时时刻刻对社会和生活产生巨大影响、起着重要作用并表现于社会生活各个方面的思想文化、制度规范、风俗习惯、宗教艺术乃至思维方式、行为方式等的总和。

传统文化就是指在一个民族中绵延流传下来的反映民族特质和风貌的文化,是民族历史上各种思想文化、观念形态的总体表征。传统文化既可以体现在有形的物质文化中,也可以体现在无形的精神文化中,如人们的生活方式、风俗习惯、心理特性、审美情趣、价值观念等。任何民族都有自己的传统文化,都是在其历史发展过程中形成和发展并流传下来的。

从广义说,中国传统文化就是指中华民族在生息繁衍的漫长历史发展过程中,逐步形成并流传下来的比较稳定的反映中华民族整体特质和整体风貌的文化形态,影响中华民族发展进程的一切物质和精神成果的总和。从狭义说,中国传统文化特指在中华民族历史上绵延流传下来的影响整个中华民族发展进程的、具有稳定的共同精神、心理状态、思维方式和价值取向的全部精神成果,也就是中华民族传统意识、观念、心态和习俗的总和。

(二) 中国传统文化的特征

结合素质教育公共选修课开展"大思政课"建设,就需要深刻认识中国传统文化的特征。概括地说,中国传统文化的特征主要表现为如下几个方面。

1. 崇德尚贤

中华传统文化始终以伦理道德作为其价值取向的核心,德育至上是最明显的特征之一。儒家经典《大学》在开篇就点明全文宗旨:"大学之道,在明明德,在亲民,在止于至善。"意思是说,大学教人的道理,在于使人彰显发扬光明美好的德性,再推己及人,使人人都能去除污染而自新,最终达到并保持完美至善的境界。

孔子将修德放在首位，而将学习知识、做学问等放在修德之后，说明儒家思想一贯强调修德的重要性。孟子进一步发展了孔子的修德思想，他说："人之有道也，饱食暖衣逸居而无教，则近于禽兽。"不仅认为道德是人区别于动物的标志，每个人都应该遵守道德准则修养德行，而且认为道德教育对治理国家有重要意义，整个社会和国家也应该通过道德教育来弘扬德性。儒家学派另一位代表人物荀子认为后天的道德教化"能化性，能起伪，伪起而生礼义"，并最终可以达到"涂之人可以为禹"的目标。

中国传统文化对伦理道德的重视不仅体现在中国古代典籍中，更体现在中国古人的道德践行中。一方面，在中国古代社会统治者大都重视以德治作为治理国家和教化民众的工具之一，他们认为只有用道德手段教育、感化并约束人们，才能使之具有道德自觉，心悦诚服地守法遵礼、知耻从善。另一方面，在中国古代社会，不论统治者还是平民百姓，人们也大多以追求理想的圣贤人格为人生目标，他们通过对儒家经典的学习，以仁、义、礼、忠、孝、悌、信等儒家思想的具体内容作为标准来要求自己的日常行为，从而激励自身加强道德修养，完善人格操守，提高人生境界，实现个人价值等。

对于中国传统文化的这种特征，近现代许多著名学者也有论述。冯友兰先生说："基督教文化重的是天，讲的是'天学'；佛教讲的大部分是人死后的事，如地狱、轮回等，这是'鬼学'讲的是鬼；中国的文化讲的是'人学'，注重的是人。"梁漱溟先生说："中国人把文化的重点放在人伦关系上，解决人与人之间怎样相处。"庞朴先生说："假如希腊人注意人与物的关系，中东地区则注意人与神的关系，而中国人是注意人与人的关系，我们的文化特点是更多地考虑社会问题，非常重视现实的人生。"冯天瑜先生说："如果把西方的文化视为'智性文化'，那么中国文化则可以称为'德性文化'"。

2. 生命力强劲

作为世界四大文明古国之一的中国不仅具有悠久的历史，而且它的文化积淀、文化遗存是世界上任何国家都无法比拟的。同时，中国还是世界上唯一一个历史不曾被割断过的文明古国。

世界四大文明古国除中国外，还有古代埃及、古代印度（包括今天印度、巴基斯坦和孟加拉国等国）和古代两河流域地区（主要是今天的伊拉克一带）。但是今天的埃及人、印度人和伊拉克人并不是创造古代文明的先民的直接后裔。创造这些古代文明的先民在很早的时候就被外族征服，然后逐渐消失在历史长河之中。例如，古埃及早在公元前10世纪的时候就开始遭到外族的入侵，公元前6世纪又被波斯人征服，公元前4世纪再被古希腊人占领，接近公元时又沦陷于罗马人，公元七八世纪被并入阿拉伯帝国的版图。在一次又一次的征服中，古埃及文明被破坏得"体无完肤"，完全丧失了自己的体系。古代印度文明的创造者是生活在印度次大陆上的土著人，他们后来被来自中亚的雅利安人所征服，之后匈奴人、阿拉伯人等先后侵入印度次大陆，近代又遭到了英国的殖民统治，古代印度文明也因此被分解得"支离破碎"。古代两河流域文明的创造者苏美尔人也在经历了阿卡德人、古巴比伦人、亚述人、新巴比伦人、赫梯人、波斯人、希腊人等一次又一次的征服之后，在接近公元的时候终于消失得无影无踪了。不仅两河流域地区先民所创造的文明没有一脉相承地流传下来，而且后来那些征服者的文化也都被破坏殆尽，今天生活在两河（幼发拉底河、底格里斯河）流域土地上的居民主要是与苏美尔人毫无关系的阿拉伯人。

与其他古代文化体系因外族入侵所导致的消失、中断或异化有所不同，只有中国的古代文明被一脉相承地传承下来，也只有中国传统文化在东亚大陆上按照自身的逻辑孕育演化，历经5000余年坎坷跌宕却始终未曾断绝，成为人类历史上唯一长期延续发展而从未中断的文化。这在人类文明史上是独一无二的，展现出它强劲的生命力、巨大凝聚力以及超常的稳定性。

3. 开放、包容、内化的自我革新性

中国传统文化具有如此顽强生命力的重要原因是其自身具有的开放精神、包容精神、内化精神。

在中国古代的不同历史时期，中国传统文化都能够不断地实行自我革新、自我完善，及时地吸取时代精神要义，以适应社会发展的需要。

古代中国是一个开放的国度，一方面是在割据时代内部各诸侯国之间的合作，另一方面是一直以来与其他国家的交流与沟通，这是中国传统文化具有开放性和包容性的原因。

中国传统文化起源于黄河流域，是典型的农耕文化，当代中国人是那些创造古代光辉灿烂的中华文明的先民们的后裔。尽管在中国历史上也曾出现过多次民族融合，乃至少数民族入侵中原，甚至建立起全国统一政权，如元朝和清朝的统治，但是以汉族为主体的民族构架从来没有改变过，以华夏文明为主体的文化结构也从来没有动摇过。所有与华夏文明接触过的少数民族文化，最后都融入华夏文明中，成为推动和丰富华夏文明的动力与新鲜血液。

同时，中国传统文化对于异国文化的吸收与内化也十分积极主动。佛教文化自汉代传入中国后，经过魏晋南北朝时期的主动消化吸收，至唐代已完全中国化，并与儒、道文化一起成为中国传统文化的重要组成部分。这种包容力与内化力体现了中国传统文化海纳百川的胸怀与气魄，更体现了中国传统文化强烈的自我革新精神。因此，中国传统文化才能在与外来文化的不断碰撞交融中变得更加强大和成熟起来，形成一种自然而然的凝聚力和超强的文化适应力，进而使其成为人类历史上延续发展并保存下来的文化典范。

（三）中国传统文化的基本精神

中国传统文化的基本精神是几千年文化积淀的精华，也是"大思政课"建设过程中需要传递的重要理念。

所谓精神就是指天地万物的精气、活力，事物运动发展中精微的内在动力。文化的基本精神就是指所有文化现象中最精微的内在动力和思想基础，是指导和推动民族文化不断前进的基本思想和基本观念。在中国传统文化中，长期受到人们尊崇、成为生活行动最高指导原则的思想观念或固有传统，在历史上起推动社会发展作用，成为历史发展的内在思想源泉，也就成为中国传统文化的基本精神。中国传统文化的基本精神具有两大特点：一是具有广泛的影响，感染熏陶了大多数人民，为他们所认同所接受，成为他们的基本人生信念和自觉的价值追求；二是具有维系民族生存和发展，促进社会进步的积极作用。中国传统文化的基本精神，实质上是凝聚于传统文化之中的中华民族的基本精神，是在中国文化中起主导作用、处于核心地位的基本思想和观念。

关于中国文化的基本精神，学者们论述颇丰。开展"大思政课"建设就需要从专家的论述中找到授课的资料。

张岱年先生《论中国文化的基本精神》一书中认为：首先，中国的民族精神基本凝结于《周易大传》的一句名言之中："天行健，君子以自强不息；地势坤，君子以厚德载物。"换言之，"自强不息""厚德载物"是中国传统文化的基本精神。其次，对于"中庸"观念，张岱年先生认为虽然"中庸"观念在过去广泛流传，但是实际上并未起到推动中国文化发展的作用，因此"不能把中庸看作是中国传统文化的基本精神"。最后，中国传统文化的基本精神还表现为"以德育代替宗教"的优良传统。

刘纲纪先生认为，中国的民族精神大体上可以概括为四个相互联系的方面：一是理性精神。集中表现为，具有悠久的无神论传统充分肯定人与自然的统一和个体与社会的统一，主张个体的感情、欲望的满足与社会的理性要求相一致。总的来看，否定对超自然的救世主的宗教崇拜和彼岸世界的存在，强烈主张人与自然、个体与社会的和谐统一，反对两者的分裂对抗，这就是中华民族理性精神的根本。二是自由精神。这首先表现为人民反抗剥削阶级统治的精神，同时，在反对外来民族压迫的斗争中，统治阶级中的某些阶层、集团和人物，也积极加入，说明在中国思想文化传统中，同样有着"酷爱自由"的积极方面。三是求实精神。先秦儒家主张"知之为知之，不知为不知"，知人论世，反对生而知之；法家反对"前识"，注重"参验"，强调实行，推崇事功；道家主张"知人""自知""析万物之理"。这些都是求实精神的表现。四是应变精神。

许思园认为："中国传统文化之根本精神为融和与自由。"杨宪邦认为："以自给自足的自然经济为基础、以家族为本位、以血缘关系为纽带的宗法等级伦理纲常，是贯穿于中国古代的社会生产活动和生产力、社会生产关系、社会制度、社会心理和社会意识形态这五个层面的主要线索、本质和核心，这就是中国古代传统文化的基本精神。"司马云杰把中国传统文化的基本精神概括为"尊祖宗、重人伦、崇道德、尚礼仪"。庞朴认为："中国传统文化的精神是人文主义。这种人文主义表现为：不把人从人际关系中孤立出来，也不把人同自然对立起来；不追求纯自然的知识体系；在价值论上是反功利主义的；致意于做人。中国传统文化的人文精神，给我们民族和国家增添了光辉，也设置了障碍；它向世界传播了智慧之光，也造成了中外沟通的种种隔阂；它是一笔巨大的精神财富，也是一个不小的文化包袱。"

（四）如何认识、理解和传播中国优秀传统思想文化

道路自信、理论自信、制度自信、文化自信是一个有机统一体，正如习近平总书记重要讲话中指出"文化自信"中的"文化"包括中华优秀传统文化、革命文化和社会主义先进文化。中国传统文化题材影视作品创作者正是以文化自信为基础，通过作品阐述历史事件、传播文化，实现对"四个自信"的宣传。在鉴赏中国传统文化题材影视作品时，品读作品中承载的文化内涵意义重大。

习近平总书记指出："中国是有着悠久文明的国家。在世界几大古代文明中，中华文明是没有中断、延续发展至今的文明，已经有5000多年历史了。我们的祖先在几千年前创造的文字至今仍在使用。2000多年前，中国就出现了诸子百家的盛况，老子、孔子、墨子等思想家上究天文、下穷地理，

广泛探讨人与人、人与社会、人与自然关系的真谛，提出了博大精深的思想体系。他们提出的很多理念，如孝悌忠信、礼义廉耻、仁者爱人、与人为善、天人合一、道法自然、自强不息等，至今仍然深深影响着中国人的生活。中国人看待世界、看待社会、看待人生，有自己独特的价值体系。中国人独特而悠久的精神世界，让中国人具有很强的民族自信心，也培育了以爱国主义为核心的民族精神。"

因此，如何正确认识和理解其中的优秀传统思想文化，摒弃其中不合理的内容，同时，积极传播优秀传统文化，是当代人需要面对的问题。

随着中国的改革开放，综合国力不断增强，西方社会对当代中国的了解比以往多了一些。但是，民族文化差异及由此产生的一系列问题，是值得引起社会各界关注的。

计算机网络经过几十年的发展，在拉近人类各民族交往的距离，使人产生"天涯若比邻"之感的同时，也不可避免地显现不同文化之间的差异，并将这种差异带来的文化碰撞与冲突一览无余地展现在人们的面前。

在人类发展过程中，经过历史演化、文化积淀形成了人文领域中的许多共性的东西，但同时，又形成了各民族所特有的文化理念、价值观念、思维习惯、处理问题方法。在互联网成为世界重要的公共传媒的时代，英语成为网络通用语言，网络在传播科学文化知识的同时，也在渗透着以美国为代表的西方价值观。改革开放使中国的经济得到迅速发展，使中国了解了世界，也使世界在一定程度上了解了中国。但是，值得注意的是，世界上许多国家的人民对中国传统文化了解得并不多，即便是一些到过中国的外国友人，对中国传统文化也是一知半解。中国的传统文化不为人所知的现实，是很值得每一个人反思的。在信息化时代，作为东方文明发源地之一的中国，面对网络带来的文化差异产生的问题加剧了这一现象，我们必须交出一张满意的答卷。

每个国家都有自己的文化，都有自己的价值观，中西方文化在教育观念、家庭观念、婚姻观念、法律观念以及友情观念等各个方面都存在差异，因此中西方在为人处世上都有各自不同的方式，不同会产生碰撞，甚至会产生冲突，只有融合、理解、包容才会更好地理解对方的文化。网络拉近了人际交往的距离，显现了人类不同文化的差异，更增加了传播传统文化的紧迫感。例如，中医作为中华优秀传统文化的组成部分，在很多西方人眼里还是十分陌生的。因此，传播中华优秀传统文化就显得更加迫切。

西方曾出现过一种"现代化理论"，认为非西方发展中国家与西方发达国家的发展历程是一致的,前者现在所处的阶段是后者经历过的一个阶段,非西方发展中国家要想实现现代化,唯一的途径就是照搬西方的模本,只有靠西方文明的传播,靠输入西方社会的现代因素才有可能。这种理论代表了西方中心主义的观点。事实上世界文明并非以西方文明为中心,西方文明只是人类文明中的一个类型。要克服西方文化中心主义的观念,就要承认世界文化的多元性。自从人类进入文明时代开始,人类就有五大古代文明,即古希腊文明、美索不达米亚文明、古埃及文明、古印度文明、古中国文明。虽然经过几千年的历史变迁,由于战争和其他原因,有些文明衰落了,希腊文明成为西方文明的源头,而古中国文明作为东方文明的典范也一直延续到今天。

不论是哪种文明,都给世界留下了许多宝贵的文化遗产。文艺复兴以后,西方文明有了较快的发展,生产力的提高,特别是工业革命以后生产力的飞速发展,为西方国家的扩张提供了条件。事实上,西方文明是在排挤其他文明的基础上发展起来的。西方文化的发达不能也不可能排除其他各民族文化的发展,只要这个民族存在,它的文化总是会按照自己的方式发展的。

20世纪60年代以后,许多国家走上现代化的道路,创造了各自的现代模式,打破了"现代化理论"的神话。中国在改革开放以来取得的丰硕的成果,也再次展示了中国传统文化的强大生命力。在21世纪宣传传统文化开展"大思政课"建设,一方面,将传统文化中的精华原汁原味地展示给世界,另一方面,将传统文化在中国当代发展的作用展示给世界。

二、结合中国传统文化教学内容开展"大思政课"建设

开展中国传统文化类"大思政课"建设,一般围绕如下内容展开。

(一)结合中国古代"清官文化"开展"大思政课"建设

中国传统管理文化是中国传统文化的重要组成部分,主要包括中国传统管理思想文化和中国传统管理制度文化。人才制度文化是中国传统管理制度文化的重要组成部分,教师在介绍人才制度文化的时候,可以在中国古代"清官文化"的基础上,结合现实介绍中国当代反腐的意义,实现"大思政课"建设的目标。

海瑞(1514—1587年),字汝贤,号刚峰,海南琼山(今海口市)人,是明朝著名清官。海瑞一生,经历了正德、嘉靖、隆庆、万历四朝。嘉靖二

十八年（1549年）海瑞参加乡试中举，初任福建南平教谕，后升浙江淳安和江西兴国知县，推行清丈、平赋税，并屡平冤假错案，打击贪官污吏，深得民心。历任州判官、户部主事、兵部主事、尚宝丞、两京左右通政、右佥都御史等职。他打击豪强，疏浚河道，修筑水利工程，力主严惩贪官污吏，禁止徇私受贿，并推行一条鞭法，强令贪官污吏退田还民，被民间百姓赞誉为"海青天"。万历十五年（1587年），海瑞病死于南京官邸。死后获封太子太保，谥号忠介。

海瑞成为中国历史上著名的清官源于他刚正不阿、直言敢谏、爱护百姓、清正廉洁。电视连续剧《大明王朝1566》中海瑞分析贪官横行的根由时说："他们为什么就能够二十多年肆行贪墨而愈贪愈烈，就是因为在他们之前，有更多贪墨者。……皇室宗亲各级官吏，所兼并之田庄占天下之半皆不纳赋，小民百姓能耕之田不及天下之半，却要纳天下之税，这更是人人皆知，人人不言。就拿浙江而言，以两年存留之粮尚不能供皇室府衙一年之禄，北方安塔年年侵犯，东南倭寇年年肆虐，危及天下，可将士的粮草却要东挪西凑！如果只参严嵩严世蕃，历来参讼严党者，都因牵涉皇室反催其祸！"海瑞是以大明律法和民为上的思想作为其反腐依据。正如海瑞和王用汲、李时珍以及嘉靖的答对中所说："孔子教仁者为王，孟子曰民为重，社稷次之，君为轻，乃万古不变至理，秦朝不尊孔孟，三世而亡。汉文帝才真正明白这个道理，恭行俭约，君臣共治，以民为本，我华夏历史上才真正出现了清平盛世，史称文景之治。"

嘉靖皇帝长期不上朝处理政务，深居在西苑，专心致志地祈福。总督、巡抚等封疆大吏争着向皇帝贡献有祥瑞征兆的物品，礼官总是上表致贺。朝廷大臣自杨最、杨爵获罪以后，没有人敢说时政。海瑞对此十分不满，嘉靖四十五年（公元1566年），海瑞作为六品官向嘉靖皇帝呈上了《直言天下第一事疏》，将嘉靖皇帝所犯的错误全部列举出来。在此之前，他事先在棺材铺里买好了棺材，并且将自己的家人托付给了一个朋友。海瑞虽然在上奏疏之前已经托人买好棺材表示死谏的决心，但嘉靖皇帝并没有杀死他，而是在大发雷霆之后听说海瑞有决心赴死的气概转而沉默不语，只是下旨把他关押起来听后处置。嘉靖皇帝到死都没有真正地处置海瑞，在嘉靖皇帝驾崩后，狱卒为海瑞准备好饭菜预祝他出狱，海瑞以为是杀头前的送行饭所以大快朵颐，当他得知是皇帝驾崩了，痛哭流涕，把吃的饭又都全吐出来了。这体现了那个时代以忠君为最高道德准则，海瑞的上疏并不是要与皇帝为敌，而是用直言的方式表达忠心。在封建集权和君主专制的时代，海瑞的思想无疑是有远见卓识的，具有历史的进步性，但在现实中却难以实行。

中央电视台、中共山西省委宣传部、中国方正出版社、山西影视（集团）有限责任公司联合出品的电视连续剧《于成龙》也塑造了历史上另一位著名的清官形象。顺治十八年（1661年），已44岁的于成龙，不顾亲朋的阻拦，抛妻别子，怀着"此行绝不以温饱为志，誓勿昧天理良心"的抱负，接受清廷委任，到遥远的边荒之地广西罗城为县令。罗城新隶于清统治下不到两年，由于局势未稳，两任知县一死一逃。于成龙到罗城时，这里遍地荒草，城内只有居民6家，茅屋数间，县衙也只是3间破茅草房。他只得寄居于关帝庙中。在困境中，同来的5名仆从不久或死或逃，而他以坚强的意志，扶病理事，在罗城采取"治乱世，用重典"的方法，在罗城为官3年，就使罗城摆脱混乱、得到治理，百姓安居乐业。康熙六年（1667年），于成龙被两广总督金光祖举荐为广西唯一"卓异"，并升任四川合州（今重庆合川区）知州。康熙八年（1669年），于成龙被擢升为湖广黄州府同知。在黄州任同知4年，又任知府4年。由于在黄州府同知任上的突出政绩，于成龙深受湖广巡抚张朝珍器重，再次被举"卓异"。1679年（清康熙十八年）夏，于成龙在按察使任上第三次被举"卓异"后升任布政使。福建巡抚吴光祚还专疏向朝廷举荐，称于成龙为"闽省廉能第一"，从此，于成龙得到清廷的赏识和破格任用。于成龙23年的从政生涯中，跨越广西、湖北、福建、直隶、两江等地区，由七品知县一直做到封疆大吏，坚持以民为本、一切从实际出发，以勤政爱民、勇于担当的从政实践，刻苦廉洁、刚直不阿、一尘不染的人格魅力，深得各地民众爱戴和各省督抚的器重，康熙皇帝盛赞为"古今廉吏第一"。

于成龙另一个值得称道的方面在于他的节俭。为遏止统治阶级的奢侈腐化，他带头实践"为民上者，务须躬先俭仆"。在直隶，他"屑糠杂米为粥，与同仆共吃"；在江南，他"日食粗粝一盂，粥糜一匙，佐以青菜，终年不知肉味"，被江南民百姓亲切地称为"于青菜"。于成龙在外为官20余年，只身在外，不带家眷，与结发妻阔别20年后才得一见。

赵炎才总结过"清官"的特征：价值理念上奉行国家理想与个人理想共存，思想品格上追求急于强国与清廉不贪统一，行为表现为严格执法与秉公执法结合，而历史命运却是清官名实与政治兴衰背离。赵炎才从而得出结论："'清官'的确在一定程度上反映了封建吏治积极合理的一面，同时它本身亦带有明显的人治色彩，是封建专制主义思想的特殊表现形式，具有道德决定论倾向。"

"清官文化"是中华优秀传统文化的重要组成部分。任何一个时代都需要这种"清官"精神,这是为官者应当谨记的,也是社会应当倡导的。

当然,对于这种"清官文化",杨柳等学者认为应持一种谨慎的态度:"这种复古倒退的倾向,与当今民主、法治精神背道而驰,与现代文化发展的总体趋势疏远、背离。在今天过分宣扬'清官',将廉政的希望寄托于'清官'身上,而不是进行有效的法治建设,显然是治标不治本的举措,影视工作者对此不得不警醒!"

要实现"大思政课"建设的目标,就要通过教学帮助学生理解如下内容:在当代社会应当宣传清官文化与民主、法治精神并举,反腐倡廉两手抓,这样才能全面推进社会进步。

在封建专制社会,皇帝集权背景下,很多"清官"的反腐是有局限的,正如电视连续剧《大明王朝1566》所描写的:海瑞能彻查浙江之案,完全是因为党争需要。海瑞在浙江震动朝廷,是因为提拔他的清流要震动朝廷,嘉靖要用的他推不倒,嘉靖不用的他也保不了。海瑞清醒地认识到,就是因为朝廷清流只敢"参严",不敢直言天下之大弊,才使得严嵩能够藏身于大弊之后,肆行贪墨而不倒,天下大弊不革。

电视连续剧《雍正王朝》中因黄河发大水,康熙帝发现国库亏空1200万两白银,于是,作为皇子的胤禛出面追讨欠款。在执行的过程中,却出现了羞辱状元、魏东亭上吊自杀、十阿哥街头卖家产、众大臣在皇帝住处下跪哭闹、太子为还债卖官鬻爵、十阿哥鞭笞朝廷命官等闹剧。

封建社会制度决定了反腐的局限性,例如,明太祖朱元璋对腐败进行了严格的限制和打击活动,他采用各种严刑峻法对贪官污吏进行各种十分严厉的处罚,如法律规定凡贪污60两银子者一律处死,任何人一经发现、有权将贪官污吏解往京城,沿途不得阻拦,违者不仅本人处死,而且诛灭全族,这种治理方式,确实收到了显著效果,使腐败在洪武时期一度几乎绝迹。但是,由于明朝一方面反腐,另一方面又给予皇族以特权,成为滋生腐败的温床。明朝以皇族为中心逐步形成的"腐败圈"最终引发社会矛盾,导致农民起义,这是明朝灭亡的诱因之一。

因此,坚决彻底地反腐十分必要。但是,也必须看到只有彻底取消封建特权,全面反腐才能成为现实。中华人民共和国成立之初公开处理刘青山、张子善等腐败分子,以及近年来的反腐工作都彰显了中国共产党的反腐决心。正如2015年2月3日监察部①网站刊登的署名为姜赟的评论文章《不得罪腐败分子，就要得罪13亿人民——一论十八届中央纪委六条体会》指出："坚持有腐必反、有贪必肃，'老虎''苍蝇'一起打，以零容忍态度惩治腐败，是全面从严治党的鲜明立场。我党是一个有着8600多万名党员的大党，肩负着带领13亿人民走中国特色社会主义道路的艰巨任务。新形势下，党面临着'四大考验''四种危险'。党中央坚持党要管党、全面从严治党，把党风廉政建设和反腐败斗争提到新高度，坚定不移改进作风，坚定不移惩治腐败。人民把权力交给我们，我们就必须以身许党许国，该得罪的人就要得罪。如果只满足于自己不贪不腐、勤恳工作，对党内存在的现实而严峻的问题无动于衷、无所作为，今后会出大问题，会成为历史的罪人。不得罪腐败分子，就要得罪13亿人民。这是一笔再明白不过的政治账，这是一个关系人心向背的政治立场。"

"立场决定态度，态度事关成败。习近平总书记就全面从严治党、严明纪律、改进作风、惩治腐败发表一系列重要讲话，态度坚决、铮铮有声，为深入推进党风廉政建设提供了强大思想武器。在贪腐问题上，没有人能当'铁帽子王'。谁违反党纪国法，不论是什么人，不论担任过什么职务，都决不姑息。只有在零容忍的态度之下，每查处一件案件，对'反腐终点论''反腐上限论''反腐拐点论'等，都是一个有力辟谣，对那些还在窥测方向甚至困兽犹斗的腐败分子，更是一记重锤。"

综上所述，中华传统文化有很多优秀内容，但也有一些由于历史的局限，或已经不适合于当下，或存在不合理的部分。因此，要有选择地继承，让中华优秀传统文化发扬光大。

（二）结合中国传统物质文化内容讲授开展"大思政课"建设

古代的中国是东方的科学技术与创造活动的发展中心，都江堰的水利设施至今仍在受益，堪称千古绝唱，指南针、造纸术、印刷术、火药四大发明，以及陶瓷、丝织等都为世界文明的发展作出了卓越的贡献，这一切都是生产中的直观感受和实践验证经过总结并不断改进而产生的创新成果。以印刷术为例，毕昇活字印刷术首创于1040年，通过不断改进，由胶泥活字改进为木活字（元代王祯），传入朝鲜后，又将木活字改为铜活字，直到1436年才改成清晰、易制的铅字，整整经过了397年。

---

① 中华人民共和国监察部，简称监察部。2018年3月，第十三届全国人民代表大会第一次会议审议通过了宪法修正案，设立中华人民共和国国家监察委员会，不再保留监察部。

都江堰水利工程历经 2000 多年依旧在发挥作用，成为古代文明的佳话。因此，在中华传统文化课程教学中介绍中国古建筑、古典园林、古代科技等，可以帮助学生理解中国古代优秀文化，树立文化自信。下面以著名的都江堰水利工程为例，分析结合公共选修课开展"大思政课"建设工作思路。

公元前 3 世纪，战国时期秦国的水利专家李冰，主持修建了引岷江水灌溉成都平原的都江堰水利工程。这项工程使生活在那里的人们受益 2000 多年，四川由此成为名副其实的"天府之国"。

都江堰水利工程，是全世界至今为止，年代最久的以无坝引水为特征的宏大水利工程，至今仍然发挥着巨大作用。李冰治水，功在当代，利在千秋，都江堰不愧为文明世界的伟大杰作、造福人民的伟大水利工程。

都江堰渠首工程主要由鱼嘴分水堤、飞沙堰溢洪道、宝瓶口进水口三大部分构成，科学地解决了江水自动分流、自动排沙、控制进水流量等问题，消除了水患，使川西平原成为水旱从人的"天府之国"。1998 年其灌溉面积超过 1000 万亩。

岷江是长江上游的一条较大的支流，发源于四川北部高山地区。每当春夏山洪暴发之时，江水奔腾而下，从灌县（今都江堰市）进入成都平原，由于河道狭窄，古时常常引起洪灾，洪水一退，又是沙石千里；灌县岷江东岸的玉垒山又阻碍江水东流，造成东旱西涝。秦昭襄王五十一年（公元前 256 年），李冰任蜀郡太守，他为民造福，排除洪灾之患，主持修建了著名的都江堰水利工程。都江堰的主体工程是将岷江水流分成两条，其中一条水流引入成都平原，这样既可以分洪减灾，又可以引水灌田、变害为利。为此，李冰在其子二郎的协助下，邀集有治水经验的农民，对岷江东流的地形和水情作了实地勘察，决心凿穿玉垒山引水。在无火药（火药发明于东汉时期）不能爆破的情况下，他以火烧石，使岩石爆裂（热胀冷缩的原理），大大加快了工程进度，终于在玉垒山凿出了一个宽 20 米、高 40 米、长 80 米的山口（低水位每秒流速 3 米，高水位每秒流速 6 米）。因形状酷似瓶口，故取名"宝瓶口"，开凿玉垒山分离的石堆叫"离堆"。

宝瓶口引水工程完成后，虽然起到了分流和灌溉的作用，但因江东地势较高，江水难以流入宝瓶口，李冰父子率众又在离玉垒山不远的岷江上游和江心筑分水堰，用装满卵石的大竹笼放在江心堆成一个狭长的小岛，形如鱼嘴，岷江流经鱼嘴，被分为内外两江。外江仍循原流，内江经人工造渠，通过宝瓶口流入成都平原。

为了进一步起到分洪和减灾的作用，在分水堰与离堆之间，又修建了一条长 200 米的溢洪道流入外江，以保证内江无灾害。溢洪道前修有弯道，江水形成环流，江水超过堰顶时洪水中夹带的泥石便流入外江，这样便不会淤塞内江和宝瓶口水道，故取名"飞沙堰"。为了观测和控制内江水量，又雕刻了 3 个石桩人像，放于水中，让人们知道"枯水（低水位）不淹足，洪水（高水位）不过肩"。还凿制石马置于江心，以此作为每年最小水量时淘滩的标准。

都江堰水利工程沿用至今仍不失为一项高效经济的水利工程。李冰在不存在流体力学和水利学等科学理论的现实情况下，充分利用地形、地貌、流速、流量等自然环境条件因素和匠人的经验技术，劈山、筑堤、建闸充分发挥自然力的自适应、自调节，并辅以人工设施，其综合作用实现了分流、疏导、调节、除砂、防洪、灌溉、动力、航运等多项功能，达到了变水害为水利的综合目的，并沿用至今，堪称千古佳话。

在完成上述讲授基础上，可以进一步介绍现代系统理论，就会发现都江堰水利工程的建设思路是完全符合系统理论的，这样，学生可以理解到中国传统文化和科技的博大精深。

（三）结合中国非物质文化内容讲授开展"大思政课"建设

非物质文化是指那些非物质形态的、有艺术价值和历史价值的东西，是人类在社会历史实践过程中所创造的各种精神文化。非物质文化大体上可分为三个部分：一是与自然环境相配合和适应而产生的非物质文化，如自然科学、宗教、艺术、哲学等；二是与社会环境相配合和适应而产生的非物质文化，如语言、文字（含楹联等）、风俗、道德、法律等；三是与物质文化相配合和适应而产生的非物质文化，如使用器具、器械或仪器的方法等。非物质文化遗产，是指各民族人民世代相承的、与人民生活密切相关的各种传统文化表现形式（如民俗活动、表演艺术、传统知识和技能，以及与之相关的器具、实物、手工制品等）和文化空间。非物质文化遗产的范围：在民间长期口耳相传的诗歌、神话、史诗、故事、传说、谣谚；传统的音乐、舞蹈、戏剧、曲艺、杂技、木偶、皮影等民间表演艺术；广大民众世代传承的人生礼仪、岁时活动、节日庆典、民间体育和竞技，以及有关生产、生活的其他习俗；有关自然界和宇宙的民间传统知识和实践；传统的手工艺技能；与上述文化表现形式相关的文化场所等。

在中国百姓的生活中，以物质和非物质产品为载体的民间传统非物质文化既是中国传统文化的重要组成部分，也是百姓生活的构成要素。中国非物质文化包括中国传统民俗文化、传统戏曲歌舞文化、传统饮食文化、传统对联与灯谜文化等内容，也蕴含着正确的价值观。

在中国传统文化中对联与灯谜是常常被人们忽视的两种文化形式。结合这两种文化形式开展"大思政课"建设工作更加有现实意义。

对联是写在纸上、布幅上或刻在竹片上、木板上、柱子上、大门两旁的墙壁上的对仗语句。挂在或贴在楹（堂屋前的柱子）上的对联，也被称为楹联；后来扩展到门框上的对联甚至其他地方的对联。

对联的内容包罗万象，形式精巧别致，极富对称之美，为人所喜闻乐见，是雅俗共赏的中国文化。对联兼具诗、词、曲、赋等各种文体的基因，以其和谐的韵律、匀称的对仗、跌宕的平仄把汉字的特点表现得淋漓尽致，读来起伏跌宕、节奏鲜明，极富音乐之美、对称之美、格律之美。

对联因为短小精悍，所以在内容上具有广泛性，几乎渗透到生活的方方面面。与其他文学形式的不同，对联还具有极高的实用性，除了文学欣赏以外，还有装饰环境的作用，其中楹联是因为经常悬挂于建筑物的楹柱上起到装饰作用而得名的。一副用词工稳、格调高雅、意境悠远的楹联往往给建筑物增色不少，甚至得以名传天下。

尽管对联受到很多人的喜爱，但是在文坛上却没有得到应有的重视，被摒弃在主流文体之外。例如，梁启超就认为对联是"苦痛中的小玩意儿"，徐文长、郑板桥等人在自编诗文集时也将对联剔除在外。也许人们认为对联过于短小，难登大雅之堂，只是一种文字游戏而已，导致在谈论传统文化时很少提到对联。但是，对联已经深入国人心中，在中国历史上有很多与对联有关的故事。从"大思政课"建设角度去研究对联意义重大。

中国地大物博，风物荟萃，文明悠久、璀璨，在漫长的历史时空中，有无数蜚声天下的亭台楼阁、园林庙宇。楹联与楼台、庙宇融为一体，成为展示大好河山的平台。很多历史上的对联，都蕴含着正能量，成为开展"大思政课"建设的重要案例。

周恩来总理从小就树立了伟大的志向，奋发读书，12岁就发出"为中华之崛起而读书"的誓言。青年时代写下了一副治学对联："与有肝胆人共事，从无字句处读书。"这副对联伴随他走过一生，成为他做人和学习的座右铭。在后来的革命生涯中，这副对联一直是周恩来同志为人处世的准则。特别是"从无字句处读书"更为发人深省。这句名言告诉后人，凡事要从实际出发，读书求学也是这样，必须切合实际，切勿好高骛远。

对联不仅可以作为治学的座右铭，还可以言志，胡耀邦巧改武侯祠对联就是很好的例子。

河南南阳卧龙岗有一个诸葛武侯祠，湖北襄阳也有一个卧龙岗，到底哪一个卧龙岗才是诸葛亮躬耕的所在？这个问题从明清就开始争论，却一直是公说公有理，婆说婆有理。湖北人认为刘备、诸葛亮在卧龙岗的谈话被称为"隆中对"，卧龙岗自然在襄阳；河南人说自古就有"南阳孔明"的说法，卧龙岗自然在南阳。这桩官司一直打到翰林院也没争出个所以然来。直到清朝咸丰（1851—1861年）年间，湖北襄阳人顾嘉蘅作了南阳知府，他看到两地人民为了卧龙岗的正宗问题争得头破血流，有感而发，写下这样一副对联："心在朝廷，原无论先主后主；名高天下，何必辨襄阳南阳。"意思是说：诸葛亮对蜀汉朝廷忠心不二，鞠躬尽瘁，无论是对先主刘备还是后主刘禅，都是一样。而他的名声早已经传遗天下，至于诸葛亮早年隐居的地方到底是在襄阳还是在南阳，又有什么争论的必要呢？

1959年春天，当时担任共青团中央书记的胡耀邦同志到河南检查工作。途中路过南阳卧龙岗诸葛武侯祠，在武侯祠的大殿门旁，胡耀邦同志看这副对联并听过工作人员的讲解后，对左右的陪同人员说："我来改一改，你们看好不好？"说完就高声念道："心在人民，原无论大事小事；利归天下，何必争多得少得。"几个字的改动，表现出一个共产党人高尚的情操和宽广的胸怀，顿时赋予这副对联以全新的意义。

灯谜，是我国民间文学的一种文化艺术形式，是人民在长期劳动实践中的智慧结晶，灯谜源于生活，用于生活，是人们喜闻乐见的一种智力游戏。它吸引着天南地北各行各业的爱好者，使人在增长知识，启迪智慧的同时，又获得美妙的享受。

我国的灯谜源远流长，至今已有3000多年的历史。在上古时期就出现了歌谣谜，春秋战国时期就出现了"廋词"和"隐语"，这是灯谜的雏形。到了汉代"隐语"开始分化为两个方向：一类是以描写特征为主的事物谜；另一类是以文字形义为主的文义谜。到了汉魏时期，则称为"谜语"。隋唐时期随着诗歌的兴盛，"诗谜"大量出现，并成为主流。从宋代开始，一些文人学士常在元宵之夜，将谜条张贴在各种花灯之上，吸引行人猜测，"灯谜"的名称就是这样来的。清中叶以后，谜风大盛，涌现了许多谜师。辛亥革命后，灯谜形成了南宗北派两种风格。在旧社会，由于谜家大多是士大夫阶层，有些文人自命清高，片面强调风雅，排斥民间灯谜。新中国成立后，在党的"百花齐放"文艺方针指引下，灯谜活动蓬勃发展，谜目谜材日益完善丰富，为建设社会主义精神文明和活跃文化生活作出了巨大贡献。目前，在世界各地的华人华侨都有灯谜活动及灯谜学术交流。

其实灯谜和隐语、廋辞、文虎、谜语等都是一回事,从广义上讲,都可以统称为灯谜。只是由于灯谜在不同的历史时期和不断的发展过程中,在表现形式上略有区别,因此各个时期的名称也有所不同。

在社会主义核心价值观提出后,中央电视台第一套节目每天早新闻间隙,常常听到稚气的歌声:"曲径虫鸣牡丹开,岷山远游住人外,一义贯成并日月,百姓饭足言皆彩,眉下心头田出垄,天上斗转且以待,山聚眉峰思无邪,大江东去润高台,城西欲语淮阴侯,喜上羊羊取发钗,独受易友玉关情,令公为尊畅饮怀,家家户户团圆歌,年年岁岁幸福来。"这首儿歌其实是灯谜的谜面,十二句歌谣,每一句的谜底是一个社会主义核心价值观的词语。在课程中介绍此案例,既可以宣传社会主义核心价值观,又实现了"大思政课"建设的目标。

第二节 口头表达能力训练类"大思政课"建设探索

语言作为三大表达方式之首,具有直观性、现实性、随机性、普遍性,在现实生活中具有重要作用。语言表达能力既是素质教育的重要组成部分,也是一个合格的人才必备的基本素质。提高驾驭语言能力的关键是语言表达能力与应变能力的培养,而要完成这一目标,首先要培养的就是人的口头表达能力,也就是口才。

口才,顾名思义,就是说话过程中所体现出来的个人语言才能。口才体现出建构个人人格与智慧的各种储备,包括文化知识、社会知识、思想品德、理论修养、性格气质、兴趣爱好等,这是内在的。口头表达所涉及的能力,是指运用和发挥各种内在储备的能力,包括思维能力、记忆能力、观察能力、联想能力、想象能力、表达能力等,这是内在储备的外化。人人都能说话,但称得上具有良好口才的却为数不多。要称得上有口才的人,说话必须规范,有真知灼见,格调高雅,有创造性,甚至还有技巧性和艺术性。这仅仅是从说话者自身而言,是单一的静态的评价。

生活在信息高度发达的时代,人际交往是每一个社会人不可避免的。口头表达能力对于每一个刚刚或即将走入社会的年轻人都是不可或缺的。正如美国演讲训练大师卡耐基所说:"现代人的成功,15%靠实力,85%靠口才。"口才的重要性也就不言而喻了。

一、运用会议沟通典型案例开展"大思政课"建设工作

在生活和工作中,召开会议是开展工作的一种重要形式。人们经常通过召开会议进行沟通,达成一致目标,形成工作目标和方案,好的会议沟通可以推动工作开展。

会议沟通协商的具体技巧很多,一般的课程大多会介绍会议主持人的沟通技巧、会议上发言的沟通技巧、组织会议讨论的技巧。然而,会议以外的沟通技巧同样重要。结合会议沟通教学内容,笔者引入了如下案例。

周恩来在遵义会议前后一系列会议上的沟通

遵义会议,在中国历史上意义重大,这次会议决定了一支军队的命运,进而是一个党的命运,最终是一个国家的命运。遵义会议的召开,实际上经历了一个长时间的酝酿过程。第五次反"围剿"失败和湘江战役后,红军由长征出发时的8.6万多人锐减至3万余人。李德已毫无威信,博古不懂军事,更由于失败而感到责任重大,意气消沉。他们二人都无法继续指挥。在极其困难的情况下,周恩来挺身而出,独立支撑危局;他听取毛泽东、张闻天、王稼祥等人的正确意见,破例请毛泽东参加通道会议,主持黎平会议,把毛泽东等人的正确意见通过政治局会议变成了党中央的决定,起到了重大作用。可以说,周恩来在通道会议、黎平会议、猴场会议上的不懈努力,为遵义会议召开奠定了基础,并在遵义会议上支持毛泽东,全力推举毛泽东领导红军,保证了遵义会议的成功召开,完成了伟大的历史转折。周恩来在上述会议上也展现出他高超的会议沟通能力。

● 请毛泽东参加通道会议,给毛泽东提供阐述观点的机会,改变进军方向,转兵贵州

1934年12月初,红军突破国民党军设置的第四道封锁线后,红军总参谋部立即对各部进行清点检查,并向"三人团"报告:所有部队都遭受了前所未有的损失。周恩来沉重地将总参报告递给了李德和博古。他们两人看完了报告,沮丧无奈,沉默不语。

1934年12月12日,中央红军和红二、红六军团长征途经湖南怀化的通道境内时召开了一次生死攸关的重要会议,史称通道会议。当时因情况紧急,此次会议的召开又是在行军路上进行,被称为"飞行会议"。参加这次会议的人员有领导长征的"三人团"成员博古、李德、

周恩来、中央政治局委员、中革军委主席、红军总司令朱德、中央政治局常委、中华苏维埃共和国中央人民委员会主席张闻天、中央政治局候补委员、中革军委副主席、红军总政治部主任王稼祥、中央政治局委员、中华苏维埃共和国中央政府主席毛泽东，共7人。毛泽东参加这次通道紧急会议，是朱德和周恩来把毛泽东请回来参加中央负责人参加的第一次会议。这是毛泽东从1932年10月宁都会议后，第一次参加军事决策会议。毛泽东对极其严峻的敌情进行了分析，认为鉴于在与红二、红六军团会合的道路上蒋介石已设置重兵，红军已失去到达湘西的先机，建议转向敌人兵力薄弱的贵州进军，建立川黔边区根据地。毛泽东的建议得到与会大多数同志的赞同。这对改变原定北上湘西的计划，转向贵州进军，产生了重要影响。在通道，中央负责人召开紧急会议，中央红军按会议精神进军贵州，打破了具有"处理一切"权力的"三人团"的权力结构，"三人团"开始分化。周恩来和朱德一起，促使博古、李德几年来第一次采纳毛泽东的正确意见改变进军方向，开始对中央的战略产生重大影响。

● 主持黎平会议，将毛泽东西进贵州在川黔边区建根据地的正确意见，变成中央政治局决定，为遵义会议的召开奠定了坚实基础

中革军委于通道会议结束当天19时发出"万万火急"命令：全军向贵州前进。遵此命令，先头部队红二师于14日攻占贵州边防重镇黎平县城。但博古、李德仍固执己见，并通知红二、红六军团说：中央红军"现已西入黔境，在继续西进中寻求机动，以便转入北上"。

毛泽东鉴于敌人在湘西南地区布置重兵的情况，力主放弃北出湘西同红二、红六军团会合的原定计划，改向敌人力量薄弱的贵州前进，以摆脱敌人争取主动。他将此意见与洛甫、王稼祥商量后，由洛甫向周恩来提出召开中央政治局会议的建议。周恩来听取了他们的意见，并向博古转达。起初，博古不同意。周恩来说："洛甫同志是政治局常委，毛泽东是政治局委员，王稼祥是政治局候补委员，他们三人有权建议召开会议，而且他们的意见我也赞同。现在是扭转危机的关键时刻，趁敌人还没上来，我们抽空召开个会议，统一认识、明确方向并作个决定。这样，有利于红军今后步调一致的行动。"此时的博古已不完全信赖李德，对执掌中央和红军的领导大权，也已有些心灰意懒，就顺水推舟，未与李德商量，便同意了。

12月18日，周恩来主持在黎平召开政治局会议。会上展开了激烈

的争论。博古又提出由黔东北上湘西,同红二、红六军团会合。李德因病没有出席,但托人把他坚持同红二、红六军团会合的意见带到会上。毛泽东主张继续向贵州西北进军,在川黔边区敌军力量薄弱的地区建立新根据地。王稼祥、张闻天支持毛泽东的主张。主持会议的周恩来采纳毛泽东的意见,并根据毛泽东的发言写成《中央政治局关于战略方针之决定》,明确指出:"鉴于目前所形成之情况,政治局认为过去在湘西创立新的苏维埃根据地的决定在目前已经是不可能的,并且是不适宜的。……政治局认为新的根据地应该是川黔边区地区,在最初应以遵义为中心之地区,在不利的条件下应该转移至遵义西北地区。"

  会后,周恩来把黎平会议决定的译文送给李德看。李德大发雷霆,向周恩来提出质问。周恩来的警卫员范金标回忆说,两人用英语对话,"吵得很厉害,总理批评了李德。总理把桌子一拍,搁在桌子上的马灯都跳起来,熄灭了,我们又把灯点上。"尽管自己的意见被会议所否定,博古还是服从了会议决定。当他知道周恩来和李德吵起来时,对周恩来说:"不要理他(指李德)。"中革军委在当天决定紧缩机关,充实战斗部队,撤销八军团,并入五军团。第二天,朱德、周恩来为执行这一决议作出行动部署。这一决议及其执行,使中央红军从长征开始后的被动局面中摆脱出来,避免陷入绝境。

● 出席猴场会议,巩固了黎平会议决定,为开好遵义会议做进一步准备

  1935年1月1日,中共中央又在瓮安的猴场(今草塘)召开政治局会议。参加会议的有博古、周恩来、毛泽东、朱德、张闻天、陈云、王稼祥、邓发、李德等,周恩来主持了会议,会议重申红军应在川黔边区先以遵义地区为中心建立新根据地的主张。多数与会者赞同这个意见,再次否定李德、博古提出的与红二、红六军团会合的错误主张,决定红军立刻抢渡乌江、攻占遵义。会议通过的《中央政治局关于渡江后新的行动方针的决定》指出,中央红军渡过乌江后,"主要的是和蒋介石主力部队(如薛岳的第二兵团或其他部队)作战,首先消灭他的一部,来彻底粉碎五次'围剿',建立川黔边新苏区根据地。首先以遵义为中心的黔北地区,然后向川南发展,是目前最中心的任务。"并规定:"关于作战方针,以及作战时间与地点的选择,军委必须在政治局会议上做报告。"这在实际上取消了以往李德独断专行的军事指挥权,从组织上改变了李德取消军委的集体领导、压制军委内部不同意见、个人包办的状

况，为开好遵义会议进一步做了准备。

● 筹备遵义会议，并在会上做自我批评，勇于承担责任，全力举荐毛泽东领导红军

1935年1月7日，中央红军占领贵州第二大城市——遵义。9日，周恩来随军委纵队进驻遵义。13日，周恩来又亲自打电报通知刘少奇、李卓然："十五日开政治局会议，你们应于明十四日赶来遵义城"参加会议。这份电报是目前发现判断遵义会议召开时间的主要依据，同时也是周恩来支持遵义会议召开并积极组织和筹备的实证。

1月15—17日，在遵义城红军总司令部召开中共中央政治局扩大会议，史称遵义会议。它的目的之一，是检查第五次反"围剿"与西征中军事指挥的经验与教训。会议由博古主持，并做了关于第五次反"围剿"的总结报告。他对军事指挥上的错误做了一些检讨，但主要还是强调种种客观原因。周恩来做副报告，他与博古的态度截然不同，明确提出第五次反"围剿"失利的主要原因是军事领导的错误，从主观上做了检查，承认自己在军事指挥上的错误，并主动承担了责任，做了自我批评，丝毫不推卸责任。同时，他批评了博古、李德的错误。他指出，只有改变错误的领导，红军才有希望，革命才能成功。杨尚昆在其回忆录中谈到此事时评价周恩来说："他出以公心，不计较个人得失的这种正确态度，对扭转会议形势也起了关键性的作用。如果没有他站出来，会议要取得这样大的成功是不容易的。"随后，由张闻天代表他和毛泽东、王稼祥作联合发言，尖锐地批评"左"倾军事路线。接着，毛泽东做了长篇发言，指出：导致第五次反"围剿"失败和大转移严重损失的原因，主要是军事上的单纯防御路线、进攻时的冒险主义、防御时的保守主义、突围时的逃跑主义。王稼祥、朱德、周恩来、李富春、聂荣臻等也先后发言，支持毛泽东的正确主张。周恩来在发言中全力推举由毛泽东领导红军的今后行动。他的倡议得到多数人的支持。

经过3天的讨论，政治局扩大会议最后作出如下决定："（一）毛泽东同志选为常委。（二）指定洛甫同志起草决议，委托常委审查后，发到支部中去讨论。（三）常委中再进行适当的分工。（四）取消三人团，仍由最高军事首长朱、周为军事指挥者，而恩来同志是党内委托的对于指挥军事上下最后决心的负责者。"会议结束后，中央常委开会分工，以毛泽东为周恩来在军事指挥上的帮助者。"但恩来同志从中国革命的最高利益出发，出于对毛泽东同志的充分信赖，自觉地把自己置于

助手的地位，让毛泽东同志全权指挥红军的军事行动。可以这样讲，恩来同志在遵义会议期间所做的努力，起到了别人不可替代的作用。正如毛泽东同志会后所说的那样：'如果周恩来不同意，遵义会议是开不起来的。'"

结合案例，教师可以进行如下分析实现课程思政的目标：遵义会议以后，毛泽东虽然是作为周恩来的"帮助者"，但此后的军事行动，周恩来尊重毛泽东的意见，不攻打打鼓新场，就是周恩来根据毛泽东的再三建议而说服大家的。此后的三渡赤水、四渡赤水、南渡乌江、西进云南、巧过金沙江，跳出敌军的包围圈，毛泽东书写了他一生中的得意之笔。这也与周恩来尊重毛泽东，全力支持毛泽东分不开的。有了周恩来、朱德、张闻天、王稼祥等中央大多数领导人的支持，遵义会议取得圆满成功，中国革命从此走向胜利！

从上面的历史事实看，正是周恩来高超的会议沟通能力，为毛泽东成为红军的指挥者并扭转长征中的不利局面作出了巨大贡献。

二、结合演讲教学开展课程思政

演讲，作为现实活动中比较典型的实用性独白体口语表达艺术为人们所热衷、学习、追求和运用。大学生要成为一名优秀的演讲者，首先要学习和研读一些优秀的演讲稿。教师可以结合介绍优秀演讲稿开展课程思政。下面举两个教学实例进行说明。

（一）案例一——闻一多先生的最后一次演讲

1946年7月15日，在云南纪念4天前被国民党特务暗杀的民主人士李公朴先生的集会中，面对着李公朴夫人因过度悲痛而泣不成声，而特务们嬉笑、破坏会场秩序的情景，闻一多先生怒火中烧，拍案而起，即席发表了这篇气壮山河的最后一次讲演。

在讲演的开篇，闻一多低沉的声音在会场上响起："这几天，大家晓得，在昆明出现了历史上最卑劣最无耻的事情！"这一句便将国民党反动派的卑劣行径直截了当地公布了出来，也是最为精练的"概括叙述"。

接下来，为闻一多质问特务："李先生究竟犯了什么罪，竟遭此毒手？他只不过用笔写写文章，用嘴说说话，而他所写的，所说的，都无非是一个没有失掉良心的中国人的话！大家都有一支笔，有一张嘴，有什么理由拿出来讲啊！有事实拿出来说啊！为什么要打要杀，而且又不敢光明正大地来打来杀，而偷偷摸摸地来暗杀！这成什么话？"

通过一连串的反诘，表达出全部的悲痛与愤怒，也是对惨案制造者的强有力的控诉。同时，针对国民党当局的无耻栽赃，闻一多厉声斥责道："今天，这里有没有特务？你站出来！是好汉的站出来！你出来讲！凭什么要杀死李先生？杀死了人，又不敢承认，还要诬蔑人，说什么'桃色事件'，说什么共产党杀共产党，无耻啊！无耻啊！"闻一多指明："这是某集团的无耻，恰是李先生的光荣！"一针见血，直指国民党反动派统治集团。同时，说明这不仅是李公朴先生的光荣，更是昆明人的光荣，得到市民支持与拥护："李先生在昆明被暗杀，是李先生留给昆明的光荣！也是昆明人的光荣！"

为了鼓舞昆明市民的斗志，闻一多举出"一二·一"游行的例子，号召昆明市民继承民主斗争的光荣传统，为民主与自由而战！"去年'一二·一'昆明青年学生为了反对内战，遭受屠杀，那算是青年的一代献出了他们最宝贵的生命！现在李先生为了争取民主和平而遭受了反动派的暗杀，我们骄傲一点说，这算是像我这样大年纪的一代，我们的老战友，献出了最宝贵的生命！这两桩事发生在昆明，这算是昆明无限的光荣！"

为增强人民斗争下去的信心，闻一多进一步抨击敌人，分析现状，指出人民必胜，真理永存，反人民的势力终将为人民毁灭。言词铿锵有力，切中要害："反动派暗杀李先生的消息传出以后，大家听了都悲愤痛恨。我心里想，这些无耻的东西，不知他们是怎么想法，他们的心理是什么状态，他们的心怎样长的！其实简单，他们这样疯狂地来制造恐怖，正是他们自己在慌啊！在害怕啊！所以他们制造恐怖，其实是他们自己在恐怖啊！特务们，你们想想，你们还有几天？你们完了，快完了！你们以为打伤几个，杀死几个就可以了事，就可以把人民吓倒了吗？其实广大的人民是打不尽的，杀不完的！要是这样可以的话，世界上早没有人了。"

闻一多以辩证的观点指出，最黑暗的时候也就是光明就要到来的时候，光明就在我们眼前。他满怀信心地宣布："你们杀死一个李公朴，会有千百万个李公朴站起来！你们将失去千百万的人民！你们看着我们人少，没有力量？告诉你们，我们的力量大得很，强得很！看今天来的这些人都是我们的人，都是我们的力量！此外还有广大的市民！我们有这个信心：人民的力量是要胜利的，真理永远是要胜利的，真理是永远存在的。历史上没有一个反人民的势力不被人民毁灭的！希特勒，墨索里尼，不都在人民面前倒下去了吗？翻开历史看看，你们还站得住几天！你们完了，快了！快完了！我们的光明就要出现了。你们看,光明就在我们眼前,而现在正是黎明之前那个最黑暗的时候。我们有力量打破这个黑暗,争到光明!我们光明,恰是反动派的末日!"

最后几段,闻一多再一次号召昆明青年发扬"护国"运动、"一二·一"运动的光荣传统,为争取民主和平而战斗,完成历史赋予的使命,并再一次警告反动派,他们施行挑拨离间的卑鄙伎俩决不会得逞,人民决不会任他们猖狂下去的。

"李先生的血不会白流的!李先生赔上了这条性命,我们要换来一个代价。'一二·一'四烈士倒下了,年轻的战士们的血换来了政治协商会议的召开;现在李先生倒下了,他的血要换取政协会议的重开!我们有这个信心!

'一二·一'是昆明的光荣,是云南人民的光荣。云南有光荣的历史,远的如护国,这不用说了,近的如'一二·一',都属于云南人民的。我们要发扬云南光荣的历史!

反动派挑拨离间,卑鄙无耻,你们看见联大走了,学生放暑假了,便以为我们没有力量了吗?特务们!你们看见今天到会的一千多青年,又握起手来了,我们昆明的青年决不会让你们这样蛮横下去的!

反动派,你看见一个倒下去,可也看得见千百个继起的!

正义是杀不完的,因为真理永远存在!

历史赋予昆明的任务是争取民主和平,我们昆明的青年必须完成这任务!"

最后,在结尾中,闻一多先生再次义正词严,掷地有声,发出了最后的战斗的号角,体现出大无畏的牺牲精神,使情感发展到最高峰:"我们不怕死,我们有牺牲的精神!我们随时像李先生一样,前脚跨出大门,后脚就不准备再跨进大门!"

这篇事先毫无准备的即兴讲演,既是闻一多先生人格生命与学问道德的结晶,也凝结着中华民族在暴力面前所表现的英勇气概;这既是他用鲜血与生命写成的千古奇文,也是他留给青年们的不朽遗言。

确凿的事实、浓烈的情感与犀利明快的议论是这篇讲演的一大特色。闻一多先生在极度悲愤的情绪中走上讲台,他所讲的,乃是他内心世界的真实流露。在演讲中,闻一多先生以情激情,内在情感的喷发感染着听众,激励着听众。他使用的语言,短促直接,质朴流畅,字字铿锵,具有很强的战斗性,有力地斥责、打击敌人,成为战斗者的绝唱。

(二) 案例二——万隆会议上周恩来总理的补充发言

1955年4月18—24日的万隆会议上,周恩来总理的补充发言可以说是用严密的思维实现有效沟通的典范。在参加万隆会议的29个国家中,只有6个国家同我们建立了外交关系。而"美国希望根本就不要召开万隆会议",攻击中国要"夺取亚非世界的领导权",同时还用经济援助的把戏吸引亚非国家的注意力。大会第一天,伊拉克外交大臣贾马利就直截了当地攻击共产主义是"新式殖民主义",意图挑起争论。整个会场的气氛顿时紧张起来了。

为了把万隆会议的方向扭转到团结合作的正确轨道上来,同时树立新中国真诚友好的形象,周总理临时决定把原来的发言稿印发给与会代表,并利用4月19日中午的休息时间,亲自赶写了一则补充发言。

下午4时45分至5时3分,一共18分钟,周总理站在了万隆会议讲台上。刚才还有人低声议论的会场一下子变得鸦雀无声,各国代表想看看这个新诞生的大国的总理会说些什么。会议的工作人员都站在过道中,整个会场挤得满满的。周恩来总理的发言如下。

主席,各位代表:

我的主要发言现在印发给大家了。在听到了许多代表团团长的一些发言之后,我愿补充说几句话。

中国代表团是来求团结而不是来吵架的。我们共产党人从不讳言我们相信共产主义和认为社会主义制度是好的。但是,在这个会议上用不着来宣传个人的思想意识和各国的政治制度,虽然这种不同在我们中间显然是存在的。

中国代表团是来求同而不是来立异的。在我们中间有无求同的基础呢?有的。那就是亚非绝大多数国家和人民自近代以来都曾经受过、并且现在仍在受着殖民主义所造成的灾难和痛苦。这是我们大家都承认的。从解除殖民主义痛苦和灾难中找共同基础,我们就很容易互相了解和尊重、互相同情和支持,而不是互相疑虑和恐惧、互相排斥和对立。这就是为什么我们同意五国总理茂物会议所宣布的关于亚非会议的四项目的,而不另提建议。

本来,对于美国一手造成的台湾地区的紧张局势,我们很可以在这里提出如同苏联所提出的召开国际会议谋求解决的议案,请求会议加以讨论。中国人民解放自己领土台湾和沿海岛屿的要求是正义的,这完全是内政和行使自己的主权,并得到许多国家的支持。

我们也很可以提议会议讨论承认和恢复中华人民共和国在联合国的合法地位问题。去年,科伦坡五国总理会议,还有亚非其他国家,都曾经支持中华人民共和国在联合国的地位。而且,中国在联合国所受的不公正待遇,也可以在这里提出批评。但是,我们并没有这样做。因为这样一来,就很容易使我们的会议陷入对这些问题的争论而得不到解决。

我们的会议应该求同而存异。同时,会议应将这些共同愿望和要求肯定下来。这是我们中间的主要问题。我们并不要求各人放弃自己的见解,因为这是实际存在的反映。但是不应该使它妨碍我们在主要问题上达成共同的协议。我们还应在共同的基础上互相了解和重视彼此的不同见解。

现在,我首先谈不同的思想意识和社会制度问题。我们应该承认,在亚非国家中是存在有不同的思想意识和社会制度的,但这并不妨碍我们求同和团结。第二次大战后,亚非两洲兴起了许多独立国家,一类是共产党领导的国家,一类是民族主义者领导的国家。前一类国家并不多。但是某些人所不喜欢的,就是6万万中国人民选择了中国共产党领导的、属于社会主义体系的政治制度,而不再为帝国主义所统治了。后一类国家很多,像印度、缅甸、印度尼西亚和亚非许多国家都是。我们这两类国家都是从殖民主义的统治下独立起来的,并且还在继续为完全独立而奋斗。我们有什么理由不可以互相了解和尊重、互相同情和支持呢?五项原则完全可以成为在我们中间建立友好合作和亲善睦邻关系的基础。我们亚非国家,中国也在内,不论在经济上或文化上都很落后。我们亚非会议既然不要排斥任何人,为什么我们自己反倒不能互相了解、不能友好合作呢?

次之,我要谈有无宗教信仰自由的问题。宗教信仰自由是近代国家所共同承认的原则。我们共产党人是无神论者,但是我们尊重有宗教信仰的人。我们希望有宗教信仰的人也应该尊重无宗教信仰的人。中国是宗教信仰自由的国家,它不仅有700万共产党员,并且还有以千万计的回教徒和佛教徒,以百万计的基督教徒和天主教徒。中国代表团中就有虔诚的伊斯兰教的阿訇。这些情况并不妨碍中国内部的团结,为什么在亚非国家的大家庭中不能将有宗教信仰的和没有宗教信仰的人团结在一起呢?挑起宗教纷争的时代应该过去了,因为从挑起那种纷争中得到利益的并不是我们中间的人。

第三,我要谈所谓颠覆活动的问题。中国人民为反对殖民主义所进行的斗争超过100年。中国共产党领导的民族、民主的革命斗争也经历了近30年的艰难困苦的过程,才终于达到了成功。中国人民在帝国主义、封建主义和蒋介石统治下所受的苦难是数也数不尽的,最后才选择了这个国家制度和现在的政府。中国革命是依靠中国人民的努力取得胜利的,绝不是从外输入的,这一点连不喜欢中国革命胜利的人也不能否认。中国古话说:"己所不欲,勿施于人。"我们反对外来干涉,为什么我们会去干涉别人的内政呢?有人说,中国在国外有1000多万名华侨,可能利用他们的双重国籍来进行颠覆活动。但是,华侨的双重国籍问题是旧中国遗留下来的,蒋介石至今还在利用极少数的华侨进行对所在国的破坏活动。新中国的人民政府却准备与有关各国政府解决华侨的双重国籍问题。又有人说,在中国境内有傣族的自治地区威胁了别人。中国境内有几十种少数民族共4000多万人,其中傣族和相同系统的壮族将近千万人。他们既然存在,我们就必须给他们自治区权利。好像缅甸有掸族自治邦一样,在中国境内各个少数民族都有他们的自治区。中国少数民族在中国境内实行自治权利,如何能说威胁邻邦呢?我们现在准备在坚守五项原则的基础上与亚非各国,乃至世界各国,首先是邻邦,建立正常关系。现在的问题不是我们去颠覆别人的政府,倒是有人在中国的周围建立进行颠覆中国政府的据点。比如在缅甸边境就存在着蒋介石集团的残余武装分子,对中缅两国进行破坏。因为中缅友好,我们一直尊重缅甸的主权,信任缅甸政府去解决这个问题。

中国人民选择和拥护自己的政府,中国有宗教信仰由,中国绝无颠覆邻邦政府的意图。相反的,中国正在受着美国政府公言不讳地进行颠覆活动的害处。大家如果不信,可亲自或派人到中国去看。我们是容许不知真相的人怀疑的。中国俗语说:"百闻不如一见。"我们欢迎所有到会的各国代表到中国去参观,你们什么时候去都可以。我们没有竹幕,倒是别人要在我们之间施放烟幕。

16万万亚非人民期待着我们的会议成功。全世界愿意和平的国家和人民期待着我们的会议能为扩大和平区域和建立集体和平有所贡献。让我们亚非国家团结起来,为亚非会议的成功努力吧!

周恩来总理这篇演讲是一篇优秀的公开展示发言,不回避分歧,直言中国代表团目的,就迅速把与会者的注意力吸引到自己的发言上来。这是进行集中展示工作必须掌握的首要技巧。正因为如此,周恩来总理一开始讲话,很多人马上奋笔疾书;当他发言结束时,全场爆发出热烈的掌声。印度尼西亚、印度、缅甸三国总理等纷纷离座,争相同周总理握手。就连之前态度一直非常强硬的菲律宾外长罗慕洛都高度评价周总理的讲话是"出色的、和解的,表达了民主精神"。

参考文献

阿奇舒勒，2004. 创新 40 法［M］. 舒利亚克，英译. 黄玉霖，范怡红，汉译. 成都：西南交通大学出版社.

阿奇舒勒，2004. 哇发明家诞生了创造性解决问题的理论与方法［M］. 舒利亚克，英译. 范怡红，黄玉霖，汉译. 成都：西南交通大学出版社.

爱德华·希尔斯，2014. 论传统［M］. 上海：上海人民出版社.

常立农，2003. 技术哲学［M］. 长沙：湖南大学出版社.

陈昌曙，2012. 技术哲学引论［M］. 北京：科学出版社.

陈淑连，黄日恒，1992. 机械设计方法学［M］. 北京：中国矿业大学出版社.

陈寅恪，2020. 金明馆丛稿二编［M］. 上海：上海古籍出版社.

杜尚泽，2021."大思政课"我们要善用之［N］. 人民日报，2021-03-07.

恩格斯，1972. 自然辩证法［M］. 北京：人民出版社.

方全，2004. 决策：来自全球一流企业最成功的经验［M］. 北京：中国物资出版社.

冯天瑜，何晓明，周积明，等，1990. 中华文化史［M］. 上海：上海人民出版社.

冯友兰，1984. 三松堂学术文集［M］. 北京：北京大学出版社.

傅世侠，罗玲玲，2000. 科学创造方法论［M］. 北京：中国经济出版社.

高志亮，李忠良，2004. 系统工程方法论［M］. 西安：西北工业大学出版社.

胡志强，肖显静，2002. 科学理性方法［M］. 北京：科学出版社.

简召全，2011. 工业设计方法学［M］. 3 版. 北京：北京理工大学出版社.

姜赟，2015. 不得罪腐败分子，就要得罪 13 亿人民——一论十八届中央纪委六条体会［OL］. 2015-02-03. www.xinhuanet.com/politics/

2015-02/03/c_1114235409. htm.

李喜先，等，2005. 技术系统论 [M]. 北京：科学出版社.

列宁，1956. 哲学笔记 [M]. 中央编译局，译. 北京：人民出版社.

列宁，1990. 列宁全集：第43卷 [M]. 北京：人民出版社.

列宁，2017. 列宁全集：第55卷 [M]. 2版. 北京：人民出版社.

列宁，2017. 列宁全集：第16卷 [M]. 2版. 北京：人民出版社.

刘纲纪，1985. 略论中国民族精神 [J]. 武汉大学学报（1）.

刘荆洪，2003. 创造思维与技法 [M]. 武汉：武汉出版社.

刘思平，刘树武，1998. 创造方法学 [M]. 哈尔滨：哈尔滨工业大学出版社.

鲁克成，罗庆生，1998. 创造学教程 [M]. 北京：中国建材工业出版社.

栾玉广，等，2000. 科技创新的艺术 [M]. 北京：科学出版社.

罗玲玲，1998. 创造力理论与科技创造力 [M]. 沈阳：东北大学出版社.

罗玲玲，2006. 创新能力开发与训练教程 [M]. 沈阳：东北大学出版社.

罗玲玲，2008. 让创意破壳而出：激发中学生创造力 [M]. 北京：教育科学出版社.

罗绍新，2008. 机械创新设计 [M]. 2版. 北京：机械工业出版社.

马克思，1975. 资本论 [M]. 北京：人民出版社.

马克思，2006. 1844年经济学哲学手稿 [M]. 北京：人民出版社.

马克思，恩格斯，2012. 马克思恩格斯选集 [M]. 3版. 北京：人民出版社.

马树林，荣德林，1994. 企业管理哲学 [M]. 北京：中国铁道出版社.

迈克尔 A. 奥尔洛夫，2010. 用TRIZ进行创造性思考实用指南 [M]. 陈劲，朱凌，郑尧丽，等，译. 2版. 北京：科学出版社.

毛泽东，1991. 毛泽东选集：第2卷 [M]. 北京：人民出版社.

庞朴，1986. 中国文化的人文精神 [N]. 光明日报，1986-01-06.

庞元正，董德刚，2004. 马克思主义哲学前沿问题研究 [M]. 北京：中共中央党校出版社.

乔治·巴萨拉，2000. 技术发展简史 [M]. 周光发，译. 上海：复旦大学出版社.

乔治·巴萨托，2002. 技术发展史 [M]. 周光发，译. 上海：复旦大学出版社.

施培公，1999. 后发优势 [M]. 北京：清华大学出版社.

司马云杰，2007. 文化社会学［M］. 北京：中国社会科学出版社.

覃礼刚，2001. 现代全能策划［M］. 北京：中国经济出版社.

王晋刚，张铁军，2005. 专利化生存：专利刀锋与中国企业的生存困境［M］. 北京：知识产权出版社.

吴明泰，刘武，谢燮正，1985. 工程技术方法［M］. 沈阳：东北工学院出版社.

习近平，2012. 承前启后　继往开来　继续朝着中华民族伟大复兴目标奋勇前进［N］. 人民日报，2012-11-30（01）.

习近平，2014. 习近平谈治国理政：第一卷［M］. 北京：外文出版社.

习近平，2014. 在布鲁日欧洲学院的演讲［N］. 人民日报，2014-04-02.

习近平，2016. 习近平在全国高校思想政治工作会议上强调　把思想政治工作贯穿教育教学全过程　开创我国高等教育事业发展新局面［N］. 人民日报，2016-12-09.

习近平，2016. 习近平在网络安全和信息化工作座谈会上的讲话［J］. 中国信息安全（5）：23-31.

习近平，2016. 在庆祝中国共产党成立95周年大会上的讲话［N］. 人民日报，2016-7-2.

习近平，2019. 习近平在学校思想政治理论课教师座谈会上的讲话［N］. 人民日报，2019-03-19.

习近平，2022. 坚持党的领导　传承红色基因　扎根中国大地　走出一条建设中国特色世界一流大学新路［N］. 人民日报，2022-04-26.

许思园，1984. 论中国文化二题［M］//中国文化研究集刊（第1辑）. 上海：复旦大学出版社.

亚里士多德，1965. 政治学［M］. 吴寿彭，译. 北京：商务印书馆.

亚历山大·柯萨科夫，威廉姆·N. 斯威特，2006. 系统工程原理与实践［M］. 胡保生，译. 西安：西安交通大学出版社.

杨杰民，杨宇，2007. 发明学［M］. 合肥：合肥工业大学出版社.

杨柳，2007.《大明王朝1566》：消费文化与主流政治改写的文本［J］. 理论与创作（2）：20-22.

杨乃定，2004. 创造学教程［M］. 西安：西北工业大学出版社.

杨清亮，2008. 发明是这样诞生的：TRIZ理论全接触［M］. 北京：机械工业出版社.

杨宪邦,1987. 对中国文化的再评议 [M] //传统文化与现代化. 张立文, 等. 北京: 中国人民大学出版社.

姚凤云, 苑成存, 2006. 创造学理论与实践 [M]. 北京: 清华大学出版社.

佚名, 2016. 不是总理说出来 我还不知道中国竟连圆珠笔头都生产不了! [OL]. 2016-01-15. http://business.sohu.com/20160114/n434509778.shtml.

易杰雄, 2000. 创新论 [M]. 合肥: 安徽文艺出版社.

约翰·齐曼, 2002. 技术创新进化论 [M]. 孙喜杰, 曾国屏, 译. 上海: 上海科技教育出版社.

岳增瑞, 2002. 努力成为勇于和善于创新的典范 [J]. 求是 (20): 21-23.

张大松, 2008. 科学思维的艺术科学思维方法论导论 [M]. 北京: 科学出版社.

张岱年, 1986. 文化传统与民族精神 [J]. 学术月刊 (12): 1-3.

张伟刚, 2006. 科学方法论 [M]. 天津: 天津大学出版社.

张正霖, 帅重庆, 张靖若, 1993. 管理哲学 [M]. 北京: 企业管理出版社.

张子睿, 2005. 创造性解决问题 [M]. 北京: 中国水利水电出版社.

张子睿, 2008. 大学生创新与创业能力提升 [M]. 北京: 科学出版社.

张子睿, 2015. 创造创新理论与实践 [M]. 北京: 光明日报出版社.

赵惠田, 谢燮正, 1987. 发明创造学教程 [M]. 沈阳: 东北工学院出版社.

赵明华, 2004. 创意学教程 [M]. 西安: 西北工业大学出版社.

赵炎才, 2003. 对传统"清官"的历史反思 [J]. 求是 (3): 60-63.

钟学富, 2007. 社会系统: 社会生活准则的演绎生成 [M]. 北京: 中国社会科学出版社.

朱文坚, 刘小康, 2006. 机械设计方法学 [M]. 2版. 广州: 华南理工大学出版社.